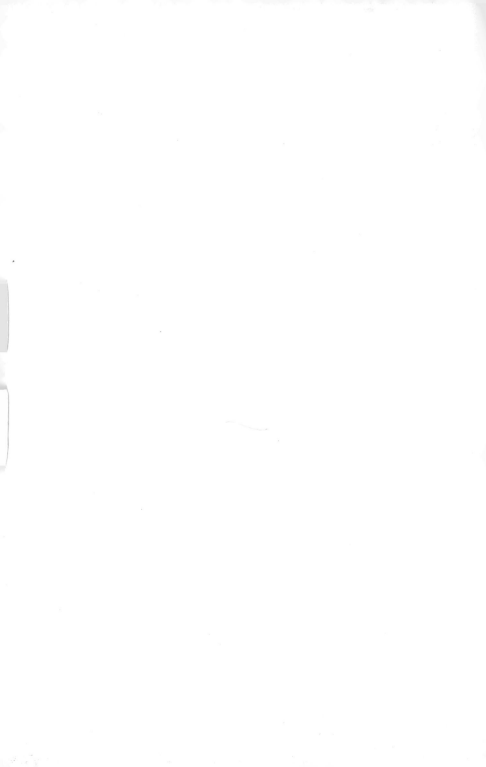

理學叢書

# 人譜

〔明〕劉宗周 撰
張昭煒 點校

中華書局

**圖書在版編目(CIP)數據**

人譜/(明)劉宗周撰;張昭煒點校. —北京:中華書局,2024.10(2025.7 重印). —(理學叢書). —ISBN 978-7-101-16677-4

Ⅰ. B248.99

中國國家版本館 CIP 數據核字第 20248VB707 號

責任編輯:王　娟
封面設計:周　玉
責任印製:韓馨雨

理學叢書
人　譜
〔明〕劉宗周 撰
張昭煒 點校
*
中華書局出版發行
(北京市豐臺區太平橋西里 38 號　100073)
http://www.zhbc.com.cn
E-mail:zhbc@zhbc.com.cn
三河市宏盛印務有限公司印刷
*
850×1168 毫米 1/32・14¼印張・2 插頁・274 千字
2024 年 10 月第 1 版　　2025 年 7 月第 2 次印刷
印數:3001-4500冊　　定價:68.00 元

ISBN 978-7-101-16677-4

# 理學叢書出版緣起

理學也稱道學、性理之學或義理之學，興起於北宋。主要代表人物有程顥、程頤，相與論學的有張載、邵雍，後人又溯及二程的本師周敦頤，合稱「北宋五子」。南宋朱熹繼承和發展了二程學説，並汲取周、張、邵學説的部分内容，加以綜合，熔鑄成龐大的體系，建立了理學中居主流地位的學派；與此同時，也有以陸九淵爲代表的理學别派與之對峙。南宋末，朱學確立了主導地位。元代理學北傳，流播地區更廣。明代，程朱理學仍是正統官學，但陳獻章由宗朱轉而宗陸，王陽明繼之鼓吹心學，形成了理學中另一佔主流地位的學派。清初理學盛極而衰，雖仍有勢力，但頹勢已難挽回，一世學風逐漸轉變爲以乾嘉樸學爲主流。理學從産生到式微，經歷約七個世紀。而它在思想界影響的廣泛深入，超過兩漢經學、魏晉玄學、南北朝隋唐的佛學。

理學繼承古代儒學，融會佛老，探討了宇宙本原、認識真理的方法途徑、世界的規律性和人類本性等哲學問題，提出了比較完整的哲學體系，並涉及道德、教育、宗教、政治等諸多領域，繼承改造了許多舊有的哲學範疇和命題，也提出了不少新的範疇和命題，進行了細緻的推究。「牛毛繭絲，無不辨晰」（黄宗羲明儒學案凡例），雖有煩瑣的一面，也有精密的一面。就理論思維的精密程度而論，確有度越前代之處。在我國哲學思想發展史上起過重大的作用，在國際上也有影響。作爲民族哲學遺産的一部分，我們没有理由無視它的歷史存在。

建國以來，學術界對理學的研究取得了很大成績。但在一段時間内，由於「左」的思想影響，妨礙了對理學進行實事求是、全面系統的研究，相關古籍資料的整理也未能很好地開展。近幾年情況有了很大變化，有關的論文、專著多起來了，有關的學術討論會也不斷召開。爲配合研究需要，國務院古籍整理出版規劃小組制訂的一九八二至一九九〇年的古籍整理出版規劃中列入了理學叢書，並開列了選目。這套叢書將由中華書局陸續出版。

理學著作極爲繁富，有大量經注、語録、講義和文集。私人撰述之外，又有官修的讀物，如性理大全、性理精義；也有較通俗的以至訓蒙的作品，使理學得以向下層傳播。本叢書只收其中較有代表性的著作。凡收入的書，一般只做點校，個别重要而難懂的可加注釋，或選擇較有參考價值的舊注本進行點校。熱切期望學術界關心和大力支持這項工作。

中華書局編輯部　一九八三年五月

劉宗周像

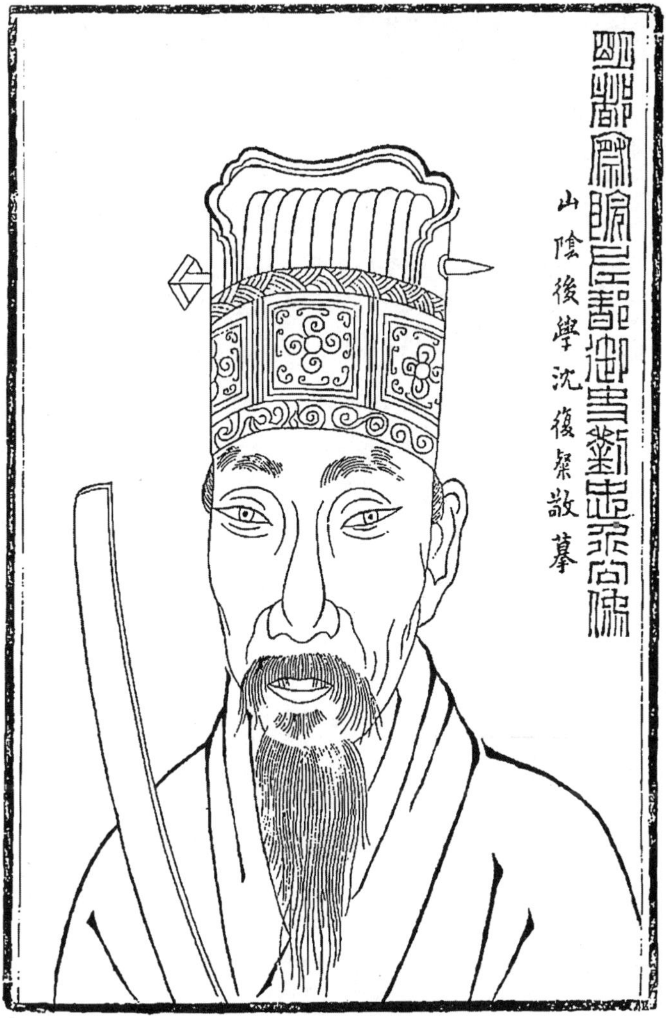

# 前言

## 一

劉宗周（一五七八—一六四五），字起東，號念臺，晚號克念子，學者稱念臺先生，亦稱蕺山夫子，浙江紹興山陰人，明代大儒。其一生致力於成仁、證人之學，樹立在危難憂患中證人之典範。劉宗周爲遺腹子，其父字秦臺，爲紀其父，故號念臺；其母章氏有懿德，克勤克儉，塑造了劉宗周忠端的品行。劉宗周事親以孝，事君以忠，乃至以身殉國，據其弟子張履祥所言：「先生之生也，值親之窮；其卒也，值君之窮；而其生平出處進退也，則值道之窮。然窮於親也，而孝益著；窮於君也，而忠益章；窮於道也，而學益進而業益修。」〔一〕明季儒學凋敝，「其學體認辛苦，無所不歷。故先儒之敝，洞若觀火，立朝危言危行，仕至左都御

〔一〕張履祥先師年譜書後，楊園先生全集，中華書局，二〇〇二年，第五九五頁。

史」。〔一〕劉宗周在困窮中挺立並捍衛儒學之正，其代表作人譜便是救正儒學之弊，挺立孔學之正的衛道之作。「人譜」之譜如書譜、畫譜，爲學者提供入學門徑與進學階次，樹立效仿之典範；「人譜」之人指道德倫理之人，不離日用倫常、家庭政事。劉宗周云：「中庸言『道不遠人』……子又曰：『仁者，人也。』蓋曰人之所以爲人也。仁則人，不仁則不人，仁不仁之際，正須急開眼孔，在此學以證人旨也。」〔二〕孔子之學即是成仁、證人之學，人譜亦可稱之爲仁譜。

仁是儒學核心概念，孔子倡導仁學，學仁者不僅要明仁之體（道體），如仁者「愛人」（論語顏淵）、「汎愛衆而親仁」（論語學而），而且更應學以成仁（工夫），以道德踐行達到仁。顏子以德行居孔門弟子之首，孔顏論仁極具示範性。劉宗周在讀書要義説中云：「子曰：『克己復禮爲仁。』此孔門論學第一義也。求仁是聖學第一義，克復是求仁第一義。」〔三〕論語學案亦將「克己復禮爲仁」視作「孔門授受第一義」。顏子問仁，孔子首言總綱「克己復禮爲仁」，再列四目「非禮勿視，非禮勿聽，非禮勿言，非禮勿動」（論語顏淵）。「大綱小目，全副

〔一〕黄宗羲思舊録劉宗周，黄宗羲全集第一册，浙江古籍出版社，二〇〇五年，第三四一頁。
〔二〕證人社語録題辭，劉宗周全集第二册，浙江古籍出版社，二〇〇七年，第五四九頁。
〔三〕劉宗周全集第二册，第三一二頁。

指出，是孔子告顔子以一貫處。」【一】道體與工夫互證，通過嚴格道德自律，個人行爲符合禮之規範，方能成就仁。宋明理學崛起後，具體規範之「禮」嬗變爲形上抽象之「理」，由此，「克己復禮爲仁」轉爲「克己復理爲仁」。劉宗周在第一義説中云：「學者須占定第一義做工夫，方是有本領學問。……學者只是克去人欲之私……陽明先生『致良知』三字，正要此處用也。」【二】「克己」之己内化爲人欲之私，克去人欲之私以復禮或理，便是存理去欲。陽明學以「致良知」爲宗：尋致良知，以良知作主；良知與私欲相剋不容，私欲是客，良知作主即是私欲之客被克去。劉宗周師承以克己爲宗的許孚遠（號敬庵），黄宗羲云：「蕺山子劉子以清苦嚴毅，疏通千聖之旨，其傳出於德清許司馬敬庵。」【三】孔顔克己復禮、宋明理學存理去欲、陽明學致良知，三者理路與指向一致，此是學仁之首務，亦是「第一義」工夫。

孟子私淑孔子，其云：「仁也者，人也。」（孟子盡心下）人與仁互釋，不仁之人甚至難以稱之爲人，以此孟子辨人禽：「人之所以異於禽獸者幾希，庶民去之，君子存之。」（孟子離婁下）。從仁開眼，向上成人成聖，向下成禽成獸，此是儒學之關鍵，亦是孔孟論仁之要旨。孟

【一】劉宗周孔孟合璧，劉宗周全集第二册，第一六〇頁。
【二】劉宗周全集第二册，第三〇二頁—三〇三頁。
【三】蕺山同志考序，黄梨洲文集，中華書局，二〇〇九年，第三一九頁。

子又云：「仁，人心也。」（孟子告子上）陽明學承接孟子，崇尚「心即理」，克去内心私欲，以復天理，劉宗周的晚號「克念子」即是此意。「惟聖罔念作狂，惟狂克念作聖。」（尚書周書多方）聖、狂之别内在於念之克與不克，故由狂至聖，功在克念；與此相應，人譜是成人之譜，亦是「克念作聖」之譜。

劉宗周倡導證人之學頗有影響，黄宗羲云：「先生講學二十餘年，歷東林、首善、證人三書院，從遊者不下數百人。」〔一〕尤其是晚年與陽明後學陶奭齡倡導並共同主事證人社大會，陶奭齡題辭：「證人無他道，復吾心而已矣。……念臺子署其社曰『證人』……欲自證焉，亦求諸心而已矣。」〔二〕證人心以成仁，克己與克念成仁、證人，亦如劉宗周在證人社第一會所言：「今日開口第一義，須信我輩人人是箇人，人便是聖人之人，聖人人人可做。」〔三〕劉宗周臨終前對其子亦言：「做人之方，盡於人譜，汝作家訓守之可也。」〔四〕綜上，人譜之旨遠溯孔孟之教，近承朱子學、陽明學，以仁或人爲宗旨，以克己復禮或理爲手段，以成仁或證人爲目標。

〔一〕蕺山同志考序，黄梨洲文集，第三一九頁。
〔二〕證人社語録題辭，劉宗周全集第二册，第五四九頁—五五〇頁。
〔三〕劉汋蕺山劉子年譜，劉宗周全集第六册，第一〇一頁。
〔四〕同上，第一七〇頁。

# 二

人譜結構如下：

（一）首列人極圖與人極圖説。爲學追求立人極，聖人爲人之極致，樹立道德典範。

（二）次列證人要旨，其目有六：一曰凛閒居以體獨；二曰卜動念以知幾；三曰謹威儀以定命；四曰敦大倫以凝道；五曰備百行以考旋；六曰遷善改過以作聖。參照太極運行，六目分别爲：無極太極、動而無動、静而無静、五行攸叙、物物太極、其要无咎。證人六目起點是道德方向不明確、善惡交參之人，終點是道德方向明確、體現至善之人（聖人），由此，人譜可視作「即凡而聖」（從普通人到聖人）的參習手册。

（三）再列紀過格，其目有六：一曰微過，獨知主之；二曰隱過，七情主之；三曰顯過，九容主之；四曰大過，五倫主之；五曰叢過，百行主之；六曰成過，爲衆惡門，以克念終焉。紀過六目分别對應：物先兆；動而有動；静而有静；五行不叙；物物不極；迷復。劉宗周最終要克治成過，因爲成過是衆惡之門；由成過追根溯源，便是叢過、大過、顯過、隱過、微過，衆惡之門起於念慮之微過，要在根本上解決問題，須通過慎獨克治微過。

（四）後附訟過法、改過説一、改過説二、改過説三。

人譜要旨如下：

（一）人譜「立人極」遠紹周敦頤太極圖説：「聖人定之以中正仁義，而主静，立人極焉。」【一】宋明理學奠基始於太極圖與太極圖説，終於人譜，兩者遥相呼應。證人要旨、紀過格參照太極動静；訟過法即是「静坐法」，【二】亦遠紹周敦頤無欲主静。

（二）證人要旨之序是從内而外，由隱微之獨體、動念，以至顯見之威儀、大倫、百行，隱微與顯見均符合儒學道德倫理。較之於孔顔「克己」綱目，證人要旨更爲具體完善，且可操作性强。劉宗周在學言中云：「獨者，心極也。」【三】以獨體爲中心，劉宗周以慎獨爲學旨，戒慎獨體，純化獨體，然後逐步向外。承接大學、中庸，證人要旨首列「凛閒居以體獨」，是將克己成仁内化至「心之所存」之意根處。「意根最微，誠體本天，此處著不得絲毫人力，惟有謹凛一法，乃得還其本位，所謂戒慎乎其所不睹，恐懼乎其所不聞。此慎獨之説也。」【四】以

【一】周敦頤集，中華書局，二〇〇九年，第六頁。

【二】「人譜六事工課，一曰『凛閒居』，原文爲『主静坐』，先生以爲落偏，乃改今文。」（劉汋蕺山劉子年譜，劉宗周全集第六册，第一八二頁。）

【三】劉宗周全集第二册，第三九二頁。

【四】劉汋蕺山劉子年譜，劉宗周全集第六册，第一四八頁。

意根之微求證誠體之天，實現天人合一，貫通未發與已發，「只是查檢自己病痛到極微密處，方知時雖未發，而倚著之私，隱隱已伏；纔有倚著，便來橫決。若於此處查攷分明，如貫虱車輪，更無躲閃，則中體恍然在此。而已發之後，不待言矣」。[一]換言之，慎獨不是在過錯、欲惡完成或表現出來後纔去遷改，而是在萌芽處，甚至在過惡將萌未萌之時便將其淬滅。結合宋明理學體用一源、顯微無間的傳統，「無用非體，無體非用。蓋自其可見者而言，則謂之用；自其不可見者而言，則謂之體：非截然有兩事也。……惟其無微非顯，是以無體非用；惟其顯微無間，是以體用一原」。[二]基於體用一源，若要在用處無過無惡，需要純化體；基於顯微無間，若要無顯過，須致謹於微。劉宗周曾書帖云：「做人有方，只謹凛幽獨以防未然之欲，庶時時遠於獸門。」[三]因此，慎獨修心工夫更深隱、更根本，道德標準更高。證人要旨首列「凛閒居以體獨」，以期實現意根之體的清澈與堅固，體正則用正，源清則流清，意之存與發俱清；根本堅固，根深則樹茂，晦幽深則容曄敷，全樹皆春，明體達用，全體

【一】劉宗周學言，劉宗周全集第二冊，第三七三頁。
【二】劉宗周答葉潤山三，劉宗周全集第三冊，第三七〇頁—三七一頁。
【三】劉汋蕺山劉子年譜，劉宗周全集第六冊，第一八二頁。

皆仁。由獨體而動，便是證人要旨第二目「卜動念以知幾」，「此之謂動，非以動靜之動言也，『復，其見天地之心』是也」。[一]意根之動上合天心，這爲孔顏「克己復禮」之「復」打開天道視域。以此遞進，便是謹威儀、敦大倫、備百行，最終實現成人作聖。

（三）紀過格、訟過法、改過説等。此部分内容糾正袁黄（了凡）功過册等帶有佛教因果論色彩的改過説：「人譜之作，即踵此書之意也。」[二]崇禎甲戌年（一六三四），劉宗周著證人小譜，即人譜初稿，並自序云：「袁了凡先生有功過格行於世，自言授旨於雲谷老人，甚秘，及其一生轉移果報事，皆鑿鑿可憑，以是世人信之不疑，然而學道人不以爲是也。……因勒紀過册以示學者，又慮其無所本也，更著人極圖説以冠之，又繼之以日用功課，總題之曰證人小譜。」[三]從人譜回應改過爲中心引申，人極圖與人極圖説亦是服務於改過。劉宗周在答履思十中云：「功過册條件，僕意先書一圓圈當太極，象未發之中，以靜坐法當之，此則爲元善。此外推之動念以卜吉凶，爲動而生陽；又推之視聽言動以卜悔吝，爲靜而生

【一】劉宗周答葉潤山四，劉宗周全集第三册，第三七五頁。

【二】姚明達劉宗周年譜，劉宗周全集第六册，第三七〇頁。

【三】初本證人小譜序，劉宗周全集第四册，第二一三頁—二一四頁。

陰；又推之五倫百行之是非得失，以當五行與萬物化生，而其要歸於主靜以立人極，庶不落了凡窠套。」〔一〕證人六目亦是服務改過。劉宗周與袁黄改過的根本差異在於人性論：劉宗周以元善爲根本，其工夫重心是循此元善，立定此元善，以此繼承發揚孟子性善論；袁黄則以過爲重心。邵廷采明儒劉子蕺山先生傳云：「袁黄功過册有仿爲遷改格者，善與過對。先生曰：『是功利之學，有意爲善，皆惡也。論本體，有善無惡；論功夫，則先事後得，直無善有惡耳。』於是作人譜，專紀過。始獨知，次七情、九容、五倫、百行，曰：『行此，知道不遠人矣。』」〔二〕如同孔孟義利之辨，劉宗周與袁黄之根本差異在於「改過」之義與利：追求元善之本體，主靜立人極，此爲劉宗周之主義；有功利之追求，講因果報應，此爲袁黄之主利。據孟子滕文公下，「楊墨之道不息，孔子之道不著，是邪説誣民，充塞仁義也」。仿此，袁黄之道不息，儒學正統的改過之道不著，劉宗周爲此懼，挺立孔孟之道，闢袁黄，其功亦如孟子距楊墨。

〔一〕劉宗周全集第三册，第三一七頁—三一八頁。
〔二〕劉宗周全集第六册，第五三八頁。

## 三

陽明學以良知爲宗，風行天下，却在明季流弊四起，如張履祥所言：「本朝至隆、萬以後，陽明之學滋熾，而人心陷溺極矣。卑者冥冥於富貴利達，既惟流俗之歸，而其高者率蟲於李贄、袁黄猖狂無忌憚之説，學術於是乎大裂。」〔一〕醫救陽明學流弊成爲明季學界主題，這既有陽明學内部批判，如江右王門胡直、止修學派李材；亦有作爲朱子學後勁的東林學派外部批判，如顧憲成、高攀龍；亦有作爲甘泉後學的批判，如許孚遠。許孚遠師承摇擺於王陽明與湛甘泉之門的唐樞，並與胡直、李材、顧憲成、高攀龍相激勵。許孚遠學行合一，樹立道德典範，對劉宗周以身示教。黄宗羲記述劉宗周之言：「余嘗親受業許師，見師端凝敦大，言動兢兢，儼然儒矩。其密繕身心，纖悉不肯放過。」〔二〕劉宗周服膺許孚遠學行，尤其體現在實證實修、改過徹底與嚴密。邵廷采又云：「自嘉靖中葉以後，學陽明之學者多失其真，惟敬庵恪守程、朱，居敬窮理，言動皆有矩準……先生侍杖屨纔月餘，終身守師説不

〔一〕告先師文，楊園先生全集，第六三五頁。
〔二〕明儒學案師説許敬庵孚遠，劉宗周全集第五册，第五三〇頁。

變。」〔一〕據此來看，許孚遠是以程朱學修正陽明學的重要代表，這類似於胡直將朱子學與陽明學衡而齊之（相互糾偏，各去所短，各取所長），這些調和朱子學與陽明學的思想資源爲劉宗周所繼承，邵廷采云：「先生之學出許敬庵，已入東林，首善書院，博取精研，歸於自得，專用慎獨，從嚴毅清厲中發爲光霽，粹然集宋、明理學諸儒之成，天下仰其人如泰山北斗。」〔二〕以許孚遠之學爲基礎，劉宗周在無錫東林書院融入顧憲成、高攀龍之學，在京師首善書院融入鄒元標、馮從吾之學。（鄒元標師承胡直，致力於調和陽明學各派與朱子學；馮從吾是關中學術領袖，師承許孚遠。）經由不斷融入吸收各派思想資源與真切體證，劉宗周成爲宋明理學殿軍，在新時代語境下重新詮釋了孔顏克己成仁之學。 考鏡學源，許孚遠克己之學對於劉宗周之學具有奠基性作用，劉宗周亦是終身服膺師事許孚遠。

劉宗周之學有三階段，學旨亦有三種：「始致力於主敬，中操功於慎獨，而晚歸本於誠意。」〔三〕三種學旨均可歸攝至孔顏「克己」，克己相當於主敬、慎獨與誠意；換言之，主敬、慎獨與誠意從三個方向展開克己之學，三者由顯至微依次遞進，分述如下：

〔一〕明儒劉子蕺山先生傳，劉宗周全集第六册，第五一八頁。
〔二〕同上，第五三九頁。
〔三〕劉汋蕺山劉子年譜，劉宗周全集第六册，第一七三頁。

（一）主敬。主敬是個體自我約束之克己，如「克己復禮」之四目，以禮約束視、聽、言、動，許乎遠亦由此開拓。在陽明學開發心意刺激下，主敬面臨兩個主要問題：一是通過克之約束使得道德個體行爲符合禮，然而在道德個體内在活力激發前，道德個體多處於被動防範狀態；二是道德個體之所及多是顯性維度之規範，對於道德個體内在之知與意尚未有足够關照。上述兩個主要問題難以通過主敬解決，故劉宗周中年轉入慎獨。

（二）慎獨。引申「克己」之己，「獨」相當於「己内之己」，「學以爲己，己以内又有己焉。只此方寸之中作得主者是，此所謂真己也」。[一]「克己」與「慎獨」對應：「克己」之克對應「慎」，「慎」字從「心」從「真」；「克己」之己内化爲「獨」，獨體便是真己。劉宗周在學言中説：「天樞轉於於穆，地軸亘於中央，人心藏於獨覺。」[二]内化的獨知獨覺是道德個體的道德樞機。「獨」爲他人所不知，尚未顯化，故難以通過具體規範之禮來約束，故以慎之真來約束「己内之己」之獨，「慎獨」相當於内化嵌套一層「克己」。獨知爲自己所能知，慎獨之功依賴道德個體獨知自覺，在此情況下，本真的獨體被喚醒，道德個體内在活力被激發，並主動

【一】劉宗周聖學喫緊三關敬肆關，劉宗周全集第二册，第二〇〇頁。
【二】劉宗周全集第二册，第四〇九頁。

承擔道德責任。由慎獨追問獨體之主宰，這便觸及到意。

（三）誠意。「克己」與「誠意」對應，克便是去欲存理、去僞存誠，「克己」之己進一步內化爲「獨內之獨」，也就是意，由此，「誠意」相當於內化嵌套兩層「克己」。意通常是心之所發，而劉宗周認爲：「意者，心之所存，非所發也。」〔一〕由此，意更爲內化：所存先於所發，且所存決定所發，所存之意更具有根本性。「意也者，至善棲真之地」；〔二〕「止善之量雖通乎心、身、家、國、天下，而根柢處只主在意上」；〔三〕「工夫結在主意中，方爲真工夫」。〔四〕繼續內化「獨內之獨」，「所發之意」之中爲「所存之意」，所存之意相當於嵌套三層「克己」之己。

三層克己工夫一致，「慎則敬，敬則誠」。〔五〕「主敬」之敬、「慎獨」之慎、「誠意」之誠三者互通，三者從三個角度展開「克己」之克。通過獨——意之所發——意之所存三層嵌套

---

〔一〕學言，劉宗周全集第二册，第四一一頁。
〔二〕劉汋蕺山劉子年譜，劉宗周全集第六册，第一七三頁。
〔三〕劉宗周答葉潤山四，劉宗周全集第三册，第三七四頁。
〔四〕黄宗羲子劉子行狀，劉宗周全集第六册，第四一頁。
〔五〕同上，第三九頁。

「克己」之己，從費到隱，歸顯於密，一層深入一層，從而將克己貫徹至意之所存，以此本體穩固，意根邃密，在至密之體處實現克己。劉宗周是道德倫理世界的徹底追問與重建者，在克己之根本處，「克己」之己實現根本性轉折，並穩固確立道德主體。其在第一義説中云：「學者只是克去人欲之私，欲克去人欲之私，且就靈光初放處討分曉。」〔一〕靈光初放，如同「復禮」之復，亦如周易剥爛復返。「『克己復禮』者，撤盡氣拘物蔽之障，而復還先天繼善之良。」〔二〕程頤云：「陽始生甚微，安静而後能長。故復之象曰：『先王以至日閉關。』」〔三〕復返之後，「克己」之功轉向保任此「復」，長養此根本，從靈光初放到通體光明，至善無惡，天下歸仁，「克己」之己作爲主宰，「己是天地間大家主人翁，四方八面，到處玲瓏，隨感而應」。〔四〕復之降臨相當於道德個體在「通身都是罪過」的倫理世界找到司南車、定盤針，從此道德方向明確；亦如方向迷失者看到北辰，從而實現道德意識的北辰奠垣，由此可以指引水手保持正確航向，指引迷路者找到歸途，帶領道德個體走出罪過惡欲的倫理世界，乃至

〔一〕劉宗周全集第二册，第三〇二頁。
〔二〕劉宗周論語學案，劉宗周全集第一册，第四三〇頁。
〔三〕葉采近思録集解，中華書局，二〇一八年，第一三五頁。
〔四〕劉宗周讀書要義説，劉宗周全集第二册，第三一三頁。

止於至善。意之所存能立定、能作主宰，便能保證意之所發能立定、能作主宰；意之所發能立定、能作主宰，便能保證獨體能立定、能作主宰；獨體能立定、能作主宰，便能保證個體之己能立定、能作主宰，便能符合禮之各項規範。由道德個體之己符合禮之規範追問，「誠意」之所誠必符合禮，「慎獨」之所慎必符合禮，「主敬」之所敬必符合禮。綜合來看，「克己」之己能够主動承擔，内在之獨體、所存之意亦被激活。縱貫三層克己工夫，劉宗周始終訴諸於自力自證，「爲仁由己」（論語顏淵），無須人格神介入救贖，這表現出儒學主體堅毅且穩固。與許孚遠之子許大受作聖朝佐闢捍衛儒家之道類似，劉宗周亦是儒學之道的捍衛者與推進者，在明清之際東西方文化交流背景下挺立中華文化主體。

## 四

劉宗周生性端嚴，幼年便有成聖成仁之志。萬曆三十二年（一六〇四），劉宗周赴京謁選前，再拜許孚遠，其子劉汋在年譜中云：「許先生論爲學不在虚知，要歸實踐，因追遡平生酒色財氣分數消長，以自考功力之進退。先生得之猛醒。」〔一〕受此影響，劉宗周作人譜，亦

〔一〕蕺山劉子年譜，劉宗周全集第六册，第六二頁—六三頁。

是源自親身實踐證人經驗之總結，體現出學問與生命之統一。劉宗周證人之實踐詳參年譜或本書附録萬斯同明史劉宗周傳等，在此舉三例：

（一）學行合一，在人倫日常中證人。「從嚴毅清苦之中，發爲光風霽月，消息動静，步步實歷而見。」〔一〕劉宗周遵循踐行儒學之禮，實學實證，嘗曰：「古人生禀樸茂，又有三千三百之禮以爲節文，故檢身如不及，而成才也易。後世禮教蕩然，士多習爲猖狂之行，於凡威儀之節、言動之準，廢而不脩，驕惰已成，馴至決裂。子弟而悖其父兄，卑幼而陵其師長，往往有之。今欲學爲人，請自學禮始。凡一語一默、一飲一食、一進一反，莫不各有當然之則。」〔二〕劉宗周將證人落實到學禮，承接孔顔「克己復禮」，「目不視邪色，耳不聽淫聲，口不出戲言，四體不設怠惰之儀，威儀容止一範於禮」。〔三〕外在有禮之約束，内在爲誠意、慎獨：「蓋自作止語默，以至進退辭受，無非一誠之所流行。自家庭日用，以至鄉國天下，無非一誠之所貫徹。」〔四〕由此學行合一、内外合一，在人倫日常中貫徹誠體，實現證人。

〔一〕黄宗羲子劉子行狀，劉宗周全集第六册，第三九頁。
〔二〕劉汋蕺山劉子年譜，劉宗周全集第六册，第七一頁。
〔三〕同上，第一七三頁。
〔四〕同上，第一七四頁。

（二）弘毅剛正，在爲政中證人。劉宗周歷任行人司行人、禮部儀制司主事、光禄寺寺丞、尚寶司少卿、太僕寺少卿、通政司右通政、順天府府尹、工部左侍郎、吏部左侍郎、都察院左都御史，明亡後，起復南明弘光政權都察院左都御史。劉宗周爲官一本於仁政，在朝剛正敢言，黄宗羲云：「先生通籍四十五年，立朝僅四年。在家强半教授，敝帷穿榻，瓦竈破缶，不改儒生之舊。士大夫飾其輿服而來者，不覺慚沮。故見先生者，多毀衣以入。」【一】作爲明朝最高檢察機構長官的都察院左都御史，劉宗周言爲士則，行爲世範，從政一日，即盡一日之責，將證人貫徹到官員行爲日常規範中。如證人要旨「備百行以考旋」；紀過格之叢過，百行主之；人譜類記之考旋篇，有警浮華、警刻薄、警趨附、警造次、警博弈、警流連花石、警愛聚古玩、警好色、警第宅豪奢、警盛飾輿馬、警衣服奢侈、警飲食豐盛、警宴會侈靡、警輕赴人席等條目。如果官員有上述警示行爲，由費知隱，由顯即微，表明這些官員内在道德持守已不堅定，也就是道德主體（獨——意之所發——意之所存）均已失守，需要警誡或防治，並及時改正，避免發展成巨大貪腐或事後懲治。

（三）介如石堅，全節成仁。劉宗周日常涵養得力，故在危難之際堅介如石，靜氣如山。

---

【一】子劉子行狀，劉宗周全集第六册，第四七頁。

甲申國難，劉宗周極力勤王，然不能果行，絕食殉國，風節聞天地間。「而至於臨難一節，從容就義，全而生之，全而歸之，不虧體，不辱身，忠孝兩慊，仁義兼盡……信乎可以扶皇綱，植人紀，歷千載而不朽也。」〔一〕劉宗周介如石堅的品格早已體現在其對節卦的注釋中。節之上六爻辭：「苦節，貞凶，悔亡。」其注釋：「節極則苦矣，雖貞亦凶，況不可貞乎！然而與其失之甘也，寧失之苦。甘易流，苦乃堅也。」節之六四象辭：「安節之亨，承上道也。」其注釋：「上有甘節之道，故下亦因而安之。然則風節之在天地間，蓋亦有相感而成者乎？東漢之末可睹已。滂母之言曰：『汝今與李、杜齊名，雖死何恨！』」〔二〕范滂與母訣別之言至真至切，感人淚下，成就了范滂的真風節。劉宗周絕食二十三日而亡，期間所受的肉體、精神之煎熬折磨，可謂極苦，這種堅定的毅力源於內心的忠介。常人多因苦而屈服，而劉宗周愈苦愈堅，用生命真切詮釋了苦節之貞，風節浩然長存天地間。

劉宗周以身示教，培養了黃宗羲、姜希轍、張履祥、董瑒、惲日初、陳確等諸多弟子，諸弟

〔一〕劉汋蕺山劉子年譜，劉宗周全集第六册，第一七四頁。
〔二〕劉宗周周易古文鈔節，劉子全書卷三十三，道光本，第六二一頁。

子傳承發揚劉宗周證人之學：「或舊在門墻，或轉相私淑，無不兢兢於證人社約，罔敢失墜。」〔一〕即使明清易代之後，劉宗周仍受褒獎：乾隆四十一年賜謚「忠介」，道光二年從祀文廟。「跡其平生事實，忠言讜論，守正不阿，屢遭削黜，矢志不移，卒能致命成仁，完名全節。有明末葉，稱爲皦皦完人。」〔二〕「皦皦完人」可視作劉宗周一生證人之大成，劉宗周實現了人譜的「立人極」，在新時代樹立起儒家之聖的道德典範。

## 五

本書主要有五部分，分別是人譜正文、人譜類記、人譜大全、人譜詩箴與附録。分述如下：

### （一）人譜正文

關於人譜成書，據董瑒記録：

一、劉子全書稿，初止一本，多用故紙背寫成册。昔温公日記八九紙，草稿，間用故

〔一〕陳確祭山陰先生文，陳確集，中華書局，一九七九年，第三〇九頁。

〔二〕明臣劉宗周從祀文廟上諭，劉宗周全集第六册，第六三九頁。

牘，又十數行別書牘背，往往剪開黏綴。橫浦筆用禿，紙用故紙。全書稿頗似之，中間多子親稿，有改抹重複，字幾不可認，此底本也。後有兩本：一即底本，子之孫子本名茂林授瑞生緝録者；一爲録本（名文録、廣録），傳屬子嗣君伯繩氏汋編訂，孫子志名士林藏之。

一、曰語類……首人譜，如王子全書首傳習録。劉子於乙酉五月改訂後，六月戊寅示伯繩氏曰：「做人之方，盡於是譜也。」蓋人譜自子譔後，凡經再訂，底本已入版本，附有伯繩識語，此當爲定本矣。（續又有刻本，大同小異。）而録版本復多不同。今以底本爲正，而以續録版本之不同者註於下，以備參覽。録本作卷之四，兹定爲卷之一。【一】

又據黄宗羲劉子全書序記録：

當伯繩輯遺書之時，其言有與雒閩齟齬者，相與移書，請删削之，若惟恐先師失言，爲後來所指摘。嗟乎，多見其不知量也。……王顓庵先生視學兩浙，以天下不得覩先師之大全爲恨，捐俸刻之。浙東門人之在者，羲與董瑒、姜希轍三人耳。於是依伯繩原本，取其家藏底草，逐一校勘。有數本不同者，必以手蹟爲據，不敢不慎也。

【一】劉子全書抄述，劉子全書卷首，第一頁。

綜合董瑒與黄宗羲之説，其要有三：

其一，人譜是劉宗周最重要的著作，人譜之於劉宗周，如同傳習録之於王陽明。在劉宗周全集整理基礎上，故有必要編校人譜單行本。

其二，據劉汋作人譜識語，「人譜作於甲戌（一六三四），重訂於丁丑（一六三七），而是譜則乙酉（一六四五）五月之絶筆也。一句一字，皆經再三參訂而成」。〔一〕人譜爲劉宗周晚年定論。在定論形成前，因經再三修訂，故而形成人譜諸多版本。在諸多版本中，以家學本（董瑒所謂「録本」）與弟子本（董瑒所謂「底本」）最爲重要。家學本爲刘宗周之子劉汋編訂，孫士林藏之；弟子本爲孫茂林授董瑒輯録。黄宗羲指出家學本問題：劉汋在編輯劉宗周遺書時，删削「與雒閩齟齬者」，即與程朱等前賢之説不合者。鑒於劉汋與劉宗周思想存在差異，這導致家學本人譜内容有所失真。

其三，董瑒將所受底本編輯成劉子全書。劉宗周三大弟子董瑒、黄宗羲、姜希轍共同參與校訂，形成弟子本。弟子本「必以手蹟爲據」「逐一校勘」，這糾正了劉汋删削之失，以此保證定本可靠。

〔一〕劉子全書卷一，第一六頁。

此次點校整理人譜，正文底本採用國家圖書館藏順治刻本，此本爲藍印本，亦是目前所見最早的印本（以下簡稱國圖本）。此本雖非正式印本，亦偶見刊刻錯誤，但與後來的刊本互有差異，且可反映出一定的時代特色，如「夷」字，在其之後的刊本中均因避諱改爲「鬼」、「戾」等字，故選此本做底本亦有特殊價值。國圖本附有證人社學檄、證人社約言、約誡、證人社會儀、社約書後以及與正文「改過」相發明的答姚江管而抑論遷改格書，這些是劉宗周證人之踐行記録，鮮活還原了證人踐行之概貌。借用陽明學「知行合一」思想，人譜正文是「知」，人譜附録是「行」，正文哲思密意通過附録而具體化，而附録的具體化踐行以正文爲本。

通校本有傅彩本（以下簡稱傅本）、教忠堂本、雷鋐本（以下簡稱雷本）、劉子全書本，按時間順序，分述如下：

傅本爲康熙本，前有山陰傅超於康熙己卯（一六九九）五月所作叙，以及傅彩於康熙己卯五月所作重刻劉蕺山夫子人譜序。此本後附增訂的人譜類記。

教忠堂本爲雍正本，前有洪正治雍正丙午（一七二六）二月於白沙教忠堂所作序，此本後附人譜類記。

雷本爲乾隆本，乾隆辛未（一七五一）仲夏，雷鋐督學紹興，於人譜之外，從劉氏後裔得其遺書，手録若干卷，編輯成劉蕺山先生集。

劉子全書本爲道光本，此爲董瑒所編次劉子全書，吴傑於道光甲申（一八二四）開雕，道光乙未（一八三五）告竣。（見藏於天津圖書館等，影印本有明别集叢刊第五輯第二十八册，黄山書社，二〇一六年）

另有光緒丙午（一九〇六）刻本，文字基本與雷本同，故不列作校本，只將重要的序文等收作附録。

從最初的國圖順治藍印本到最後成熟的道光劉子全書本，中間歷康熙、雍正、乾隆等朝，均有新版本産生，可見人譜在清代持久且深遠的影響。從以上版本的順序亦可看出人譜在清代的發展與傳播，本書的校勘記可視作這一發展過程的還原。

從人譜的家學本與弟子本區分來看，後世主要流傳的應是弟子本，以劉子全書最具代表性，且最爲成熟。雷本與其他版本區别較大，經校，劉子全書言「新本」「録本」異文多與雷本同，雷本可能源自家學本。雷鋐在人譜序言中説：「乾隆辛未仲夏，鋐校士至紹興，亟問蕺山先生遺書，僅見人譜一册；詢其後裔，乃得手録若干卷。爰與郡守鄭侯謀開雕，而屬郡學博李君凱等董校，以蕆厥事。」據此可知，雷鋐在紹興最初所見版本是人譜單行本，詢劉宗周後裔得手録若干卷，很可能即是家學本，或者其先前所見人譜單行本即是依據家學本而來。雷鋐在序言最後説：「先生之子伯繩，守其家學，抱道甘貧，稱爲貞孝先生，其遺集未之見也。有心世道者，更訪求而表章之。」最後提及劉汋，可能亦與其所傳家學本有關。

人譜除通校上面四種版本外，還參校了人譜大全本（詳見下文介紹）。

## （二）人譜類記

人譜類記（以下簡稱類記），又名人譜雜記，是用具體事例分類證明人譜，屬於證人之實例，亦如道德典範之樹立。從經史互證來看，人譜正文與類記分别相當於經與史，兩者合觀：經中有史，類記將人譜學旨實證；史中有經，類記之人物實例圍繞人譜分類編目。據傳彩重刻劉蕺山夫子人譜序中言人譜與類記：「蓋即前編所列六事工夫，而實證之先賢之言行，條分縷析，最爲精密，誠下學入德之門也。而余於其中，益窺見先生之用心矣。於課業則言過不言功，遠利也；於徵古則記善不記惡，倣朱子小學外篇之例，隱惡揚善也；不雜釋典，不參道書，正學術也；不及應驗，不入夢語，絶附會也；尊宋、元、明大儒爲宗，而旁及漢、唐歷代遺事，崇傚法也。」據此可知，人譜的哲思深意與類記的言行遺事相表裏，從而使得人譜具體化，更容易使學者入門參學。在創作類記時，作者亦將崇義遠利、隱惡揚善等哲思密意灌注其中，並與二氏劃清界限，體現出儒學之道的嚴毅方正。

清代及民國人譜刊印本多附有類記（如上文提及的傳本、教忠堂本等），乃至有人譜類記爲單行本（以下稱爲通行本）。在通行本之外，另有劉子全書遺編本（收録至劉子全書遺編卷十四，道光庚戌刻，光緒壬辰重修，影印本有明別集叢刊第五輯第二十九册，以下簡稱遺編本）。據遺編本所附董瑒按語：

記中載及汪公偉事，當是子六十八歲考終時所作。是歲，年譜稱：「五月，子於人譜再加改正，又取古人言行，從記過格諸款類次以備警，名人譜雜記。」又云：「人譜尚未畢草，子臨絶，命汋補之，敬受命成書。」而底鈔謂：「子屬纊時云：『人譜雜記屬垂絶之筆，精神在焉。』」又云：「朱静因嘗請作此書，故成此以慰之耳。」静因，良友也。【一】

據此可知，類記作者有兩説：

第一，劉宗周親作。記中所載汪偉之事見通行本考旋篇記警顛沛第十八，「明末，李賊之變，京城破，翰林汪偉及婦耿懸梁自盡」。據萬斯同明史汪偉傳：「汪偉，字叔度，休寧人……（崇禎）十六年，賊陷承天、荆、襄，偉以留都根本可慮，上江防綢繆疏……明年三月，賊兵東犯……乃自經。」汪偉自盡，劉宗周應有所聞，以此推測，類記作於崇禎十七年（一六四四）三月之後，絶食（一六四五）之前。

【一】劉宗周人譜雜記，劉子全書遺編卷十五，道光本，第四八頁—四九頁。

第二，劉宗周曾作雜記（或類記），但並未完成，以此託付給劉汋。劉汋遵守父命，最終完成類記。據年譜順治二年條，「五月，改訂人譜。先生於譜中未當者再加改正。是書凡三易稿始定。又取古人言行，從紀過格諸款類次以備警，名人譜雜記。（雜記尚未畢草，先生臨絕，命汋補之，敬受命成書。）」【一】

按照第一說，甲申之際，國破家亡，即使劉宗周親著，亦是倉促之作，作品質量受到影響。第二說綜合劉宗周之作與授意之作，作品質量較之於第一說更差。實際情況也是如此，如作聖篇將楊慈湖之父庭顯改過之事誤作楊慈湖之事。作爲宋明理學殿軍，且與慈湖同爲浙東人，劉宗周不可能犯如此低級的錯誤。此後，有關類記作者，諸說紛紜。據洪正治刊刻類記所作序：「比從友人處獲讀蕺山先生證人堂人譜……據傅氏本，稍有增益。且謂類記亦先生手自甄録者，今悉仍之。」此處有兩點值得注意：第一，洪正治認爲劉宗周親作類記；第二，後人在劉宗周親作基礎上增益。（若汪偉之事亦屬增益，可將劉宗周創作類記時間提前。）對此亦有反對者，據道光時石廣均人譜詩箴後跋：「近得蕪湖繆氏本，知類記固江都方觀察取古今嘉言懿行，與譜中條目相比附者，以類相從，非蕺山先生作也。」此說與洪

---

【一】劉汋蕺山劉子年譜，劉宗周全集第六册，第一六四頁。

正治之説完全相反，甚至否定了劉汋作類記。

從内容來看，類記通行本與遺編本差異明顯，尤其是考旋篇，百行篇目與内容判若兩書。從文本形成來看，如定命篇，較之於通行本，遺編本不分目，而通行本分有「統言九容」「足容」「手容」「目容」等。且遺編本所載怪神之事，如凝道篇載姜詩孝感，舍側日出雙鯉，有損類記可信度，這亦不符合傳彩所言類記「不及應驗，不入夢語，絶附會也」，而通行本則删除了此條。據上似可證遺編本内容早出。綜合考慮版本流傳廣度、校勘程度、作品成熟度，本書選擇雍正洪正治教忠堂刊刻本系統，底本選用日本天保十二年（一八四一）二書房合梓清翻刻本劉氏人譜，此和刻本天頭有批注，多注出「一人屢見而前後異稱」者，且對正文中的訛誤亦有考訂，故選作底本。通校本爲傳本，參校本爲遺編本、教忠堂本。另有據他本文獻出校者，隨文注出。

（三）人譜大全、人譜詩箴與附録

在類記之外，本書還收録人譜大全（事天閣藏版，以下簡稱大全）、人譜詩箴（光緒重刻本，以下簡稱詩箴）二書。大全題名「蕺山劉念臺先生著，果山葉潛夫先生參」。清人葉鈐號潛夫，禾郡（浙江嘉善）人，四十餘年反躬實踐人譜，由此注釋成書，該書凡例云：「余讀而講之身心性命、綱常名教、爲賢之道，靡不綜貫，故曰人譜大全。」人譜集中體現了劉宗周主敬、慎獨、誠意之學，思想精深，清皖人石廣均得其精髓，以詩歌形式詮釋人譜，作詩箴。詩箴體現出儒家的詩教傳統，「可以興，可以觀，可以群，可以怨」（論語陽貨）。詩箴讀之朗朗上口，堪稱人譜通俗詮釋佳作，有助於人譜廣泛流傳。在此之外，本書還附録了人譜補圖，以及一些重要的序言跋語、萬斯同明史劉宗周傳等，便於讀者進一步瞭解劉宗周其人其事其書。

另，關於避諱字回改問題，如邱丘、元玄等，則徑改不單獨出注。

人譜曾在明清及民國時期廣爲流傳，版本複雜，注釋紛出，本書舉其代表性文本及重要注釋輯録成書，難免掛一漏萬，敬祈方家指正。

張昭煒

二〇二四年夏至於中國社會科學院世界宗教研究所

# 目録


## 人譜

自序……三
人譜正篇……五
人極圖……五
人極圖説……五
人譜續篇二……九
證人要旨……九
人譜續篇三……一七
紀過格……一七
訟過法……二六
改過説一……二八
改過説二……二九
改過説三……三一
證人社學檄……三三
證人社約言……三五
約誡……四五
證人社會儀……五一
社約書後係舊刻附……五三
答姚江管而抑論遷改格書附……五五

## 人譜類記

劉氏人譜原序　洪正治……五九
蕺山先生本傳　陳鼎……六一
人譜類記上……六三

體獨篇 …… 六三
知幾篇 …… 六七
定命篇 …… 七五
凝道篇 …… 八〇
考旋篇 …… 一一四
人譜類記下 …… 一六三
作聖篇 …… 二四六

## 人譜大全

人譜序 …… 二五七
人譜大全凡例 …… 二五九
人譜大全卷一 …… 二六一
正篇 …… 二六一
人極圖 …… 二六一
人極圖說 …… 二六一
人譜大全卷二 …… 二六五
續篇 …… 二六五
證人要旨 …… 二六五
紀過格 …… 二七三
訟過法 …… 二八一
改過說一 …… 二八三
改過說二 …… 二八四
改過說三 …… 二八五
人譜大全卷三 …… 二八九
社約 …… 二八九
證人社學檄 …… 二八九
證人社約言 …… 二九一
證人社約誡 …… 三〇一
證人社會儀 …… 三〇五
社約書後係舊刻附 …… 三〇七
答姚江管而抑論遷改格書附 …… 三〇九
後跋 …… 三一〇

## 人譜詩箴


原序……三三
重刻人譜詩箴序……三七
序……三九
懔閒居以體獨……三一
卜動念以知幾……三二
謹威儀以定命……三三
足容……三三
手容……三三
目容……三四
口容……三四
聲容……三四
頭容……三四
氣容……三五
立容……三五
色容……三五
敦大倫以凝道……三六
父子有親……三六
君臣有義……三六
夫婦有別……三七
長幼有序……三七
朋友有信……三七
備百行以考旋……三八
警浮華……三八
警刻薄……三八
警輕佻……三九
警飾僞……三九
警戲動……三九
警妄語……三九
警踈誕……三〇
警乖戾……三〇
警不力學……三〇

警不服善……三三一
警不敬師……三三一
警曠館職……三三一
警趨附……三三一
警躁進……三三二
警恃勢……三三二
警恃才……三三二
警造次……三三三
警顛沛……三三三
警由徑……三三三
警嫌疑……三三三
警蔽善……三三四
警竊能……三三四
警輕諾……三三四
警爽約……三三五
警不忍辱……三三五
警不釋怨……三三五
警忘恩……三三五
警忘舊……三三六
警市恩……三三六
警嫁禍……三三六
警遊夢……三三七
警好閒……三三七
警博奕戒賭附……三三七
警流連花石……三三七
警愛聚古玩……三三八
警好色……三三八
警閨門……三三八
警畜婢錮婢附……三三九
警挾妓……三三九
警畜俊僕……三三九
警觀戲劇……三三九

警作豔辭……三四〇
警不安淡泊……三四〇
警第宅豪奢……三四〇
警盛飾輿馬……三四一
警衣服奢侈……三四一
警衣冠異製……三四一
警暑月袒……三四一
警科跣……三四二
警飲食豐盛……三四二
警宴會侈靡……三四二
警嗜酒……三四三
警市飲……三四三
警輕赴人席……三四三
警貪得……三四三
警濫受……三四四
警輕假……三四四
警請託……三四四
警居間爲利……三四五
警交易不公……三四五
警拾遺不還……三四五
警持籌……三四五
警不治生産……三四六
警田宅方圓……三四六
警嫁娶競財……三四六
警窮追債負……三四七
警拒人乞貸……三四七
警圖謀風水……三四七
警遇事不行方便……三四七
警滑稽戲謔……三四八
警好稱人惡……三四八
警訐人陰事……三四八
警妄詆前賢……三四九

警好訟……三四九
警疏九族……三四九
警薄三黨……三四九
警溺女……三五〇
警不善勸化愚人……三五〇
警武斷鄉曲……三五〇
警虐使婢僕……三五一
警欺陵寒賤……三五一
警窮治盜賊……三五一
警不恤死喪……三五一
警見骼不掩……三五二
警不敬神明……三五二
警棄毀字紙……三五二
警不敬五穀……三五三
警殺生……三五三
警食牛犬……三五三
警射飛鳥……三五三
警啓蟄蟲……三五四
警無故斬草木……三五四
警笑人體貌……三五四
警破人婚姻……三五五
警讀書無次序……三五五
警讀書不知要……三五五
警讀書不務實……三五五
警讀書不能疑……三五六
警書法潦草……三五六
警養生導氣……三五六
遷善改過以作聖……三五七
人譜詩箴跋一……三五九
人譜詩箴跋二……三六一
題人譜詩箴後……三六五

## 附録

人譜補圖……三六九
物欲圖……三六九
物欲圖説……三七二
四庫全書總目提要……三七三
劉子全書序……黄宗羲　三七五
劉子全書抄述（節選）……董瑒　三七九
重刻劉蕺山夫子人譜序……傅彩　三八一
劉蕺山先生遺集序……雷鋐　三八三
重刻劉蕺山先生人譜序……楊國楨　三八五
劉蕺山先生人譜類記原序……莫晋　三八七
叙……馬傳煦　三八九
叙……徐樹銘　三九一
劉宗周從祀孔廟奏諭……三九五
上諭……三九五
禮部議奏原疏……三九五
明史劉宗周傳……萬斯同　三九七

# 人譜

# 自序

友人有示予袁了凡先生〔一〕功過格者，予讀而疑之。了凡自言嘗授旨雲谷老人，及其一生轉移果報，皆取之功過，鑿鑿不爽，信有之乎？予竊以爲病於道也。子曰：「道不遠人。人之爲道而遠人，不可以爲道。」今之言道者，高之或淪於虛無，以爲語性而非性也；卑之或出於功利，以爲語命而非命也。非性非命，非人也，則皆遠人以爲道者也。然二者同出異名，而功利之惑人爲甚。老氏以虛言道，佛氏以無言道，其説最高玅，雖吾儒亦視以爲不及。乃其意主于了生死，其要歸之自私自利。故太上有感應篇，佛氏亦多言因果，大抵從〔二〕生死起見，而動援虛無以設教。猥云功行，實恣邪妄，與吾儒「惠迪」「從逆」之旨霄壤。是虛無之説，正功利之尤者也。了凡學儒者也，而篤信因果，輒以身示法，亦不必實有是事。傳染至今，遂爲度世津梁，則所關于道術晦明之故，有非淺鮮者。予因之有感，特本證人之意，

〔一〕「予」下，雷本有「以」字。「先生」二字，雷本無。
〔二〕「從」，據雷本、劉子全書本補，劉子全書有注：「『從』字，舊鈔遺。」

著人極圖說，以示學者。繼之以六事工課，而紀過格終焉。言過不言功，以遠利也。總題之曰人譜，以爲譜〔一〕人者，莫近於是。學者誠知人之所以爲人，而於道亦思過半矣。將馴是而至於聖人之域，功崇業廣，又何疑乎！友人聞之，亟許可，遂序而傳之。

時崇禎甲戌秋八月閏吉，蕺山長者劉宗周書

按：人譜作于甲戌，重訂于丁丑，而是編〔二〕則乙酉五月之絶筆也。一句一字，皆經再三參訂而成。向吴巒穉初刻于湖，鮑長儒再刻于杭，俱舊本也。讀者辨諸，毋負先君子臨岐苦心。己丑孟秋不孝男汋百拜謹識。

〔一〕「譜」，雷本作「證」。
〔二〕「編」，雷本作「譜」。

# 人譜正篇

## 人極圖

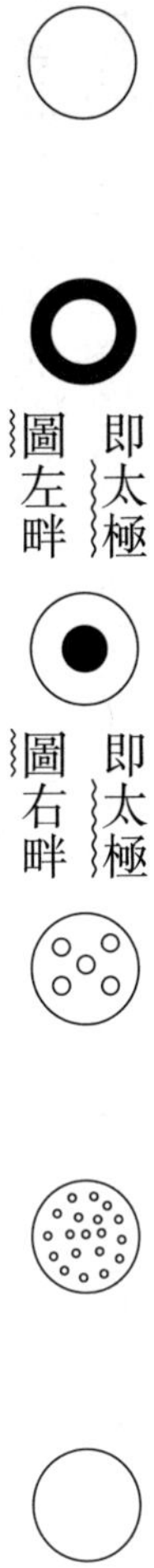


按：此第二、第三圖即濂溪太極圖之第二圖，然分而爲二，自有別解，且左右互易，學者詳之。

## 人極圖説

**無善而至善，心之體也。**

即周子所謂太極。「太極本無極也。」統三才而言，謂之極；分人極而言，謂之善：其義一也。

**繼之者，善也。**

動而陽也，乾知大始是也。

成之者，性也。

靜而陰也，坤作成物是也。

繇是而之焉，達於天下者，道也。放勳曰：「父子有親，君臣有義，夫婦有別，長幼有序，朋友有信。」此五者，五性之所以著也。五性既著，萬化出焉；萬化既行，萬性正矣。

五性之德，各有專屬，以配水、火、木、金、土，此人道之所以達也。

萬性〔一〕，一性也；性，一至善也；至善，本無善也。無善之真，分爲二五，散爲萬善。上際爲乾，下蟠爲坤。「乾知大始」，吾「易知」也；「坤作成物」，吾「簡能」也。其俯仰於乾坤之内者，皆其與吾之知能者也。

乾道成男，即上際之天；坤道成女，即下蟠之地；而萬物之胞與，不言可知。是〔二〕西銘以乾坤爲父母，至此以天地爲男女，乃見人道之大。

大哉人乎！無知而無不知，無能而無不能，其惟心之所爲乎！易曰：「天下何思何慮？

〔一〕「性」，雷本作「物」。

〔二〕「不言可知是」，傅本、教忠堂本、雷本、劉子全書本作「不言可知矣」。

一致而百慮，同歸而殊途〔一〕。天下何思何慮？」

無知之知，不慮而知；無能之能，不學而能：是之爲無善之善。

君子存之，善莫積焉；小人去之，過莫加焉。吉凶悔吝，惟所感也；積善積不善，人禽之路也。知其不善，以改於善；始於有善，終於無不善。其道至善，其要無咎，所以盡人之學也。

君子存之，即〔二〕此「何思何慮」之心，周子所謂「主靜立人極」是也。然其要歸之善補過，所繇殆與不思善惡之旨異矣。此聖學也。

〔一〕「一致而百慮，同歸而殊途」，傅本、教忠堂本、雷本、劉子全書本作「天下同歸而殊塗，一致而百慮」。

〔二〕「即」下，傅本、教忠堂本、雷本、劉子全書本有「存」字。

# 人譜續篇二

## 證人要旨

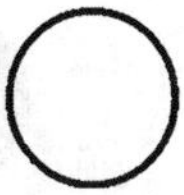

無極太極。　一曰凛閒居以體獨。

學以學爲人，則必證其所以爲人；證其所以爲人，證其所以爲心而已。自昔孔門相傳心法〔一〕，一則曰慎獨，再則曰慎獨。夫人心有獨體焉，即「天命」之「性」，而「率性」之「道」所從出也。慎獨而中和位育，天下之能事畢矣。然獨體至微，安所容慎？惟有一獨處之時，可爲下手法。而在小人，仍謂之「閒居爲不善，無所不至」，至念及揜著無益之時，而已不覺其爽然自失矣。君子曰：「閒居之地，可懼也，而轉可圖也。」吾姑即閒居以證此心〔二〕。此

〔一〕按：據朱子中庸章句，中庸一篇乃孔門傳授心法。
〔二〕「吾姑即閒居以證此心」，教忠堂本無。

時一念未起，無善可著，更何不善可爲〔一〕？止有一真无妄，在不睹不聞之地，無所容吾自欺也，吾亦與之毋自欺而已，則雖一善不立之中，而〔二〕已具有渾然至善之極。君子所爲必慎其獨也。夫一閒居耳，小人得之，爲萬惡淵藪〔三〕；而君子善反之，即是證性之路：蓋敬肆之分也。敬肆之分，人禽之辨也。此證人第一義也。

靜坐是閒中喫緊一事，其次則讀書。朱子曰：「每日取半日靜坐，半日讀書。如是行之一二年，不患無長進。」

○動而無動。二曰卜動念以知幾。

獨體本無動靜，而動念其端倪也。動而生陽，七情著焉。念如其初，則情返乎性。動無

〔一〕「無善可著，更何不善可爲」，教忠堂本無。

〔二〕雷本此處有「自知自慊」。

〔三〕「萬惡淵藪」，雷本作「聚惡之藪」。按：劉子全書小字注中多言「新本」異文，經校，異文多與雷本同，所同處下文不再列劉子全書注文，只列雷本。

不善，動亦静也。轉一念而不善隨之，動而動矣〔一〕。是以君子有慎獨〔二〕之學。七情之動不勝窮，而約之爲累心之物，則嗜慾忿懥居其大者。損之象曰：「君子以懲忿窒慾。」懲窒之功，正就動念時，力扼其轉念之關，不使流而爲不善〔三〕。纔有不善，未嘗不知之而止之，止之而復其初矣。過此以往，便有蔓不及圖者。昔人云：「懲忿如推〔四〕山，窒慾如填壑。」直如此難，亦爲圖之於其蔓故耳。學不本之慎獨，則心無所主，滋爲物化。雖終日懲忿，只是以忿懲忿；終日窒慾，只是以慾窒慾。以忿懲忿，忿愈增；以慾窒慾，慾愈潰。宜其有取於推〔五〕山填壑之象。豈知人〔六〕心本自無忿，忽焉有忿，吾知之；本自無慾，忽焉有慾，吾知之。只此知之之時，即是懲之窒之之時〔七〕，當下廓清，可不費絲毫氣力，後來徐加保任

〔一〕「轉一念」至「動而動矣」，雷本作「偶著一念，因而過矣，卒流于惡者有之」。
〔二〕「獨」，傅本、教忠堂本、劉子全書本作「動」。
〔三〕「力扼其轉念之關，不使流而爲不善」，雷本作「一加提醒，不使流於過而爲不善」。劉子全書本同雷本，「使」下有「復」字。
〔四〕「推」，教忠堂本作「摧」。
〔五〕「推」，傅本、教忠堂本作「摧」。
〔六〕「人」，雷本作「最初之」。
〔七〕雷本此處有「當下提醒」四字。

而已〔一〕。易曰：「知幾其神乎！」此之謂也。謂非獨體之至神，不足以與於此也〔二〕。

◉靜而無靜。三曰謹威儀以定命。

慎獨之學，既於動念上卜貞邪，已足端本澄源，而念不自念泯也〔三〕。容貌辭氣之間，有爲之符者矣〔四〕，所謂靜而生陰也。於焉「官雖止而神自行」，仍一一以獨體閑之，靜而妙合於動矣。如足容當重，無以輕佻心失之；手容當恭，無以弛慢心失之；目容當端，無以淫僻心失之；口容當止，無以煩易心失之；聲容當靜，無以暴厲心失之；頭容當直，無以邪曲心失之；氣容當肅，無以浮蕩心失之；立容當直〔五〕，無以徙倚心失之；色容當莊，無以表暴心失之：此記所謂九容也。天命之性不可見，而見於容貌辭氣之間，莫不各有當然之則，是

---

〔一〕「可不費絲毫氣力，後來徐加保任而已」，雷本作「何等省力！至此幾雖已動，而仍不失其先見之吉，正知幾最得力處」。「後來徐加保任而已」，教忠堂本無。

〔二〕雷本有小字注：「此與『幾善惡』之說不同，學者詳之。」

〔三〕「而念不自念泯也」，雷本、劉子全書本作「而誠於中者形於外」。

〔四〕雷本此處有「賦形有定」四字。

〔五〕「直」，傳本、教忠堂本、雷本、劉子全書本作「德」。

即所謂性也，故曰：「威儀所以定命。」昔横渠教人，專以知禮成性、變化氣質爲先，殆謂是與〔一〕？

五行攸叙。**四曰敦大倫以凝道。**

人生七尺，墮地後〔二〕，便爲五大倫關切之身，而所性之理與之一齊俱到，分寄五行，天然定位。父子有親，屬少陽之木，喜之性也；君臣有義，屬少陰之金，怒之性也；長幼有序，屬太陽之火，樂之性也；夫婦有别，屬太陰之水，哀之性也；朋友有信，屬陰陽會合之土，中之性也〔三〕。此五者，天下之達道也，「率性之謂道」是也〔四〕。然必待其人而後行，故學者工夫，自慎獨以來，根心生色，暢於四肢，自當發於事業，而其大者，先授之五倫。於此尤加

〔一〕「與」，底本漫漶不清，據傳本、教忠堂本、雷本、劉子全書本補。
〔二〕「人生七尺，墮地後」，教忠堂本作「人生後」。
〔三〕「喜之性也」、「怒之性也」、「樂之性也」、「哀之性也」、「中之性也」，雷本無。
〔四〕「父子有親」至「率性之謂道是也」，教忠堂本無。

致力〔一〕，外之何以極其規模之大，內之何以究其節目之詳，總期踐履敦篤〔二〕，慥慥君子〔三〕以無忝此率性之道而已。昔人之言曰：「五倫間有多少不盡分處。」夫惟嘗懷不盡之心，而黽黽〔四〕以從事焉，庶幾其逭於責乎！

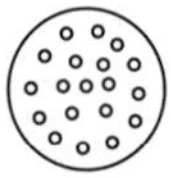

物物太極。　**五曰備百行以考旋。**

孟子曰：「萬物皆備於我矣。」此非意言之也。只〔五〕繇五大倫推之，盈天地間皆吾父子、兄弟、夫婦、君臣、朋友也。其間知之明、處之當，無不一一責備於君子之身。本是一體〔六〕，關切痛癢，然而〔七〕其間有一處缺陷，便如一體中傷殘了一肢一節，不成其爲我。又

〔一〕「致力」，雷本作「謹凛」，下有「隨分體當」句。
〔二〕「敦篤」，雷本作「精純」。
〔三〕「君子」，雷本作「敦篤」。
〔四〕「黽黽」，教忠堂本、雷本作「黽勉」。
〔五〕「只」，雷本無。
〔六〕「本是一體」，傅本、教忠堂本、劉子全書本作「大是一體」，雷本作「大是一身」，人譜大全作「夫是一體」。
〔七〕「痛癢然而」四字，雷本無，有二「倘」字。

曰：「細行不矜，終累大德。」安見肢節受傷，非即腹心之痛〔一〕？故君子言仁，則無所不愛；言義，則無所不宜；言別，則無所不辨；言序，則無所不讓；言信，則無所不實；至此乃見盡性之學，盡倫盡物，一以貫之。易稱「視履考祥，其旋元吉」，吉祥之地，正是不廢查考耳〔二〕。今學者動言萬物備我，恐只是鏡中花，略見得光景如此。若是真見得，便須一一與之踐履過〔三〕。故曰：「反身而誠，樂莫大焉。」又曰：「强恕而行，求仁莫近焉。」「反身而誠」，統體一極也；「强恕而行」，物物付極也。

○其要无咎。**六曰遷善改過以作聖。**

自古無見成的聖人，即堯舜不廢兢業。其次只一味遷善改過，便做成聖人，如孔子自道

〔一〕「腹心之痛」，雷本作「心腹之病」。

〔二〕「吉祥之地，正是不廢查考耳」，教忠堂本無。「吉祥之地」，雷本作「虧旋之地」。按照下文「不廢查考」之文意，「虧旋之地」當然不能廢查考，但有失蕺山之意。當從底本，即使在吉祥之地，仍不廢查考，以此説明考旋之貫徹上下。

〔三〕「今學者」至「便須一一與之踐履過」，雷本作「然非逐事簡點，只爲圓滿此獨體。如是學以慎獨，方真見得萬物皆備于我體段。一反身，而自得之，不假外求」。

可見〔一〕。學者未歷過上五條公案，通身都是罪過；即已歷過上五條公案，通身仍是罪過〔二〕。纔舉一公案，如此是善，不如此便是過。即〔三〕如此是善，而善無窮，以善進善，亦無窮；不如此是過，而過無窮，因過改過，亦無窮。一遷一改，時遷時改，忽不覺其入於聖人之域，此證人之極則也。然所謂是善是不善，本心原自歷落分明，學者但就本心明處一決，決定如此不如彼，便時時有遷改工夫可做。更須小心窮理，使本心愈明，則查簡〔四〕愈細，全靠不得今日已是，見得如此如此〔五〕，而即以爲了手地也。故曰：「君子無所不用其極〔六〕。」

〔一〕「如孔子自道可見」，教忠堂本無，雷本此下有「聖人一生用心全在這裏」十字。
〔二〕「學者未歷過上五條公案」至「通身仍是罪過」，教忠堂本作「學者歷過上五條」。
〔三〕「即」，教忠堂本無。
〔四〕「簡」，傅本、教忠堂本作「檢」。
〔五〕「如此如此」，傅本、教忠堂本、雷本作「如此」。
〔六〕按：「君子無所不用其極」，據大學。劉宗周大學雜言云：「大學一篇是人道全譜。」

## 人譜續篇三

### 紀過格

⊙物先兆。一曰微過，獨知主之。

妄獨而離其天者是。

以上一過，實函後來種種諸過，而藏在未起念以前，彷佛不可名狀，故曰「微」。原從無過中看出過來者〔一〕。○「妄」字最難解，直是無病痛可指，如人元氣偶虛耳，然百邪從此易入。人犯此者，便一生受虧，無藥可療，最可畏也。程子曰：「无妄之謂誠。」誠尚在无妄之後。誠與僞對，妄乃生僞也。妄無面目，只一點浮氣所中，如「履霜」之象，微乎微乎！妄根所中曰「惑」，爲利，爲名，爲生死；其粗者爲酒色財氣。

〔一〕「原從無過中看出過來者」，教忠堂本無。

◎動而有動。二曰隱過，七情主之。

**溢喜**損者三樂之類。

**遷怒**尤忌藏怒。

**傷哀**長戚戚。

**多懼**憂讒畏譏，或遇事變而失其所守。

**溺愛**多在〔一〕妻子。

**作惡**多在疎賤。

**縱欲**耳目口體之屬。

以上諸過，過在心，藏而未露，故曰「隱」。仍坐前微過來，一過積二過〔二〕。○微過不可見，但感之以喜，則侈然而溢；感之以怒，則怫然而遷。七情皆如是，而微過之真面目於此斯見。今須將微者先行消煞一下，然後可議及此耳。

〔一〕「在」，傅本、教忠堂本、雷本、劉子全書本作「坐」，下「多在疎賤」同。
〔二〕「仍坐前微過來，一過積二過」，教忠堂本無。

⊙靜而有靜。三曰顯過，九容主之。

箕踞　交股大交小交。　趨蹶以上足容。

擎拳　攘臂　高卑任意以上手容。

偷視　斜〔一〕視　視非禮以上視〔二〕容。

貌言　易言　煩言以上口容。

高聲　謔笑　詈罵以上聲容。

岸冠　脱幘　摇首　側耳以上頭容。

好剛使氣　怠懈以上氣容。

跛倚　當門　履閾以上立容。

令色　遽色　作色以上色容。

〔一〕「斜」，傳本、教忠堂本、雷本、劉子全書本作「邪」。

〔二〕「視」，傳本、教忠堂本、劉子全書本作「目」。

以上諸過授於身，故曰「顯」。仍坐前微、隱二過來，一過積三過〔一〕。○九容之地，即七情穿插其中，每容都有七種情狀伏在裏許，今姑言其略〔二〕：如箕踞〔三〕，喜也會箕踞，怒也會箕踞〔四〕。其他可以類推。

五行不敘。四曰大過，五倫主之。

非道事親　親過不諫　責善　輕違教令　先意失懽　定省失節　唯諾不謹　奔走不恪　私財〔五〕　私出入〔六〕　私交遊　浪遊　不守成業　不謹疾　侍疾不致謹　讀禮不慎衣服、飲食、居處。　停喪〔七〕　祭祀不敬失齋、失戒、不備物。　繼述無聞　忌日不哀飲酒、

〔一〕「仍坐前微、隱二過來，一過積三過」，教忠堂本無。
〔二〕「今姑言其略」，教忠堂本無。
〔三〕「箕踞」，教忠堂本無。
〔四〕雷本此處有「如交股，喜也會交股，怒也會交股」十三字。
〔五〕「私財」，雷本作「私貨財」。
〔六〕「私出入」，教忠堂本無。
〔七〕「停喪」，雷本後有「不葬」二字。

茹葷。　**事伯叔父母不視父母以降。**以上父子類，皆坐爲人子者。其爲父而過，可以類推。

**非道事君　長君　逢君　始進欺君**考校、筮仕、鑽刺之類。　**遷轉欺君**夤緣、速化。　**宦成欺君**貪位、固寵。　**不謹　罷軟　貪　酷　傲上官　凌下位**〔一〕　**居鄉把持官府**〔二〕　**遲完國課　脱漏差徭**〔三〕　**擅議詔令　私議公祖父母官政事美惡　縱子弟出入衙門　誣告**〔四〕以上君臣類。

**交警不時　聽婦言　反目**〔五〕　**帷薄不謹**如縱婦女入廟燒香〔六〕之類。　**私寵婢妾　無故娶妾　婦言踰閾**以上夫婦類，皆坐爲人夫者〔七〕。

---

〔一〕「宦成欺君」至「凌下位」，傅本、教忠堂本作「不愛民　不盡職　受賄　貪生」。

〔二〕教忠堂本此下有「囑託私事」四字，傅本、雷本、劉子全書本「私」作「公」。

〔三〕「脱漏差徭」，傅本、教忠堂本無。

〔四〕「縱子弟出入衙門　誣告」，傅本、教忠堂本無。

〔五〕「反目」，雷本前有「夫妻」二字。

〔六〕雷本此處有「看燈看戲」四字。

〔七〕雷本、劉子全書本此下有「其爲婦，而過可以類推」九字。

非道事兄　疾行先長　衣食凌競　語次先舉〔一〕　出入不禀命　憂患不恤　侍疾不謹　私蓄　早年分爨　侵公産　異母相嫌　鬩墻　外訴　聽妻子離間　貧富相形　久疎動定　疎視猶子　遇族兄弟於途不讓行　遇族尊長於途不起居〔二〕以上長幼類，皆坐爲人幼者。其爲長〔三〕，而過可以類推。

勢交　利交　濫交　狎比匪人　延譽　恥下問　嫉視諍友　善不相長　過不相規　群居游談　流連酒食　緩急不相視　初終渝盟　匿怨　强聒　好爲人師以上朋友類。

以上諸過，過在家國天下，故曰「大」。仍坐前微、隱、顯三過來，一過積四過〔四〕。〇諸大過總在容貌辭氣上見，如高聲一語，以之事父，則不孝，以之事兄，則不友。其他可以類推。爲是〔五〕心上生出來者〔六〕。

---

〔一〕「語次先舉」，傳本、教忠堂本無。

〔二〕「遇族兄弟」至「不起居」，傳本、教忠堂本無。

〔三〕「長」下，雷本有「者」字。

〔四〕「仍坐前微、隱、顯三過來，一過積四過」，教忠堂本無。

〔五〕「爲是」，雷本作「謂諸過皆自」。

〔六〕人譜大全此處有「意惡也」三字。

物物不極。五曰叢過，百行主之。

游夢　戲動　謾語　嫌疑　造次　乘危　繇徑　好閒　博奕〔一〕　流連花石　好古玩　好書畫　牀笫私言　蚤眠晏起　晝處内室　狎使婢女　挾妓〔二〕　俊僕〔三〕　畜優人　觀戲場　行不避婦女　暑月袒　科跣　衣冠異製　懷居居處器什〔四〕。　輿馬饕餮　憎食　縱飲　深夜飲　市飲〔五〕　輕赴人席　宴會侈靡　輕諾　輕假我假人〔六〕。　輕施　與人期爽約　多取　濫受　居間爲利　獻媚當途　躁進　交易不公虧小經紀一文二文以上，及買田産短價。　拾遺不還　持籌　田宅方圓　嫁娶侈靡　誅求親故　窮追遠年債負　違例取息　謀風水　有恩不報　拒人乞貸　遇事不行方便如排難

〔一〕「博奕」，雷本、劉子全書本分作兩個條目，上下共計一百個條目，對應「百行」。
〔二〕「挾妓」，雷本作「挾娼妓」。
〔三〕「俊僕」，雷本作「養俊僕」。
〔四〕「什」，雷本作「物」。
〔五〕「市飲」，雷本作「市肆飲」。
〔六〕「我假人」，雷本作「我借人」。

解紛、勸善阻惡之類。

橫逆相報　宿怨　武斷鄉曲　設誓　罵詈〔一〕　習市語　稱綽號　造歌謠　傳流言　稱人惡　暴人陰事　面訐〔二〕　譏議前輩　訟〔三〕　終訟　主訟　失盜窮治　捐棄故舊　疎九族　薄三黨　欺鄉里　侮鄰佑　慢流寓　虐使僮僕　欺凌寒賤　擠無告　遇死喪不恤　見骼不掩　特殺　食耕牛野禽　殺起蟄　無故拔一草折一木　暴殄天物　褻瀆神社　呵風怨雨　棄毁文字　雌黃經傳　讀書無序　作字潦草　輕刻詩文　近方士　禱賽　主創庵院　拜僧尼　假道學〔四〕

以上諸過，自微而著，分大而小，各以其類相從，略以百爲則，一過積五過〔五〕。○百過所舉，先之以謹獨〔六〕一關，而綱紀之以色、食、財、氣，終之以學而叛道者，大抵皆從五倫不叙生來。

---

〔一〕「罵詈」，雷本作「咒詛」。

〔二〕「面訐」，雷本後有「人過」二字。

〔三〕「訟」，雷本作「好訟」。

〔四〕傳本、教忠堂本百行條目與底本、雷本、劉子全書本差異較大，與後人譜類記考旋篇下百行條目同。

〔五〕「一過積五過」，教忠堂本無。雷本、劉子全書本在此五字上有「故曰叢，仍坐前微、隱、顯、大四過來」十三字。

〔六〕「謹獨」，傳本作「葆心」。

迷復。六曰成過，爲衆惡門，以克念終焉。

**祟門**微過成過曰微惡。用小訟法解之，閉閣一時〔一〕。

**妖門**隱過成過曰隱惡。用小訟法解之，閉閣二時。

**夷門**〔二〕顯過成過曰顯惡。用小訟法解之，閉閣三時。

**獸門**大過成過曰大惡。用大訟法解之，閉閣終日。

**賊門**叢過成過曰叢惡。輕者用小訟，重者大訟解之，閉閣如前。

**聖域**諸過成過，還以成過得改地，一一進以訟法，立登聖域。

以上一過准一惡，惡不可縱，故終之以聖域。○人雖犯極惡大罪，其良心仍是〔三〕不泯，依然與聖人一樣，只爲習染所引壞了事。若纔提起此心，耿耿小明，火然泉達，滿盤已是聖人。或曰：「其如積惡蒙頭何？」曰：「説在孟子訓惡人齋戒〔四〕矣。且既已如此，又恁地

〔一〕「用小訟法解之，閉閣一時」，教忠堂本無。下「妖門」、「夷門」、「獸門」、「賊門」條「惡」字下均無文字。

〔二〕「夷門」，傅本、教忠堂本作「鬼門」，雷本、劉子全書本作「戾門」，蓋避諱改。

〔三〕「是」，教忠堂本作「自」。

〔四〕「齋戒」，傅本、教忠堂本、雷本、劉子全書本作「齋沐」。

去，可奈何？正恐直是不繇人不如此不得〔一〕。」

## 訟過法即静坐法。

一炷香，一盂水，置之净几，布一蒲團座子於下〔二〕，方會平旦以後，一躬〔三〕就坐，交趺、齊手〔四〕、屏息、正容，正儼威間，鑒臨有赫〔五〕，呈我宿疚〔六〕，炳如也。乃進而敕之〔七〕曰：「爾固儼然人耳，一朝跌足，乃禽乃獸，種種墮落〔八〕，嗟何及矣！」應曰：「唯唯。」復出十目十手，共指共視，皆作如是言。應曰：「唯唯。」於是方寸兀兀，痛汗微星，赤光發頰，若

---

〔一〕「且既已如此」至「不如此不得」，教忠堂本無。

〔二〕「布一蒲團座子於下」八字，雷本無。

〔三〕「一躬」，雷本作「肅躬」。

〔四〕「交趺齊手」，雷本作「齊手輯足」。

〔五〕劉子全書後有注：「『正儼威』二句，新本作『匪聞斯聞，匪覿斯覿。祇祇栗栗，如對上帝，如臨師保』句。」「匪聞斯聞，匪覿斯覿」，雷本作「戒慎不睹，恐懼不聞」。

〔六〕「疚」，原作「夜」，據傅本、雷本、劉子全書本改。

〔七〕「乃進而敕之」，雷本作「因而内自訟」。

〔八〕「乃禽乃獸，種種墮落」，傅本作「乃獸乃禽，種種墮落」，雷本作「墮落千仞，乃獸乃禽」。

身親三木者。已乃躍然而〔一〕奮曰：「是予之罪也夫。」則又敕之〔二〕曰：「莫得姑且供認。」又應曰：「否否。」頃之，一綫〔三〕清明之氣徐徐來，若向太虚然，此心便與太虚同體〔四〕。乃知從前都是妄緣，妄則非真。一真自若，湛湛澄澄，迎之無來，隨之無去，却是本來真面目也。此時正好與之葆任，忽有一塵起，輒吹落；又葆任一回，忽有塵起，輒吹落。如此數番，勿忘勿助，勿問效驗如何。一霍間，整身而起，閉閤終日。

或咎予此説近禪者，予已廢之矣。既而思之，曰：此静坐法也。静坐非學乎？程子每見人静坐，便嘆其善學。後人又曰：「不是教人坐禪入定，蓋借以補小學一段求放心工夫。」旨哉言乎！然則静坐豈一無事事？近高忠憲有静坐説二通，其一是撒手懸崖伎倆，其一是小心着地伎倆，而公終以後説爲正。今儒者談學，每言存養省察，又曰「静而存養，動而省察」，却教何處分動静？無思無爲，静乎？應事接物，動乎？雖無思無爲，而此心常止者，自然嘗運；雖應事接物，而此心嘗運者，自然嘗止。其嘗運者，即省察

〔一〕「而」，雷本作「自」。

〔二〕「敕之」，雷本作「内自訟」。

〔三〕「頃之一綫」四字，雷本無，此處文字爲「復出十目、十手證佐，皆作如是言。又應曰：『否否。』于是」。

〔四〕「若向太虚然，此心便與太虚同體」，雷本作「復覺此心浩然與天地同流」。

之實地；而其嘗止者，即存養之真機：總是一時小心着地工夫。故存養、省察，二者不可截然分爲兩事，而并不可以動静分也。陸子曰：「涵養是主人翁，省察是奴婢。」今爲鈍根設法，請先爲其奴者，得訟過法。然此外亦别無所謂涵養一門矣，故仍存其説而不廢，因補註曰「静坐法」〔一〕。

## 改過説一

天命流行，物與無妄，人得之以爲心，是謂本心，何過之有？惟是氣機乘除之際，有不能無過不及之差者。有過而後有不及，雖不及，亦過也，過也而妄乘之，爲厥心病矣。乃其造端甚微，去無過之地，所争不能毫釐，而其究甚大。譬之木，自本而根而幹而標；水，自源而後及于流，盈科放海。故曰：「涓涓不息，將成江河；綿綿不絶，將尋斧柯。」是以君子慎防其微也。防微則時時知過，時時改過。俄而授之隱過矣，當念過，便從當念改；又授之顯過矣，當身過，便從當身改；又授之大過矣，當境過，當境改；又授之叢過矣，隨事過，隨事改。改之，則復于無過，可喜也。過而不改，是謂過矣。雖然，且得無改乎？凡此皆却妄還真之

〔一〕訟過法一篇，教忠堂本無。

路，而工夫喫緊，總在微處得力云。「子絕四：毋意，毋必，毋固，毋我。」真能謹微者。專言毋我，即顏氏之克己，然視子則已粗矣；其次爲原憲之「克、伐、怨、欲不行焉」，視顏則又粗，故夫子僅許之曰：「可以爲難矣。」言幾幾乎其勝之也。張子十五年學箇恭而安不成。程子曰：「可知是學不成，有多少病〔一〕痛在。」亦爲其徒求之顯著之地耳。司馬温公則云：「某平生無甚過人處，但無一事不可對人言者。」庶幾免於大過乎！若邢恕之一日三簡〔二〕點，則叢過對治法也。真能改過者，無顯非微，無小非大，即邢恕之學未始非孔子之學，故曰：「出則事公卿，入則事父兄，喪事不敢不勉，不爲酒困。」不然，其自原憲而下，落一格，轉粗一格，工夫彌難，去道彌遠矣！學者須是學孔子之學。

## 改過説二

人心自真而之妄，非有妄也，但自明而之暗耳。暗則成妄，如魑魅不能晝見。然人無有過而不自知者，其爲本體之明，固未嘗息也。一面明，一面暗，究也明不勝暗，故真不勝妄，

〔一〕此以下至改過説二「明中之暗即」缺，據劉子全書補。
〔二〕「簡」，傳本、教忠堂本作「檢」，下改過説三「逐一查簡」同。

則過始有不及改者矣。非惟不改，又從而文之，是暗中加暗、妄中加妄也，故學在去蔽，不必〔一〕除妄。孟子言：「君子之過，如日月之食。」以喻人心明暗之機極爲親切。蓋本心嘗明，而不能不受暗於過。明處是心，暗處是過。明中有暗，暗中有明，明中之暗即是過，暗中之明即是改，一勢如此親切〔二〕。但嘗人之心雖明亦暗，故知過而歸之文過，病不在暗中，反在明中；君子之心雖暗亦明，故就明中用箇提醒法，立地與之擴充去，得力仍在明中也。乃夫子則曰「内自訟」，一似十分用力，然正謂兩造當庭，抵死讎對，止求箇十分明白，纔明白便無事也。如一事有過，直勘到事前之心果是如何；一念有過，直勘到念後之事更當何如：如此反覆推勘，討箇分曉，當必有怡然以冰釋者矣。大易言補過，亦謂此心一經缺陷，便立刻與之補出，歸於圓滿，正圓滿此旭日光明耳。若只是皮面補綴，頭痛救頭，足痛救足，敗缺難揜，而彌縫日甚，仍謂之文過而已。雖然，人固有有過而不自知者矣。昔者子路，人告之以有過則喜，子曰：「丘也幸！苟有過，人必知之。」然則學者虛心遜志，時務察言觀色，以輔吾所知之不逮，尤有不容緩者。

〔一〕「必」，雷本作「在」。
〔二〕「一勢如此親切」，教忠堂本無，傅本、雷本、劉子全書本「一」作「手」。

## 改過説三

或曰：知過非難，改過爲難。顏子「有不善，未嘗不知；知之，未嘗復行也」。有未嘗復行之行，而後成未嘗不知之知，今第曰知之而已。

人無有過而不自知者，抑何改過者之寥寥也？曰：知、行只是一事。知者，行之始；行者，知之終。知者，行之審；行者，知之實。故言知則不必言行，言行亦不必言知，而知爲要。夫知有真知，有嘗知，昔人談虎之説近之〔一〕。顏子之知，本心之知，即知即行，是謂真知；常人之知，習心之知，先知後行，是謂嘗知。真知如明鏡當〔二〕懸，一徹永徹；嘗知如電光石火，轉眼即除。學者繇嘗知而進於真知，所以有致知之法。大學言「致知在格物」，正言非徒知之，實允蹈之也。致之於意而意誠，致之於心而心正，致之於身而身修，致之於家而家齊，致之於國而國治，致之於天下而天下平。苟其猶有不誠、不正、不修、不齊、不治且平焉，則亦致吾之知而已矣，此格物之極功也。誰謂知過之知非即改過之行乎？致此之知，無

〔一〕「昔人談虎之説近之」，教忠堂本無。
〔二〕「當」，傳本作「常」。

過不知；行此之行，無過復行。惟無過不知，故愈知而愈致；惟無過復行，故愈致而愈知：此遷善改過之學，聖人所以没身未已，而致知之功與之俱未已也。

昔者程子見獵而喜，蓋十二年如一日也，而前此未經感發，則此心了不自知，尚於何而得改地？又安知既經感發以後，遲之數十年〔一〕，不更作如是觀乎？此雖細微之惑，不足爲賢者累，亦以見改過之難，正在知過之尤不易矣。甚矣！學以致知爲要也。學者姑於平日聲色貨利之念逐一查簡，直用純灰三斗蕩滌肺〔二〕腸，於此露出靈明，方許商量日用過端下落，則雖謂之行到然後知〔三〕，亦可。昔者子路有過，七日而不食。孔子聞之，曰：「由知改過矣。」亦點化語也。若子路，可謂力行矣，請取以爲吾黨勵〔四〕。

〔一〕「數十年」，雷本作「十二年」。
〔二〕「肺」，雷本作「肝」。
〔三〕「知」後，劉子全書本有「到」字。
〔四〕「勵」，雷本作「勗」。

## 證人社學檄〔一〕

蓋聞學惟學人乃真，人與人同斯大，圓首方趾，何以等藐類于乾坤？古往今來，胡獨拒吾生于賢聖？三復遺編，嘅焉永嘆。羲皇有作，首原性命之宗；堯舜相傳，遂闡危微之秘。迨群聖人没，而一中衍脈〔二〕，委王統于衰周；幸吾夫子興，而六籍還儒，表微言于長夜。杏壇洙泗之間，齗齗從之；洪水獸夷之際，岌岌懼焉。且曰：「學之不講，是吾憂。」又云：「人稱好辨，非得已。」凡以存天理之幾希，抑亦拯民生于陷溺。世愈降而人愈危，千秋勝事，有鵝湖倡和之英；説愈殷而旨愈晦，一點良知，多王氏廓清之力。生于其後，能無景行之思？出于其鄉，寧免過門之憾！禹穴之靈光未泯，蘭亭之禊事可尋。相彼鳥兮，求友何爲？矧伊人兮，所學何事？如旅未歸，深迷既往之途；似築有基，先立只今之志。或本詩書以論

〔一〕證人社學檄與下文證人社約言、約誡、證人社會儀、社約書後收録至劉子全書卷十三，合稱證人會約，題下有注：「底本作『證人社』，始崇禎辛未三月三日。」

〔二〕「脈」，雷本、劉子全書本作「派」。

世，或借禮樂以維躬；或談經而修素業，或較藝以啓新知；或指點天性于當下，或昭揭肺肝于大廷。總期善相長而過相規，且務日有省而月有試。慥慥爾，鞭辟近裏之功，非關口耳；恢恢乎，浸假上達之路，直接維皇。須知此理人人具足，而不加印證，終虞寶藏塵埋；益信此心人人有知，而不事擴充，難免電光淪没。乃世之狃于習者，每以「道學」二字避流俗之誚；而人之諱言講者，轉以躬行一途開暴棄之門。蔽也久矣，念之悚然。老大無成，望崦嵫而策駑；後生可畏，激霄漢以揚輝。聊借典型之地，推私淑之人；緬懷狂簡之裁〔一〕，寄斯文之重。使文成墜緒，繼孔孟以常新；若濂洛淵源，自何王而遠遡。則昔人所以睠言歸與，而吾黨因之不虚此日者也。嗚呼！七尺昂昂，豈是一包膿骨〔二〕；百年冉冉，何止半宿蘧廬！欲決共命之良圖，應視我心而先得。辱在同人，願言請事，申以永好，庶踐平生。

辛未春三月之吉，蕺山長者〔三〕劉宗周頓首謹疏

〔一〕「裁」，劉子全書作「才」。
〔二〕「豈是一包膿骨」，雷本作「豈徒塊然形質」。
〔三〕「者」字，底本無，據人譜大全補。

# 證人社約言

社有約，約爲學之大旨而言之，凡以爲證人地〔一〕也。并附諸戒條于後，既證既修〔二〕在斯。學者幸相與守之，天鑒在兹。同學劉宗周識。

## 其一〔三〕

學者第一義，在先開見地。合下見得在我者，是堂堂地做箇人，不與禽獸伍，何等至尊且貴！蓋天之所以與我者如此，而非以凡聖岐也。聖人亦人爾，學以完其所爲人。既〔四〕聖

〔一〕「地」，底本漫漶不清，據雷本、劉子全書本補。

〔二〕「既證既修」，雷本、劉子全書本作「即證即修」。

〔三〕「其一」二字，底本無，據劉子全書及文例補。劉子全書「其一」下有注：「略戒譏侮儒先，詆訶名教，不講學，不讀書，及讀非聖之書。周本『詆訶名教』下作『遊手遊談，博弈裘馬』等事。」雷本有同樣文字，僅「略」作「應」，後同。

〔四〕「既」，雷本、劉子全書本作「即」。

人矣，偶自虧欠，故成凡夫。以我偶自虧欠之人，而遂謂生而非聖人之人，可乎？且以一人非聖人，而遂謂舉天下皆非聖人之人，又可乎？顔淵曰：「舜何人也？予何人也？有爲者亦若是。」學如子淵，方謂之一開眼孔，人病不爲耳。纔讓聖人不爲，亦更無第二等人可爲，出聖入狂，非人即獸，間不容髮〔一〕，明眼人當自得之耳〔二〕。

## 其二〔三〕

學者知見難開，如白日墮雲霧中，未嘗不恍恍一班，只是遮蓋重，不得透體光明。先儒特以讀書一事爲格物致知之要，而後儒則蔽其旨於良知，曰「爲善去惡是格物」，亦探本之論

〔一〕「間不容髮」，劉子全書有注：「録本無四字。」

〔二〕劉子全書有注：「録本下有：問：『見地何資？』曰：『在讀書。讀書始知古來大聖賢皆從學問中做出，吾儕何爲自暴自棄也？纔作猛省，不由人不發憤用工夫。』」雷本文字無「耳」字，下作「問：『見地何資？』曰：『在讀書。讀書始知古來大聖賢皆從學問中出，何爲直自暴棄也？纔作猛省，不繇人不发憤用工夫。』」劉子全書又注：「周本是條下尚有一條云：『略戒弗讀書，弗求友，輕作詩文，好名鬬豔，素隱行怪，參拜僧道。』」

〔三〕劉子全書本將此節全列入小字注釋。

也。然則讀書可廢〔一〕乎？曰：何可廢也？良知不囿於聞見，而實不離聞見。讀書者，聞見之精者也。今試問如何而善？如何而不善？自心非不恍恍，而至於如何而爲善去惡，未有不轉作茫然者。一日讀古人書，見得古人爲此事費却多少苦心，纔作猛省。一一引之坐下，不繇人不汗流泪下，從前真是枉做壞人也。而其爲爲善去惡之力，不既恢恢有餘地乎？則雖謂讀書即致良知工夫，亦無不可者。所慮誇多鬭靡，轉入荒唐，炫奇弔詭，反增逃遁，然非讀書之罪也。昔和靖先生見伊川半年後，方與大學西銘看。古人之不輕讀書如此。語云：「先入者爲主。」發軔一步，尤須先防岐路耳。

## 其三〔二〕

人生必有所自來，大易曰：「繼之者，善也。成之者，性也。」繼善以前，不容言説；成性以後，儘可識取。孟子曰：「孩提之童，無不知愛其親者；及其長也，無不知敬其兄者。」此所謂良知者也。人孰無此良知者？自孩提稍長以後，一竅生生，時嘗流露，遇親知愛，遇長

〔一〕「廢」，底本漫漶不清，據劉子全書本補。

〔二〕「其三」，劉子全書作「其二」，有注：「略戒私財私爨，出入交際，制中宴樂，酷好風水，年久停喪。」雷本「出入交際」作「私出入交際」。

知敬。雖當旦晝牿亡之時，此知仍是融然，不減毫末；即遇親長暫違之地，此知轉是熾然，亦不增毫末。性體呈露，於此最真。學者欲參性宗〔一〕，只向此中求實地，不必更事玄虛。良知二字，是孟夫子「道性善」宗旨。致此之知，更有何事？故曰：「堯舜之道，孝弟而已矣。」

## 其四〔二〕

立愛自親始，立敬自長始，不自親長止也。繇吾親長而推之，有親戚焉，有朋友焉，又有鄉里焉，等而施之，漸推之天下之大，無有不愛且敬者，君子所以廣仁術也。乃吾儕每不勝其有我之見，自親長而外，一步推不去，情疎而愛薄，分隔而敬弛，鄉里親朋之間有不勝其怨惡者矣，況出而事君、事長、使衆之日乎？若是者，缺陷仍坐親長處。至此，恩無可推，隨處成缺陷耳。學者只向一點良知落根處討分曉，於此果無缺陷事，則滿腔子生意流行，自有火燃泉達而不容已者，又何患天地萬物之不歸吾一體乎？此古人務本之說也。若更作對治法，必也强恕乎？試問己所不欲處，果是何事？

〔一〕「欲參性宗」，雷本作「見地既開」。
〔二〕「其四」，劉子全書作「其三」，有注：「略戒利己妨人，駕勢毆人辱人，動致人於官。」

## 其五〔一〕

語云：「學莫先於義利之辨。」義也者，天下之公也；利也者，一己之私也。吾儕向人分上推不去，只爲私己心未除，所以動成我見〔二〕，於凡辭受、取予、進退、死生之際，總得箇利心。利，利也；名，亦利也。如以利，道德、事功皆利也。爲人子者，有所利焉而爲孝，其孝必不真；爲人臣者，有所利焉而爲忠，其忠必不至：充其類，便是弑父與君。弑逆大故，總從利字落根來。大要在破除鄉愿窠臼，即一切異端曲學，亦莫不自鄉愿脱胎，故孔子以爲「德之賊」云。故曰：「差之毫釐，謬以千里。」學者只就動念處，蚤勘人禽關頭，是利是義，總不能瞞昧自己。急回頭，莫放錯〔三〕。

## 其六〔四〕

人生而有己，即有物欲之累，其最沉溺處，爲酒、色、財、氣四者。四者之於人，本客感

〔一〕「其五」，劉子全書作「其四」，有注：「略戒會中投遞書揭，及借名道學，生事地方，把持官府，雌黄人物。」

〔二〕「我見」，雷本作「隔礙」。

〔三〕「是利是義」至「莫放錯」，雷本作「若於此辨得明，莫與含糊去，便一了百當」。

〔四〕「其六」，劉子全書作「其五」，有注：「略戒呼盧酩酊，飲以長夜，蓄頑童，挾優妓，樗蒱爲生，求田問舍，終訟。」

耳，而不能不與感俱着，則己私爲之主也。學以克己爲功，一切氣質無所用事，性體湛然，雖有四者之感，亦順以應之而已。先正有言：「真知是忿，忿必懲；真知是慾，慾必窒。」真知中勢如火燎毛，一知一切知，更何處容得忿慾在？若猶不能無着也，姑時時喚醒此知，漸用克治之功以化之。昔人二十年治一怒字，其他可知。曾記先師許恭簡公每于身經歷處體驗所學，如曰：「今日遇交際，頗能不設將迎見。」晚年絶色，曰：「前此猶有染在。」遇拂意事，或動氣，既而曰：「較前時增減分數如何？」時爲學者言：如此，慥慥君子哉〔一〕！

〔一〕雷本、劉子全書本此節後多一節。劉子全書本作「其六（略戒側聽、淫視、疾言、遽色、跛立、箕坐之類。衣不紫，履無朱，冠不采，閨闥無惰容，喪不用浮屠，祭無淫外神，動行祈禳。）人之所以異於禽獸者幾希，至散之爲三千三百，而人道始備。故聖人惓惓於學禮，其教必本於小學。繇小學而入大學，莫不有禮以爲之節文，斯進於成人也易。後世禮教蕩然，士多習爲猖狂者：燕居，則箕踞科頭；群居，則謔浪笑傲；以父子，則嘻嘻不問坐與立也；以兄弟，則頡頏不問後與先也。飢而食，渴而飲，嗜慾而牝牡，盡蠢蠢耳。如是可以爲人乎？未也。學者曉然於義利、公私之辨，已能不入獸門，正慮其無所持循也，進之以學禮。禮者，體也。近取之，即一進、一退、一飲、一食、一問一答、一視一聽，莫不具有三千三百。苟能致謹於斯，而心有不存者，蓋亦寡矣。作聖之地，其在斯乎？若其大者，施之家庭、日用間，請從文公四禮而推之。（此條周本無。）」雷本「其在斯乎」作「其在是乎」。

## 其七〔一〕

白沙子曰：「名節者，道之藩籬。藩籬不固，其中未有能守者。」夫名節之于道，豈直藩籬而已乎？道無内外，學無内外，以名節爲外，又將以何者爲内而守之？白沙此言，政欲以藩籬重名節，非以藩籬外名節也。如淫坊酒肆，吾儕斷無托足之理，不具論。至於出入公庭，謁見官長，或借文字作緣，或倚貨財居間，似足誇耀流輩，舉俗争豔慕之，而不知自有道者傍觀之，正辱人賤行之尤者。薛文清公曰：「囑托公事，雖能免人於患難，實損自己之廉恥。」夫免人於難，且不可以廉恥殉，况其不堪告語者乎？進取一路，誠士人所不廢，而得之不得曰「有命」。人情苦不看破，枉做小人呈身之巧，有無所不至者，幸而得之，立身一敗，萬事瓦解。人但知昏夜乞哀爲隴斷之富貴可恥，乃其病根實自做秀才時呈身有司來。若做秀才時行徑已壞，欲異日爲賢士大夫，未之前聞也。

〔一〕劉子全書有注：「略戒結交衙門官吏，説事過錢，及以碑軸獻諛當涂者。」

## 其八〔一〕

子曰：「性相近也，習相遠也。」人生千病萬痛，都坐習上來，即氣質亦屬無權。習之壞人，其顯中于流俗者不能枚舉，而奢爲甚。奢者，從欲之便途，故人情趨之如騖。習尚一成，牢不可破，每曰：「事之無害於義者，從俗可也。」豈知濫觴不已，其後有不可繼者。好修而不終，守道而不固，恒必繇之。未嘗不追悔前事也，而終奈此後事何？惟有載胥及溺而已。禮奢寧儉，聖人以之證本教焉。本者，性地也。緣習近性，舍儉何從？若夫俗失世壞，已非一朝夕之故，孤掌狂瀾，尤在吾輩矣。

## 其九〔二〕

夫子以「學之不講」爲憂，而先之曰「修德」，曰「徙義，改不善」，則講學云者，正講明吾

〔一〕劉子全書有注：「略戒嫁娶相競，宴會相高，宮室、輿馬、服飾踰制。」「凡宴會，用四菓八餚，餚五葷三素。加禮者用湯餅、小菜，仍不得過豐。遇非常之禮，餚不過十，尤痛禁梨園宴會，邀官府亦然。往來用折柬，慶禮用紅折，一切慶弔，稱家有無。」

〔二〕劉子全書有注：「略戒多言，及言市井、閨閫事。」

之所謂義，而求必徙之，與所謂不善，而求必改之，爲修德地耳。若泛談名理，專提話柄，逞意見，角異同，縱説得勺水不漏，亦只是口耳間伎倆，於坐下有何關涉！子曰：「道聽而途説，德之棄也。」無乃類是乎？甚者口給禦人，或問焉而非所疑，或告焉而非所信，壞人心術，尤爲不淺。語云：「説一尺，不如行一寸。」學者嘗令精神完養在内，即有所見，且反躬體貼去，無遽形之言説，正是學問進步處。

## 其十〔一〕

昔者顔子以能問不能，以多問寡，況在我者未必能且多乎？吾儕學而後知不足，取人爲善，自不容已。大要在破除我見，無以一察自封，使人樂告之以善。至於過惡相仍，尤賴明眼借證。子路，人告之以有過則喜，識者以爲百世師，信乎！自今吾儕有犯過者，各務正言相規，婉詞相導，俾其遷改乃已。其或中拒飾非，徵色見辭，意非久要，聽其去籍。甚者干犯名教，遺玷門墻，鳴鼓之攻，不待言矣。大抵惡，不可犯也，過，人所時有，改過一端〔二〕，是聖賢獨步工夫，層層剥換，不登巔造極不已。嘗人恥聞過，卒歸下流。悲夫！

〔一〕劉子全書有注：「略戒腹誹背憎，樂道人短，匿怨結交。」

〔二〕「端」，劉子全書有注：「録本作『法』。」

# 約誡

## 一、戒不孝

一、語言觸忤、行事自專者，上罰。

一、甘旨不供、陰厚妻子〔一〕者，上罰〔二〕。

一、制中嫁娶、宴樂〔三〕、納妾〔四〕者，上罰。

一、虧體辱親、匿喪赴試者，出社。借出繼名色赴試同〔五〕。

〔一〕劉子全書有注：「及妻子觸忤公姑。」雷本爲正文文字，「公」作「舅」。

〔二〕雷本、劉子全書本此條後有：「一、異姓承祧、出繼外姓、越次奪繼者，上罰。」

〔三〕「樂」字，雷本無。劉子全書有注：「會葷酒。」雷本爲正文文字。

〔四〕劉子全書有注：「近婦女。」雷本爲正文文字。

〔五〕劉子全書此條後有：「一、親死改名，忘先志，違祖訓，毀遺書、宗器者，上罰。一、親過不諫、侍疾不謹、祭祀不敬、忌日不哀、停喪不葬、繼述無聞者，上罰。」雷本同，「親死改名」作「親歿改名」。

一、戒不友

一、分析不平、争財構釁者，上罰。

一、偏聽内言、嫉妬傷和者，上罰〔一〕。

一、戒苟取

一、依勢欺陵、設機誆騙者，出社。

一、結交官吏、説事過錢者，出社。此戒在孝廉、縉紳尤易犯，謂之乘勢打劫，惡過穿窬〔二〕。

一、設機局騙、逐戲賭錢者，出社。

一、貪婪慳吝、交易不明者，中罰〔三〕。

一、戒干進

一、賕求權勢、鑽刺衙門者，上罰。

一、懷挾買題、倩人代筆者，上罰。

〔一〕「内」，劉子全書作「婦」。雷本、劉子全書本此條後有：「一、異母相嫌、鬩墻外訴者，上罰。一、貧富相形、憂患不恤者，上罰。」

〔二〕雷本、劉子全書本此條後有：「一、把持官吏、武斷鄉曲、拿訛詐錢者，出會。」

〔三〕雷本、劉子全書本此條後有：「一、爲證作保、好訟、終訟、唆訟、和事取錢者，上罰。」

一、要結當途、樹碑刻石者，上罰〔一〕。

一、易姓冒名、頂替徼倖者，出社〔二〕。

## 一、戒貪色〔三〕

一、多畜婢妾、屢進屢出者，中罰。此等過端，罰亦難加，今第存此戒條，倘事在可已，蚤圖而預改之，斯得矣。若長惡不悛，徑聽出社。

一、溺比頑童、攜挾娼優〔四〕者，上罰〔五〕。

一、淫汙外色、有干名義者，出社。

〔一〕雷本、劉子全書本此條後有：「一、借名講學、奔走勢位者，上罰。」

〔二〕雷本、劉子全書本此條後有總條目：「一、戒閨帷。」劉子全書分條目爲：「一、棄妻寵妾、以妾爲妻、妾飾擬主母者，上罰。一、縱妻女入廟燒香、看戲、看燈者，出會。一、縱妻女延僧拜師、削髮爲尼者，出會。一、交謦不時、夫妻反目、婦言踰閾者，上罰。一、縱妻女學詩詞、寫扇作畫、琴棋誇耀者，出會。」雷本文字基本相同，僅最後一條略異，作「一、縱妻女學做詩詞，寫扇作畫，操琴下棋以相誇耀者，上罰」。

〔三〕雷本、劉子全書本此後有：「一、少年娶妾，及有子娶妾者，中罰。（四十無子，方許娶妾。）」

〔四〕劉子全書有注：「買妓作妾。」雷本爲正文文字。

〔五〕「上罰」，雷本作「出會」。

一、戒妄言

一、期約不信、面諛背毀者，上罰。

一、文過飾非、巧言佞口者，上罰〔一〕。

一、好談閨閫、攻發陰私者，上罰。

一、搬鬬是非、使機舞智者，出社。犯此戒者，尤能敗類，故特從重典。

一、戒任氣

一、强項自滿、剛愎拒諫者，中罰。

一、陵虐寡弱、動輒毆罵者，中罰。

一、戒過飲

一、呼盧酩酊、長夜不止者，中罰。

一、擎拳攘臂、脱巾岸幘者，上罰。

一、使酒罵座、執成嫌隙者，上罰〔二〕。

〔一〕雷本此條後有：「雌黄經傳、妄議先儒者，上罰。」

〔二〕劉子全書本此條後有：「一、盛餚奇品、梨園宴客者，出會。」雷本此條「梨園」下有「娼妓」二字。

一、戒奢侈

一、衣冠過麗、隨俗習非者，中罰。

一、飲食過侈、暴殄無紀者，中罰〔一〕。

一、戒惰容

一、科頭翹足、縱肆不簡者，中罰〔二〕。

一、拍肩執袂、相接無禮者，中罰。

以上〔三〕上罰，罰杜門謝會講二〔四〕次〔五〕，至赴會日〔六〕，仍治具以供湯餅一次，諸友

〔一〕「中罰」，雷本、劉子全書本作「上罰」。雷本、劉子全書本此條後有：「一、田宅方圓、嫁娶侈靡者，上罰。」另有總條目：「一、戒遊蕩。」分條目爲：「一、戲動謔言、閒遊好事者，中罰。一、觀戲場、看龍舟、神會婦女者，上罰。一、畜娼妓、博弈、賭錢、縱飲者，出會。一、習市語，稱綽號，造歌謡、傳奇、小説者，上罰。」分條目第三條「畜娼妓」，雷本作「宿娼妓」。

〔二〕劉子全書有注：「『科頭』上，録本有『暑月袒』字。」

〔三〕劉子全書有注：「約誡十二則，凡五十條，即參前説而分中上等耳。」雷本爲正文文字，「五十」作「五十一」。

〔四〕「二」，雷本、劉子全書本作「一」。「講」字，雷本無，下同。

〔五〕劉子全書有注：「静坐訟過，立下便改。」雷本爲正文文字。

〔六〕劉子全書有注：「捐古書一册，藏古小學。」雷本爲正文文字。

不更齎分。中罰〔一〕，謝會講一次〔二〕，至赴會之日，仍捐古書一册，藏古小學。若因而竟不赴會者，皆聽。

約誡十則，凡三十條，係白馬山房小社約，即參前説而成，而意加謹嚴。一日，錢欽之遺余，請跋數語，以便遵行。余匆匆北發，不及應。今年還里，仍續舊遊，友人有道及社約不嚴、交遊荒落者，余因閲舊編，果多迂緩不得力，遂更加釐正，汰去舊條，而以欽之所遺者綴其後，仍合刻以示同社，庶幾「大道爲公」之雅云。

癸未秋日，友人劉宗周重識

〔一〕「中罰」下，雷本有「杜門」二字。

〔二〕劉子全書有注：「静坐訟過，立下便改。」雷本爲正文文字。

# 證人社會儀

一、會期。取每月之三日，辰而集，午而散。是會也，專以講學明道，故衿紳騈集，不矜勢分，雖諸色人不禁焉。然真心好學者固多，而浮游往來者亦不乏人。特置姓氏一籍，其願入會而卜久要者，隨時登載。至日，司會呼庚引坐，毋得混亂。其後至不入籍者，另設虛席待之。遇遠方賢者至，則特舉一會，以展求教之誠。望後，聽諸生自舉會課一次。

一、會禮。于前廳設先聖孔子位。司會者先至，延諸友入。既集，司贊鳴雲板三下，請謁先聖，讚四拜禮；謁先賢，止長揖。禮畢，分班序齒，東西相向揖。列坐各以齒，紳與紳齒，士與士齒，如士而齒德表著者，仍齒于紳。遠方賢者用客禮，不齒。坐定聽講。講畢，復謁先聖先賢，俱一揖，左右分班，一揖而退。

一、會講。諸友就坐，司會者進書案。特于諸縉紳下設虛位二席，以待講友及載筆者。另設一案于堂中，以待質疑者。司贊傳雲板三聲，命童子歌詩。歌畢，復傳雲板三聲，請開講。在坐者静聽，其有疑義欲更端者，俱俟講畢出位，共而立，互相印證，不得譁然並舉，亦不得接耳私談。犯者，司約傳雲板一聲糾之。講畢，命童子復歌詩，乃起。

一、會費。每期司會者具香燭于先聖先賢。會友既集，先進茶。茶畢，開講。講畢，具果餅二器。不設席，令侍者捧盤以進，坐中隨取而啖之。至會記有刻，會課有刻，聽入會者捐貲，自一錢以上，多不過三錢。

一、會録。每會推掌記者記會中語言問答。但取其〔一〕足以發明斯道，毋及浮蔓可也。録成，呈之主位〔二〕者，以訂可否，乃登。

一、會戒。凡與兹會，毋譃言，毋戲笑，毋交足，毋接耳，毋及朝事遷除，毋及里中鄙褻。犯者，司約糾之。

一、會友。立會講一人，會史一人，毋專屬，臨時選擇而使之。會約二人，會贊二人，皆有專屬。司會四人，在籍者輪值，周而復始。講以闡道，史以記事，約以糾儀〔三〕，贊以相禮，司會者供給諸事。各相協力，以期永貞。

---

〔一〕「其」，底本漫漶，據雷本、劉子全書本補。

〔二〕「位」，底本漫漶，據雷本、劉子全書本補。

〔三〕「約以糾儀」至文末「以期永貞」，底本缺，據劉子全書本補。

# 社〔一〕約書後 係舊刻附

吾鄉自陽明先生倡道龍山時，則有錢、王諸君子並起，爲之羽翼，嗣此流風不絕者百年。至海門、石簣兩先生，復沿其緒論，爲學者師。迨二先生没，主盟無人，此道不絕如綫，而陶先生有弟石梁子，於時稱「二難」，士心屬望之久矣。頃者，辭濟陽之檄，息機林下。余偶過之，謀所以壽斯道者，石梁子不鄙余，而欣然許諾。因進余于先生之祠〔二〕，商訂舊聞，二三子從焉，于是有上巳之會。既退，石梁子首發「聖人」、「非人」之論，爲多士告，一時聞之，無不汗下者。余因命門人章晉侯次第其儀節，以示可久，遂題其社〔三〕曰「證人」，而稍述所聞以約之，從石梁子志也。

或曰：人盡人耳，何證之庸？余乃告之曰：人盡人耳，五官具、百骸備云耳，至耳之所

〔一〕「社」，劉子全書作「會」。
〔二〕「進余于先生之祠」，雷本作「相與」。
〔三〕「社」，劉子全書有注：「録本作『會』。」

以聽，目之所以視，手足之所以持行，人不知也；人盡視聽持行耳，至視之所以明，聽之所以聰，持行之所以恭重，人不知也；人盡聰明恭重耳，至聰明不與耳目期而耳目至，恭重不與手足期而手足至，人又不知也。視聽持行者，形也；聰明恭重者，性也；而其莫之爲而爲者，則天也。吾形且不知，况于性乎？况于天乎？是故君子「不可以不知人，思知人，不可以不知天」。聖者，盡乎天者也；天者，盡乎人者也。然則其證之也，可若何？曰：以人證，不離視聽持行者是；以天證，非視、非聽、非持、非行。非二之也。君子終日視而未嘗視，視于無形而已矣；終日聽而未嘗聽，聽于無聲而已矣；終日持行而未嘗持行，持行于無地而已矣。孔門約其旨，曰「慎獨」，而陽明先生曰「良知只是獨知時」，可謂先後一揆。慎獨一著，即是致良知，是故可與知人，可與知天。即人即天，即本體即工夫。證乎證乎，又何以加于此乎？雖然，未易言也，余請與二三子没齒從事焉，以終石梁子之志。

# 答姚江管而抑論遷改格書附

所論遷改序，僕嘗道之。朋友中謂：「陶先生弁首已詳明懇到，更無剩義，似不必再添蛇足。」故已之。吾輩只是肯從此下手，埋却頭做工夫，不負此册子語，便是。區區體面相拘，文字相哄，恐轉失闇然本色，不免爲學者病，何如？何如？此册所該，正如市肆開場，百貨冗集，美惡並陳，聽人自擇。纔遇明眼人，未有不去彼取此者。但攤場雖有百事，而主顧上門，只問一事兩事。若愛博而情不專，如游閒之人，徒手上門，收盡眼光，事事贊嘆，事事揀擇，只成空手而去。是以學問人貴真發心，如將錢取貨，決不徒手，又必取其緊要之貨，以濟家儅之不足，歸于實有受用而已。前輩之言，如節用、愛人一語，亦往往用之不盡，况其他乎？僕勸學人輩用此册時，只就痛癢相關切處取一二條做工夫，便可事事打透。横渠先生十五年學個恭而安不成。若學得成，即此可以悟道。延平先生一日誦「志士不忘在溝壑」，便悟道。東萊先生讀「躬自厚而薄責于人」，便將宿習頓然消化。繇是觀之，讀書人誠不在貪多，如來教所引「無我」二字，僕雖著力有年，而終打不透，請再引爲頂門針，更不作别個伎倆，何如？

# 人譜類記

# 劉氏人譜原序〔一〕

洪正治

蕺山先生清忠亮節，昭著寰宇，其在東林，實足以紹明忠憲之傳。先曾王父太常桂渚公，雖未嘗身至東林，然講道論德，與諸賢實相劘切。忠憲、忠介兩公，則尤所契厚，故太常之殁也，忠憲爲立傳，而忠介則書其神道之碑。忠憲之言曰：「予與平仲同鄉舉，同出徐檢吾先生之門，同進士，同爲東林人。東林人行輩不一，如逯確齋、陳思岡、丁慎所、劉本孺，與公爲一輩。」又曰：「歲戊午，與平仲遊武彝，飲酒浩歌，而平仲每欷歔以爲老矣，媿過時而學也。夫平仲勳名滿天下，讀書寒暑不輟，其所謂『過時而學』者何在？有以平仲語而猛省者乎？平仲一語，師萬古矣。」

正治過庭時，先君成齋先生爲余道太常遺事，洎東林諸賢以及蕺山先生殉國諸本末，時復以立身行己之大致相誥誡。正治雖質性駑下，私心頗知向往。迄今年過五十，無所成就，殊負先緒。然亦不敢至於大越繩尺者，要皆得之家庭師友之教爲多矣。比

〔一〕標題爲點校者所擬。

從友人處獲讀蕺山先生證人堂人譜，其言與朱子小學四子近思録互相發明，而條分縷晰，似於學者尤易尋究。自媿志識闇劣，未能身體力行於萬一，而凡我後昆，誠能取是書樂玩而佩繹之，則立人之道不外於是矣。因鋟之家塾，并以公諸同志。據傅氏本，稍有增益。且謂類記亦先生手自甄録者，今悉仍之。

雍正丙午二月，歙後學洪正治拜手書於白沙教忠堂之家塾

# 蕺山先生本傳[一]

陳鼎

劉宗周，字起東，紹興山陰人。生而端嚴，言動有倫，雖年少時，已歸然負儒宗望。萬曆辛丑成進士。丁内艱，時許公孚遠學宗紫陽，宗周叩爲學之要，告以「存天理，遏人欲」，遂謹識之，勿敢忘。

甲辰，授行人，歸養，丁外艱。讀禮之暇，惟以明理見性爲事。一日，劉永澄至武林，互正所學，迺與決求仁之旨，析主静之説，辨修悟之異同。永澄爽然如有失而去。壬子，起官，道謁高攀龍，相與講論，復有問學三書，皆儒宗要言。時顧、高諸公修復東林，大會四方同人，講學不輟。京中人目爲鈎黨，將搆大獄。宗周上書，言：「顧憲成之學歸於自反，請各思自反何如？」時論韙之，旋告病。

至天啓辛酉，起禮部儀制司主事。時魏璫初用，外庭未有言者，乃首發其奸。未幾，果

[一] 據清陳鼎東林列傳卷十一劉宗周傳。東林列傳有評語：「外史氏曰：先生之理學文章沸天下，宇内儒宗皆歸之。觀其立朝正色，有古大臣風。國亡而身與之俱，可謂無愧於所學矣。」

竊柄亂政，如所言。遷光禄寺丞，累遷太僕少卿，以病歸。甲子，起右通政，未赴，而冢宰趙南星等斥逐，朝局盡变。乃疏辭，陳人臣進退之義。有旨削籍。居家潛心理學，嘗與攀龍質疑罔間，而以「半日静坐、半日讀書」奉爲準的。

崇禎初，復官，起順天府尹，策蹇就道，其子徒步隨之。甫莅任，即以直諫被斥，歸，閉門静坐，不見一客。其門人群請設教，不得已，過陶石簣祠，集紳儒會講，以伊洛主敬之學宣明於衆，而於慎獨之要尤加謹焉。丙子，起工部侍郎，屢進昌言。疏論内閣温體仁狀，且極言任用中官、體統太重之弊。上怒，斥爲民。歸家，啓蕺山書院，從遊累千人，梓所述人譜，以授學者，有朱子致知與陽明致知之辯。壬午，起改吏部左侍郎，陳聖學三篇。晉左都御史，上言「建道揆、貞法守、崇治體、清伏奸、懲官邪、飭吏治」六事，請復首善書院及社學，罷廠衛。上意頗嚮之。復以救諫官熊開元、姜埰，忤旨罷歸。

甲申國變，聞信即赴杭省，跣足，衣麻，被髮，請即舉哀。或欲俟哀詔至，宗周曰：「豈有子聞父喪不躄踊之理？詔至，再奉行，未爲不可也。」弘光立，起原官。至南都，疏請誅誤國諸臣。又表勸親征，併劾四鎮淮撫戰守失宜之罪。有違時宰意，遂見逐。乙酉六月，山居聞變，不食而卒，學者稱念臺先生。

# 人譜類記上

## 體獨篇

○大學云：「小人閒居爲不善，無所不至，見君子而後厭然，揜其不善而著其善。人之視己，如見其肺肝然，則何益矣。此謂誠於中，形於外，故君子必慎其獨也。」述體獨第一。

程子曰：「學始於不欺闇室〔一〕。」又曰：「无妄之謂誠，不欺其次矣。一誠立

〔一〕劉子全書遺編（以下簡稱遺編）注：「室西北隅，更屬最闇處。」按：此當有深意，據蕺山讀易圖説易衍第五章：「惟天有極，北辰之樞；惟地有極，沆瀣之墟；惟人有極，乃背脊膂。方之屋漏，室西北隅。至矣哉，極之爲地乎！」結合莊子「沆瀣之墟」如秋水之「尾閭」；「乃背脊膂」如養生主之「緣督」。督爲主宰、統領，如督脈爲人身之主。「屋漏」據中庸言慎獨：「詩云：『相在爾室，尚不愧于屋漏。』」綜上，「闇室」所指，以天言之，爲北辰之天極；以地言之，爲沆瀣之墟，爲地極，以室西北隅代之；以人言之，爲背脊、尾閭、督脈。天地人三極合一，皆爲無見之地，亦爲督主之所，故養生緣於督，體獨不欺闇室。

而萬善從之〔一〕。」

楊名時。

楊龜山先生曰：「古人修身、齊家、治國、平天下，本於誠意而已。詩書所稱，莫非明此者，但人自信不及，故無其效；聖人知其效必本於此，故於觀曰：『觀盥而不薦，有孚顒若〔二〕。』」

或問：周子曰：「聖可學乎？」曰：「可。」「有要乎？」曰：「一爲要。一者，無欲也，無欲則静虚動直。静虚則明，明則通；動直則公，公則溥。明通公溥，庶矣乎。」又曰：「主静立人極。」

程子曰：「主一之謂敬，無適之謂一。」又曰：「敬勝百邪。」「無不敬，可以對越上帝。」又曰：「心有所向，便是欲。」

王名艮。

王心齋曰：「纔有所向，便是欲；纔有所見，便是妄。既無所向，又無所見，便是無極而太極。」

伊川每見人静坐，便歎其善學。一日，謂門人曰：「爾輩相從，只是學得某言

---

〔一〕遺編有小注：「欺只是僞，僞從『人』從『爲』，正與誠反，更有箇虧欠意在。别説以罔訓欺，誤。故曰：『可欺也，不可罔也。』見罔比欺更粗矣。」

〔二〕遺編有小注：「先生引易，發明誠意之旨，可爲大學洗冤。」

語，所以不進，盍行之？」因請問力行之要，曰：「且静坐。」

朱子曰：「凡學須先明得一箇心，然後方可言學。譬如燒火相似，必先吹發了火，然後加薪，則火明矣。若先加薪而後吹火，則火滅矣〔一〕。」

張敬夫曰：「學莫先於義利之辨。凡有所爲而爲之謂利，無所爲而爲之謂義。」

張名栻。

邵康節曰：「人之善惡，形於言，發於行，人始得而知之。但萌諸心，發乎慮，鬼神已得而知之矣。此君子所以慎獨也。」

蔡元定貽書諸子曰：「獨行不媿影，獨寢不媿衾。勿以吾得罪故，遂自懈弛也。」

劉子新論：「獨立不慚影，獨寢不慚衾。」蔡語本此。

薛文清公曰：「一念之善，景星慶雲；一念之惡，烈風疾雨。」又曰：「予每夜就寢，必思一日所行之事：所行合理，則恬然安寢；若有不合，則輾轉不能寢，必思所以更其失，又慮始勤終怠也。」

薛名瑄。

司馬温公嘗言：「吾無過人者，但平生所爲，無事不可對人言者耳。」

---

〔一〕遺編有小注：「明得心，學已是完了。」

陳名瓘。

陳了翁先生雖閒居，容止常自莊敬，言不苟發。一日，與家人語，家人戲問：「是實否？」公退，自責者累日，曰：「吾豈嘗有欺於人耶？何爲有此問也？」

程明道在澶州，修橋，少一長梁，曾博求之民間。後因入山，見林木之佳者，便起計度之心，因語以戒學者：「心中不可著一事。」

張名九成。

張子韶先生年十四，遊膠庠，閉閤終日，寒折膠，暑鑠金，不啓户限。比舍生穴隙視之，則斂容危坐，對簡編，若與神明伍，乃相與驚服而尊師之。

胡名居仁。

胡敬齋先生處家庭如在朝堂，對妻孥如對大賓，造次顛沛，未嘗少違，幾微隱約之地，則愈嚴愈密。嘗有詩云：「謹獨功深切，防微意最先〔一〕。交争真在此，要不愧皇天。」

劉璡〔二〕嘗與兄瓛連棟隔壁，瓛於夜間呼之，數聲不應，良久方答。瓛怪，問之，乃云：「向未著衣帽故也。」

趙軌少有行簡，東鄰有桑椹落其家，軌遣人悉拾還其主，誡諸子曰：「機杼之

---

〔一〕「先」，傳本作「玄」，教忠堂本作「元」，敬齋集作「玄」。

〔二〕「劉璡」前，遺編有「齊沛國」三字。

物，不願侵人。」後爲齊州別駕，徵入朝，在道夜行，其左右馬逸入田中，踐踏人禾。駐馬待明，訪禾主，酬直而去。

夏公原吉使吳中，館於范文正公書院之偏室，夜三鼓，適范氏子孫有事中堂，公聞之，先期起，衣冠獨坐，俟贊者至，禮畢，方就寢。前輩之用心如此。

右記體獨，録古人謹獨之説，而併及行事之最近者。獨不可名，即言之已成逗漏，况行事之著乎？此所謂近似者也。舉似以求真，善學者幸反身而自得之。

## 知幾篇

〇〔一〕子曰：「知幾其神乎？」「幾者動之微，吉之先見者也。君子見幾而作，不俟終日。易曰：『介于石，不終日，貞吉。』介如石焉，寧用終日，斷可識矣。」述知幾第二。

〔一〕「〇」，原作「○」，據傳本、教忠堂本、人極圖改。

周子曰：「誠無爲，幾善惡。德：愛曰仁，宜曰義，理曰禮，知曰智，守曰信〔一〕。」

又曰：「幾微故幽。」此「微」字，即「道心惟微」之「微」。幽莫過于鬼神，「知幾其神」之謂。

朱子曰：「天理、人欲之分，只争些子，故濂溪只説『幾』字，然辨之不可不早，故横渠每説『豫』字〔二〕。」

又曰：「人只有箇天理、人欲，此勝則彼退，彼勝則此退，無中立不進退之理。譬如劉、項相拒滎陽、成皋之間，我進一步，則彼退一步。初學要牢劄定脚，逐漸挨將去。此心莫退，終須有勝時。勝時甚氣象〔三〕！」

薛文清公曰：「萬起萬滅之私，亂吾心久矣。今當一切掃除，以全吾湛然之性。」

周子曰：「君子乾乾不息於誠，然必懲忿窒欲、遷善改過而後至。」

---

〔一〕遺編有小注：「按：『幾善惡』之下，方言五性有善惡也，不是以仁義禮智信爲善、不仁不義不禮不智不信爲惡也，此可以知『幾善惡』之説也。」

〔二〕遺編有小注：「惟其先見，所以豫辨。」

〔三〕遺編有小注：「仍須鬬智不鬬力。」

朱子曰：「養心莫善於寡欲。若是不好底欲，不當言寡，只是眼前事，才多欲，便將本心都紛雜了。如讀書，要讀這一件，又要讀那一件，又要學寫字，又要做詩，人只有一箇心，如何分做許多？到得合用處，都不著力。」

或問：「氣質之偏，如何救得？」朱子曰：「才説偏了，又著一箇物事去救他偏，越見不平正了，越討頭不見。要緊只是看教大底道理分明，偏處自見得。如闇室求物，把火來照便見。若只管去摸索，費盡心力，只是摸索不見。若見得大底道理分明，有病痛處，也不知不覺自會變，不消得費力。」

朱子又曰：「人性褊急，發不中節者，當於平日言語作止間，以緩持之。持之久，則所發自有條理。」

龜山門人相傳指訣，常令學者看喜怒哀樂未發時作何氣象〔一〕。

王陽明先生曰：「變化氣質，居常無所見，惟當利害、經變故、遭屈辱，平時忿怒者，到此能不忿怒，憂惶失措者，到此能不憂惶失措，始是能有得力處，亦便是用力處。天下事雖萬變，吾所以應之，不出乎喜怒哀樂四者，此爲

〔一〕遺編有小注：「程門又趲出未發以前，愈求愈遠，後人因以前後際分已未發。」

學之要，而爲政亦在其中矣。」

又曰：「君子之學，務求在己而已，毁譽榮辱之來，非獨不以動其心，且資之以爲切磋砥礪之地，故君子無入而不自得，正以其無入而非學也。若聞譽而喜，見毁而戚，則將皇皇於外，惟日之不足矣，其何以爲君子？」

又曰：「君子之所謂敬畏者，非有所恐懼憂患之謂也，乃戒慎不睹、恐懼不聞之謂耳；君子之所謂灑落者，非曠蕩放逸、縱情肆意之謂也，乃其心體不累於慾，無入而不自得之謂耳。是灑落生於天理之常存，天理常存生於戒慎恐懼之無間。」

邵康節先生性喜飲酒，嘗命之曰「大和湯」。所飲不多，微醺而罷，不喜過飲，故其詩曰：「性喜飲酒，飲酒微酡。飲未微酡，口先吟哦。吟哦不足，遂及浩歌。浩歌不足，無可奈何。」「無可奈何」四字内，有形容不盡之妙，讀者當意會之。

程伯子少好獵，既見周茂叔，自謂已無此好矣。茂叔曰：「何言之易也！但此心潛隱未發耳。一日萌動，復如初矣。」後十二年，偶自外暮歸，途中見獵者，不覺心喜，乃知前此果未也。舉此兩則，以見喜字之意。

程子曰：「治怒難，治懼尤難。克己可以治怒，明理可以治懼。」

薛文清公嘗自言：「二十年治一『怒』字不盡。」以是知克己之難。

子夏既除喪而見，予之琴，和之而不和，彈之而不成聲，作而曰：「哀未忘也。先王制禮而弗敢過也。」子張既除喪而見，予之琴，和之而和，彈之而成聲，作而曰：「先王制禮，不敢不至焉。」

伊川先生赴涪渡江，舟幾覆，舟中皆號泣，先生獨正襟危坐如常。已而及岸，同舟人問曰：「當危時，君獨無怖色，何也？」曰：「心存誠敬故耳。」

謝上蔡多恐怖，每於危堦上蹈險以習之。恐怖有根，危堦之習，且從方寸識取〔一〕。語云：「世上無如人欲險。」

謝名良佐。

呂原明晚年習靜，雖警恐顛沛，未嘗少動。自赴單守，過山陽渡橋，橋壞，轎人俱墜，浮於水，而先生安坐轎上，神色不動〔二〕。

呂名希哲。「自」下，脱「歷陽」二字。

〔一〕「取」，原作「服」，據傳本、教忠堂本、遺編本改。

〔二〕遺編本後有：「從者有溺水者。其後，先生又嘗言：『十餘年前在楚州，橋壞墮水中時，覺心動。數年前大病，稍勝前。今次疾病，全不動矣。』（按：先生所謂不動，疑又與孟子『不動心』稍別。）」

第五倫常自言：「兄子病，一夜十起，退而輒熟寢。子病，則不起，然終夜爲之不寢。孰謂人果無私乎？」朱文公曰：「知十起與不起，便是私，這便是避嫌，只是他見得這意思，已是大段會省察了。」

陸澄在官，忽家信至，言兒病危，心憂悶不能堪。陽明先生曰：「此時正宜用功。若此時放過，閒時講學何用？父之愛子，自是至情，然天理自有箇中和處，過即是私意。人於此多認做天理，不知已是『有所憂患，不得其正』。」以上兩則是説愛，不是説憂患，不可誤看。

周茂叔先生愛蓮説有曰：「水陸草木之花，可愛者甚蕃。晉陶淵明獨愛菊；自李唐來，世人甚愛牡丹；予獨愛蓮。予謂菊，花之隱逸者也；牡丹，花之富貴者也；蓮，花之君子者也。菊之愛，陶之後鮮有聞；蓮之愛，同予者何人？牡丹之愛，宜乎衆矣。」舉此以爲用愛之準，會心人當不遠也。

張思叔詬僕夫，伊川先生曰：「何不動心忍性？」

一友每易動氣責人，陽明先生曰：「學須反己。若徒責人，只見人不是；若能反己，方見自己有許多未盡處，奚暇責人？」解大紳曰：「處其心，常在熙春麗日之間，則天下無可惡之人。」

「常」「嘗」通。

張名繹。

解名縉。

伊川先生嘗自言：「吾受氣甚薄，早年多病，晚乃愈康。年七十二，不減壯盛時。」門人問曰：「先生豈以受氣之薄，而過爲攝持歟？」先生曰：「吾深以忘生徇欲爲恥〔一〕。」

元城劉先生云：「安世尋常未嘗服藥。方遷謫時，年四十有四，先妣必欲與俱，百端懇罷，不許。安世念不幸使老親入於炎瘴之地，已是不孝。『父母惟其疾之憂』，如何得無疾？祇有絕欲一事，可以自主，遂舉意絕之。自是逮今，未嘗有一日之疾，亦無宵寐之變〔二〕。」又曰：「安世自絕欲來三十年，氣血意思，只如當時，終日接士大夫劇談，雖夜不寐，翌朝精神如故。平居坐必端正，未嘗傾側靠倚。每日行千步，燕坐調息，復起觀書，未嘗晝寢，終身未嘗草書。歲時家廟祭享拜跪〔三〕，七十有二，未嘗廢缺。此祖先相傳，安世終身由之，以勵子孫。」

〔一〕此條之後，遺編本有兩條：「漢太尉楊秉曰：『我有三不惑：酒、色、財。』」「朱子云：『若於貨、色兩關打不破，更論甚學！』」

〔二〕遺編本此處有：「陳瑩中（瓘）曰：『公平生學術以誠入，無往而非誠，此絕欲是真絕欲，心不動。』故」

〔三〕「跪」，原作「疏」，據遺編本改。

謝上蔡云：「某色欲已斷二十年矣。蓋欲有爲，必須强盛方勝任，故斷之也。」問：「於勢利何如？」曰：「打透此關十餘年矣。」

陸澄問：「好色、好利、好名等心，固是私欲，如閒思雜慮，如何亦謂之私欲？」陽明先生曰：「畢竟從好色、好利、好名等根上起，自尋其根，便見。如汝心中，決知無做劫盗的閒思雜慮，以汝原無是心也。汝若於貨色利名等心，一切皆如不做劫盗之心，光光都消滅了，只是心之本體，看有甚閒思慮？此便是寂然不動，便是未發之中，便是廓然大公，自然感而遂通，自然發而中節，自然物來順應。」

右記知幾。後儒論學，都認不得「幾」字，但就動念上討分曉，便謂之知幾。其實後人所謂幾，非周子「幾善惡」之「幾」，亦非聖人「知幾」之「幾」也。

學者終身造詣，只了得念起念滅工夫，便謂儒門極則。此箇工夫以前，則委之佛氏，而不敢言；此箇工夫以外，則歸之霸圖，而不屑言：遂使儒門淡薄，爲二家所笑，而吾儒遂不能舍二家以立脚。以故往往陽闢佛而陰逃禪，名聖真而雜伯術、虚無、功利之説，縱横以亂天下，聖學不傳。悲夫！

# 定命篇

◉〔一〕劉康公云：「民受天地之中以生，所謂命也；是以有動作禮義威儀之則，以〔二〕定命也。能者養之以福，不能者敗以取禍〔三〕。」

述定命第三。

程子曰：「孔子言仁，只說『出門如見大賓，使民如承大祭』。看其氣象，便須心廣體胖，動容周旋中禮，惟慎獨，便是守之之法〔四〕。」

張子曰：「禮所以持性，蓋本出於性，持性反本也。凡未成性，須禮以持之，能

---

〔一〕「◉」，原作「○」，據傳本、教忠堂本、人極圖改。

〔二〕遺編本「以」前有「所」字。

〔三〕「能者」，遺編本作「君子」；「不能者敗以取禍」，遺編本作「小人敗之以凶」。

〔四〕遺編本有：「又曰：『若外面有些罅隙便走了。』」此條後有兩條：「王元致曰：『六經蓋藥也，無病又安用乎？』尹彥明（焞）曰：『固是，只爲人開口便是病。』（開口即指元致言。）」「劉器之（安世）從溫公遊，溫公告以立誠之說。曰：『有要乎？』曰：『自不妄語始。』器之服膺。『不妄語』三字，至七年乃成。」

守禮，已不叛道矣。禮即天地之德也，如顏子者，方勉勉於『非禮勿言，非禮勿動』。勉勉者，勉勉以成性也。禮非止著見於外，亦有無體之禮。蓋禮之原在心，禮者，聖人之成法也。除了禮，天下更無道矣。」

呂原明嘗言：「後生初學，且須理會氣象。氣象好時，百事自當。氣象者，辭令容止、輕重疾徐，足以見之矣。不惟君子小人於此焉分，亦貴賤壽夭之所由定也。」

朱子曰：「九容、九思，便是涵養。」

周海門曰：「容貌辭氣，德之符。一切容儀，皆能淑慎，使人望而知爲我輩人，方見實學。」

周名汝登。

萬思默曰：「『人心惟危』，故易動；易動，故有一種躁率粗獷之氣，不覺發來，與物相忤。所以雖向好事，動多凶悔吝。『道心惟微』，微便細膩，聖賢兢兢在微處用功，所以氣平色和，動必安詳而吉。」以上統言九容〔一〕。

萬名廷言。

〔一〕「動必安詳而吉」下，遺編本有：「又曰：『人多經憂患始能思，則懼而反本。』」「以上統言九容」及後分足容、手容等目，遺編本不分目。

陳名文蔚。

問：「人之燕居，形體怠惰，心不慢可否？」程子曰：「安有箕踞而心不慢者〔一〕。」

朱文公每徒行報謁，步速而意專，不左右顧；及無事，則徘徊瞻顧，緩步微吟。

鄉先輩陶庸齋〔二〕篤尚理學，每見門弟子有交股時，輒正色讓之，曰：「小交則小不敬，大交則大不敬。」以上足容。

陳才卿見朱晦翁，以右手拽凉衫袖口，偏於一邊。晦翁曰：「夜來説手容恭，公却如此。」才卿赧然，急入手鞠躬，曰：「忘了。」晦翁笑曰：「爲己之學有忘耶〔三〕？」

有學者每相揖畢，則縮左手袖中。晦翁曰：「公常縮著一隻手，便不是舉止模

---

〔一〕遺編本作：「呂與叔（大臨）問：『人有箕踞時，亦無害於道否？』程子曰：『未有箕踞而心不放者。』」此後有三條：「程子曰：『戲謔甚害事，不戲謔，亦存心之一端。』」「朱子曰：『與好戲謔者處，即自覺言語多爲所引也。』」「李文靖（沆）寡言笑，時人稱爲無口匏。」

〔二〕遺編本有小注：「廷奎。」

〔三〕遺編本此後有兩條：「朱子曰：『説話須一字是一字，一句是一句，便要見是非。』曰：『聽其言也厲。』」「有侍坐而困睡者，文公責之。李敬子（燔）曰：『僧家言，嘗嘗提起此念，令堅强，則坐得身直，亦不昏困。才一縱肆，則嗒然頹然矣。』文公曰：『固是。道家修養，亦怕昏困。嘗要直身坐，謂之生腰坐。若昏困倒靠，則是死腰坐也。』」

樣。」以上手容。

記曰：「凡視，上於面則傲，下於帶則憂，傾則姦。」

萬思默曰：「凡物誘人，色爲甚；人爲誘所入，目爲甚。故養神之道，全在收視。收視者，非瞑目不視，蓋常不欲盡視也，如所謂『平視含光』之意。此養德、養身之至要。語云：『平視則心柔。』甚有味。」以上目容。

孔子至周觀禮，見太廟有金人，三緘其口，因銘其背曰：「古之慎言人也。戒之哉！毋多言，多言多敗；毋多動，多動多患。」

陳名獻章。

賀欽學於陳白沙先生之門，與人言論侃侃，白沙曰：「得無鋒芒太露乎？須涵養，令深沉和平。」於是作書室於後圃，扁書「深沉和平」四字以自警。以上口容。

程子曰：「戲謔甚害事。不戲謔，亦存心養性之一端。」

蘇子瞻嬉笑怒罵皆成文章，生平頗好詼諧，范祖禹每戒之。子瞻後與人謔，必囑曰：「勿令范十三知之！」士大夫倉卒間不能自捫其舌，賴有畏友，亦可補救於萬一也。

婁名諒。

王陽明先生少好謔，自見婁一齋，告以聖人可學而至，深契之，自是常端坐省言。同業者未信，先生正色曰：「吾昔放逸，今知過當改也。」以上聲容。

胡名瑗。

徐積〔一〕初見胡安定公，頭〔二〕容稍偏，安定厲聲曰：「頭容要直。」徐驚起，自思不特頭容要直，心亦要直。自此不敢有邪心。以上頭容。

程明道嘗言：「自再見周茂叔後，吟風弄月以歸，有『吾與點也』之意。」

張橫渠先生自言：「十五年學箇恭而安不成。」程子曰：「可知是學不成，有多少病在。」

李名侗。

李延平初喜馳馬，乘醉即馳，至一二十里。後來涵養到時，行路，起初如此，將到亦是如此。如呼一使，一聲如此，聲聲都如此〔三〕。皆是涵養得力，變化氣質處。以上氣容。

文名彥博。

程伊川入侍經筵，容貌極莊，時文潞公以太師平章重事，終日侍立不懈。上雖諭以少休，不去也。人問先生曰：「君之嚴，視潞公之恭，孰爲得失？」先生曰：「潞公四朝大臣，事幼主不得不恭。某以布衣職輔導，亦不敢不

〔一〕「徐積」，遺編本作「徐節孝（積）」。
〔二〕遺編本「頭」前有「退」字。
〔三〕遺編本此處有「遇壁間有字，必坐定，徐起看來，再坐」十四字。

自重也。」以上立容。

二程先生在伊川，極峻整，然跡於峭刻，不可近，惟明道和易而不失其正，甚得孔氏家法。一日，明道與弟同赴一寺，兄由左門，弟由右門。左門之人隨明道者，以數百計，右乃寥寥。伊川見之，歎曰：「此是頤不及家兄處。」

劉立之〔一〕謂：「從明道久，未嘗見其有暴厲之容，宜觀明道氣象。」

或問：「色容莊甚難。」朱子曰：「心肅則容莊，非是外面做那莊出來。」以上色容。

右記九容。九容便有九思，若只言九容，便是僞也。君子者乎？色莊者乎？以上諸君子，都從此得力過來，然猶不可不辨也。昔曾子寢疾，而發歎於孟敬子，惓惓於三者之道，學者其可不盡心乎？

## 凝道篇

中庸云：「天下之達道五，所以行之者三，曰君臣也，父子也，

〔一〕「劉立之」，遺編本有小注：「宗禮」。

夫婦也，昆弟也，朋友之交也。五者，天下之達道也。知、仁、勇三者，天下之達德也。所以行之者一也。」述凝道第四。

## 總記〔一〕

程子曰：「凡不能動人，只是誠未至；於事厭倦，亦是無誠處。」又曰：「天地生物，各無不足之理，嘗思天下君臣、父子、兄弟、夫婦有多少不盡分處〔二〕。」

朱子曰：「日用之間，常切檢點氣質偏處、意欲萌處，與平常所講相似不相似。就此痛著工夫，庶幾有益。不謂末流之弊，只成説話，至於人倫最切近處，亦都不得絲毫氣力，此不可不深懲而痛警也。」

羅豫章曰：「君明，君之福；臣忠，臣之福；君明臣忠，則朝廷治安，得不謂之羅名從彦。

〔一〕「總記」二字原居「淮南子曰：周公之事文王也」條前，爲與下屬條目體例保持統一，現據傅本移前。後考旋篇同。

〔二〕遺編本此條後有一條：「朱子曰：『只是眼前切近起居、飲食、君臣、父子、兄弟、朋友處，便是這道理。只就近處行到熟處，見得自高。有人説只據眼前近處行便是了，又成苟簡卑下。有人掉了這箇，上面自有一箇道理，亦不是，下稍只是謾人。聖人説下學上達，即這箇到熟處自見精。聖人與凡庸，只争箇熟與不熟。』」

福乎？父慈，父之福；子孝，子之福；父慈子孝，則家道隆盛，得不謂之福乎？俗人以富貴爲福，陋哉！」

王陽明曰：「心即理也。此心無私欲之蔽，即是天理，不須外面添一分。以此純乎天理之心，發之事父，便是孝；發之事君，便是忠。只在此心去人欲、存天理上用功便是。」

## 記父子有親第一〔一〕

淮南子曰：「周公之事文王也，行無專制，事無由己，身若不勝衣，言若不出口。有奉持於文王，洞洞屬屬，如將不勝，如恐失之，可謂能子矣。」

司馬温公曰：「某事親，無以踰於人，能不欺而已矣。至於事君，亦然。」又曰：「凡子受父母之命，必籍記而佩之，時習而速行之。事畢，則反命焉。或所命有不可行者，則和色柔聲，具是非利害而白之。待父母之許，然後

〔一〕按：底本條目名居後，且爲小字，不醒目，無編號。爲便於閲讀，參考傅本等，將條目名前置，並編號。後考旋篇同。「記」下，傅本有「明」字，下「記君臣有義第二」、「記夫婦有別第三」、「記長幼有序第四」、「記朋友有信第五」同。

改之。若不許，苟於事無大害者，亦當曲從。若以父母之命爲非，而直行己志，雖所執皆是，猶爲不順之子，况未必是乎？」

曾子嘗芸瓜，誤斬其根。曾皙怒，援大杖擊之。曾子仆地，有頃而甦，蹷然而起，進曰：「大人用力教參，得無疾乎？」退鼓琴而歌，欲父聽其歌而知其平也。孔子聞之，告門人曰：「小杖則受，大杖則走。今參委身待暴怒，以陷父不義，夫安得爲孝乎？」曾子曰：「參罪大矣！」遂造孔子謝過〔一〕。

薛包好學篤行，父娶繼母，憎包，逐出〔二〕。包不得已，廬舍外，旦入灑掃；父母

〔一〕遺編本此條前有一條：「曾子事母至孝，嘗采薪山中，家有客至，無所措，望參不還，乃叩齒嚙指。參忽心痛，負薪以歸，跪問其故，母曰：『有急客至，吾嚙指以悟汝爾。』」遺編本此條後有兩條：「曾子每讀喪禮，泣下沾襟，曰：『往而不可還者，親也。子欲養而親不待，故椎牛而祭，不如雞黍之逮親存也。』」「子夏哭其子而喪其明，曾子弔之，曰：『吾聞之也，朋友喪明則哭之。』曾子哭，子夏亦哭，曰：『天乎！予之無罪也。』曾子怒曰：『商，女何無罪也？吾與女事夫子於洙泗之間，退而老於西河之上，使西河之民疑女於夫子，爾罪一也；喪爾親，使民未有聞焉，爾罪二也；喪爾子，喪爾明，爾罪三也。而曰爾何無罪與？』子夏投其杖而拜曰：『吾過矣！吾過矣！吾離群而索居，亦已久矣。』」

〔二〕「逐出」，遺編本作「分出」，後有「包日夜號泣不去，至於毆扑」語。

又逐之，乃廬里門，晨昏問安。歲餘，父母感悟，命還。及父母亡，哀痛成疾。諸弟求異居，包不能止，任弟所欲。奴婢引其老弱者，曰：「與我共事久，若不能使也。」器物取其朽敗者，曰：「吾素所服習，身口所安也。」田廬取其荒頓者，曰：「吾少時所治，意所戀也。」後諸弟不能自立，包復賑給之〔一〕。

王祥性至孝，因繼母朱失愛於父。及父母有疾，祥衣不解帶，湯藥必躬嘗。母嘗欲食生魚，時天寒冰凍，祥解衣，將剖冰求之。冰忽自解，雙鯉躍出。母又思黃雀炙，復有黃雀數十，飛入其幕。鄉里驚歎，以爲誠孝所感〔二〕。

〔一〕遺編本後有：「安帝聞其名，徵至拜侍中，不受，賜歸加禮，賜穀千石。」

〔二〕遺編本此條記載爲：「王祥事後母至孝，頗失歡。祥嘗在別牀眠，母自往闇斫之，值祥私起，空斫得被。既還，知母憾之不已，因跪前請死。母於是感悟，愛如己子。初，祥家有一柰樹，結子殊好，母恒使守之。時風雨忽至，祥抱而泣，母見之惻然。」遺編本此條後有一條：「姜詩母好飲江水，去舍六七里，詩子汲水溺死，恐母痛念，詭以爲行學。妻嘗泝流而汲之。母嗜魚膾，又不能獨食，夫婦嘗力作供膳，呼鄰母共之。舍側忽有湧泉，味猶江水，每旦輒出雙鯉，嘗供二母之膳，人以爲孝感。」

羅從彥

正獻名公著。

羅仲素讀「瞽瞍底豫，而天下之爲父子者定」〔一〕，云：「只爲天下無不是底父母。」了翁聞而善之，曰：「惟如此，而後天下之爲父子者定。彼臣弒其君，子弒其父，皆始於見得有不是處耳〔二〕。」

呂原明事正獻公，雖祁寒暑雨，侍立終日，不命之坐，不敢坐也。日必冠帶，以見長者。平居，雖天甚熱，在父母長者之側，不得去巾襪縛袴，衣服惟謹。出入必告於親。

趙居先父年九十一歲，母年九十四歲，性皆嚴急，居先夫婦奉侍勤謹，孝行克諧。每日焚香，爲父母祈禱，百計娛樂暮景。

崔沔有至性，母失明，傾家求醫，不脱衣而奉者三十年。每美景良辰，必扶持晏笑，令母忘其所苦。母卒，毁形吐血，茹素終身。愛兄姊幾於母，慈甥姪甚於子，所得俸，悉以分惠，曰：「風木既悲，無由展我孝思，計親所垂

〔一〕「羅仲素讀『瞽瞍底豫，而天下之爲父子者定』」，遺編本作「羅仲素（從彥）讀舜盡事親之道而瞽瞍底豫」。

〔二〕遺編本無「了翁」以下語，其後有一條：「曹月川先生（端）父好佛，先生著夜行燭一編以示父，父感而化之。（蓋言老年讀書，如秉燭夜行云。）」

念者，惟此四五人。吾厚待之，庶幾九原慰安也。」

楊乙行乞養父母，所得食，雖極飢，不敢嘗，必先以奉親，有酒，則跪進，跳躍起舞，唱山歌以悦之，如是者十年。鄉人感其孝，與之金，顧爲傭，不受，曰：「吾親烏可一日離也？」父母相繼死，乞得棺，脱己衣斂之。雖嚴寒，赤身弗恤。葬於野，即露宿棺旁，日夜哀號。歲時拜獻，未嘗缺失。

李步行，賣菜傭也。父嗜酒，步行鬻菜，必市酒歸飲父，又間致時物。體無完衣，而父便身之物嘗給。里中有不順之子，必曰：「何不學李步行〔一〕？」

永樂改元，徙江南富民實北京。黄潤時年十歲，其父當行，乃詣官請代。官不許，對曰：「父去日益老，兒去日益長。」官異而從之。

樂正子春下堂而傷其足，數月不出，猶有憂色。門弟子曰：「夫子之足瘳矣，數月不出，猶有憂色，何也？」樂正子春曰：「吾聞諸曾子，曾子聞諸夫子，

「乙」「一」仝。

「常」「嘗」仝。

「潤」下脱「玉」字。

〔一〕遺編本此條前有一條：「嘉靖中，陳邦佐以妻不協於母，欲議出，謀於唐一庵（樞）。答曰：『人情喜怒無常，豈以一失母心便當棄婦？他日母追悔，何及？此時只宜委曲調停耳。』未幾，姑婦果相協。邦佐早世，其妻寡而貧，堅守其節。」

張名浚。

曰：『天之所生，地之所養，惟人爲大。父母全而生之，子全而歸之，可謂孝矣。不虧其體，不辱其親，可謂全矣。』故君子頃步而不敢忘孝也。今予忘孝之道，予是以有憂色也。」

任盡言事母至孝。母老多疾，未嘗離左右。思母得疾之由，或以飲食，或以燥溼，或以言語稍多，或以憂喜稍過，於是朝暮候視，無毫髮不盡，五臟六腑中事，皆洞見曲折，不待切脈而後知，故用藥必效。張魏公欲辟之，力辭，曰：「盡言假使得一神丹，可以長生，必持以遺母，不以獻公也。況能舍母而與公軍事耶？」

庾黔婁爲孱陵令，到縣未旬，父易在家遘疾。黔婁忽心驚，舉身流汗，即日棄官歸家，家人驚其忽至。時易疾方一日，醫云：「欲知差劇，但嘗糞甜苦便明。」易泄利，黔婁輒取嘗之，味轉甜活〔一〕，心愈憂苦，每夕稽顙北辰，求以身代。

徐積，父卒時，方三歲，晨昏匍匐求其父，甚哀。稍長，讀孝經，輒流涕不能止。

〔一〕「活」，南史與梁書作「滑」。

既冠，從安定胡先生受學，事母謹嚴，非有大故，未嘗去側。每見衣冠問候，備物盡志，惟恐有失。應舉入都，載母與俱。比登第，年已過壯，未娶。或問之，曰：「娶非其人，必爲母患，固有待也。」母亡，廬墓三年，雪夜伏墓側，哭不絕聲。神宗元豐八年，詔賜帛米。卒，謚節孝先生。

胡名居仁。

胡敬齋執親喪，水漿不入口，哭踊每夕方蘇，久則柴毀骨立，非杖不能起，三年不入寢室〔一〕。

周名行己。

伊川喪父，使周恭叔主客，客欲飲酒，恭叔以告。先生曰：「勿陷人於惡〔二〕。」

何子平以母喪去官，哀毀踰禮。屬東土饑荒，繼以師旅，八年不得營葬，晝夜號哭，常如袒括之日，冬不衣絮，暑不就涼，一日以數合米爲粥，不進鹽菜。所居屋敗，不蔽風日，兄子欲爲葺理，子平不許，曰：「我，天地間一罪人耳！屋何宜覆？」太守聞而矜之，爲營塚壙。

王裒痛父死非命，隱居教授，廬於墓側，旦〔三〕夕至墓拜跪，攀柏哀號，涕淚著

---

〔一〕遺編本此條爲：「胡敬齋先生（居仁）母病，至嘗糞以禱，居喪毀瘠，三年不內寢。」

〔二〕遺編本此條後有一條：「伊川治喪，不用浮屠，陝雒間有化之者。」

〔三〕「旦」，原作「且」，據傳本、教忠堂本、遺編本改。

樹，樹爲之枯〔一〕。每讀詩，至「哀哀父母，生我劬勞」，未嘗不三復流涕。門人受業者，爲之廢蓼莪之篇〔二〕。

丘鐸葬母鳳鳴山原，哭曰：「鐸生也，咫尺不離吾母膝下；今逝矣，可委體魄於無人之墟乎？」乃結廬墓側，朝夕上食，如生時。當寒夜月黑，悲風蕭颼，鐸恐母岑寂也，輒巡墓，號曰：「鐸在斯！」其地多虎，聞鐸哭聲，即避

---

〔一〕「王裒痛父死非命」至「樹爲之枯」，遺編本作：「晉王裒以父儀死非命，終身未嘗東向而坐，以示不臣於晉。」

〔二〕遺編本「王裒」條下有四條：「吴猛夏日嘗手不驅蚊，懼其去己而噬親也。」「元紫芝（德秀）事母至孝，母亡，廬於墓，所食無鹽酪，藉無茵席，刺血畫像，書孝經。貧時兄早亡，有遺孤，期月其嫂又喪，紫芝晝夜哀號，抱其子以己乳含之，涉旬湩流，兒子能食，其乳方止。」「陸續，楚王英謀逆事發，株連以千計，吴郡太守尹興亦被株及，掾吏五百餘人，拷掠死者大半，門下惟續備受五毒，肌膚焦爛，終無異辭。續母自吴來雒陽，作食以餽續。續雖見考，辭不變，而偶對食，悲泣不自勝。獄吏問故，續曰：『母來不得見，故悲耳。』問：『何以知之？』續曰：『母截肉未嘗不方，斷葱以寸爲度故也。』使者以聞，上乃赦興等。（有此賢母，故有此孝子；有此孝子，故有此義士。）」「南齊華寶父戍長安，寶時年八歲，父臨别謂寶曰：『須我還，當爲汝上頭。』及長安陷，父没。寶年至七十不婚冠。或問之，輒號慟彌日。」

去。會稽人異之，稱爲真孝子。

李鄲年七十餘，享祖考，猶親滌器。人或請代之，不從，以爲無以達追慕之思也。此可謂「祭則致其嚴」矣。

此條出溫公家範。李，五代孟蜀太子賓客。

許文正公疾革，家人有祀事，公曰：「吾一日未死，寧不有事於祖考？」起奠獻如儀，既徹而卒。

許名衡。

柳公綽天性仁孝，丁母喪，三年不沐浴。事後母薛甚謹。其有外婚姻者，一不知非薛所生也。在公卿間，最有家法。子仲郢，端嚴好禮，起居一遵父教，事叔公權如事父。非甚病，見公權，未嘗不束帶；出遇於路，必下馬端笏立，候過，乃敢上。公權暮歸，必束帶迎馬前。公權屢辭焉，仲郢終不以達官故少改也。

## 記君臣有義第二

韓魏公臨大節，處危疑，苟利國家，知無不爲，若湍水之赴深壑，無所畏避。或諫曰：「公所爲誠善，然萬一蹉跌，豈惟身不自保，恐家亦無處所。」公歎曰：「是何言也！人臣當盡力事君，死生以之，顧事之是非何如耳？至於

韓名琦。

成敗，天也，豈可預憂其不成，遂輟不爲哉？」

司馬溫公爲相，以身殉國，勤勵庶政。時已得疾，賓客見其瘦，引諸葛食少事煩爲戒。公曰：「生死，命也。」爲之益力，疾革，不復自覺，諄諄如夢中語，皆朝廷天下事也。

孝宗隆興中，除朱子提點江西刑獄，促赴召，有要之路者曰：「正心誠意之説，上所厭聞，即入對，無及也。」先生曰：「吾生平所學，惟此四字，豈可逆探上意爲面謾乎？」及奏對，反復於天理、人欲之際甚力，帝稱善焉。

按：遺編本此條尤詳，全文如下：

文公將入對，或要於路曰：「正心誠意，上所厭聞。」公曰：「吾生平所學，惟此四字，豈可舍之而不以告君乎？」及奏對，反復於天理、人欲之際甚力，帝稱善焉。

孝宗即位，詔求直言。文公上封事，首言：「陛下毓德之初，不過諷誦文詞，比年以來，頗留意老、釋。記誦詞藻，非所以探本原而出治道；虚無寂滅，非所以貫本末而立大中。帝王之學，必先格物致知，以極夫事物之變，使義理所存，纖悉必照，則自然意誠心正，而可以應天下之務。」

又曰：「四海利病，係生民之休戚；生民休戚，係守令之賢否。監司者，守令之綱；朝廷者，監司之本。欲斯民之得其所，本原之地，亦在朝廷而已。今之監司，姦贓狼籍，肆虐以病民者，莫非宰執、臺諫之親舊賓客，陛下無自知之耳。」

明年復召入對，言：「陛下舉措之間，動涉疑貳，聽納之際，未免蔽欺，由不講於大學之道，而未嘗隨事以觀理，即理以應事。」因及古先聖王所以制御夷狄之道，其本不在乎威强，而在乎德業；其備不在乎邊境，而在乎朝廷；其具不在乎兵食，而在乎紀綱。

淳熙七年，詔監司、郡守條具民間利病，公時在南康，上疏言：「立紀綱在正君心，正君心在親賢臣、遠小人。今宰相、臺省、師傅、賓友、諫諍之臣皆失其職，而陛下所與親密謀議者，不過一二近習之臣。此一二小臣者，上則蠱惑陛下之心志，使陛下不信先王之大道，而悦於功利之卑説，不樂莊士之讜言，而安於私贄之鄙態；下則招集士大夫之嗜利無恥者，文武彙分，出入其門。所喜則陰爲引援，擢置清顯；所恶則密行訾毁，公肆擠排。交通貨賂，則所盗者皆陛下之財；命卿置將，則所竊者皆陛下之柄。陛下所謂宰相、師傅、賓友、諫諍之臣，或反出入其門墻，承望其風旨。其幸能自立者，亦不過齷齪自守，而未嘗敢一言以斥之。其甚畏公論者，乃略能輕逐其徒黨之一二，既不能深有所傷，而終亦不敢明言，以搗其囊橐窟穴之所在。勢成威立，中外靡然向之，使陛下之號令黜陟不復出於朝廷，而出於此一二人之門。名爲陛下之獨斷，而實此一二人者陰執其柄。此其所壞非獨陛下之紀綱，且與陛下所與立紀綱者而壞之。」

十五年，除提點江西刑獄事。入奏，極論天理、人欲之界：「願陛下自今以往，一念之萌，則必謹而察之：此爲天理邪，爲人欲邪？果天理也，則敬以擴之，而不使其少有壅閼；果人欲也，則敬以克之，而不使其少有凝滯。推而至於言語動作之間，用人處事之際，無不以是裁之，則聖心洞然，中外融徹，無一毫之私欲得以介乎其間，而天下之事將惟所欲爲，無不如志矣。」

又具封事，極言：「近習交通將帥，共爲欺蔽。此輩但當使之守門傳命、供埽除之役，不當假借崇長，使之逞邪媚、作淫巧於內，以蕩上心，立門庭、招權勢於外，以累聖政。至於選任大臣，嘗不得剛明公正之人，而反容鄙夫之竊位者，直以一念之間，不能祛其私邪之蔽，而燕私之好，便佞之流，不能盡由於法度。若用剛明公正之人以爲輔相，則恐其有以妨吾之事，害吾之人，而不得肆。是以掄選之際，嘗先排擯此等，置之度外，而後取凡庸疲懦軟熟、平日不敢直言正色之人而揣摩之，又於其中得其至庸極陋、決可保其不至於有所妨者，然後舉而加之於位。是以除書未出，而物色先定；姓名未顯，而中外已逆知其決非天下之第一流矣。」又言：「紀綱不正於上，是以風俗頹敗於下。大率習爲軟美之態、依阿之言，不分是非、不辨曲直爲得計。下之事上，固不敢少忤其意；上之御下，亦不敢少拂其情。惟其私意之所在，則千塗萬轍經營計較，必得而後已。甚者以金珠爲脯醢，以契券爲詩文。宰相可啗，則啗宰相；近習可通，則通近習：惟得之求，無復廉恥。一有剛毅正直、守道循理之士出乎其間，則群譏衆排，指爲『道學』而加以矯激之罪。十數年來，以此二字禁錮天下之賢人君子，排擯詆辱，必使無所容而後已，此豈治世之事，而尚復忍言之哉？」文公封事，酷盡衰世君臣之習。

劉安世。

劉器之爲諫官，正色立朝，知無不言，言無不盡，每以辨是非、邪正爲先，進君子、退小人爲急。其面折廷争，至雷霆之怒赫然，則執簡却立。俟天威稍霽，復前極論。殿廷觀者皆汗流縮頸，目之爲「殿上虎〔一〕」。

山陰汪公應軫以庶常出守泗州，泗民惰，弗耕桑，公首勸耕，買桑千本植之。募婦女善治蠶者，教蠶事。會武宗駕駐南都，詔泗州進美人善歌吹者，公奏言：「泗州地瘠民貧，流亡載道，其婦女存者，跣足蓬首，不堪見聞，萬無以應明詔。臣向募桑婦若干人，倘許納宫中，俾授蠶事，有裨聖治不淺。」詔乃止。

蔣司空瑶守揚州時，會武宗南巡，諸省騷動，凡乘輿供御，及宦寺賂遺，莫可貲算。公曰：「備亦罪，不備亦罪。備則患及於民，不備則患止於身。」乃僅鳩供應之具，不爲媚悦。自衣青布袍，束黄金帶，奔走周旋。江彬輩横

〔一〕遺編本此條爲：「劉元城（安世）初除諫官，入白母，母曰：『諫官，天子諍臣。汝父欲爲而弗得，汝今幸得居此，當捐身以報國。若得罪流放，無問遠近，吾當從汝。』故元城在職，累廷争。或帝盛怒，則執簡却立，伺怒稍解，復前抗辭。旁觀者蓄縮悚汗，咸目爲殿上虎。」此條後有一條：「許魯齋（衡）臨終囑其子曰：『吾生平爲虚名所累，竟不能辭官。死後慎勿請祭葬，勿請謚，墓前但書「許某之墓」足矣。』（蓋自傷仕元之失云。）」

加折辱，不爲動。一日，上捕得大鯉，謀所鬻主，左右正欲中公，曰：「莫如揚州知府宜。」上呼而屬之。公歸，括女衣并首飾數事，蒲伏進曰：「魚有值矣，他無所取，惟妻女衣裝在焉。臣死罪。」上熟視之曰：「真酸子耶！吾無須此。」亟持以歸，公叩首謝而去。

李樂見聞雜記：上漁得巨魚，顧彬戲曰：「此可直五百金。」彬欲中公，遂請以畀公云云。

張橫浦先生以不附和議，爲秦檜所惡，嘗使人諭先生曰：「大凡立朝，須優游委曲。」先生曰：「未有枉己而能直人者。」〔一〕

張九成。

鄭端簡公曉將廷試，董學士玘薦之政府。一日來顧，出擬彭澤父老送淵明致仕文，令爲之曰：「此元老石齋楊公意也。」其尊人聞之，艴然不悦，曰：「後學初入仕，當患所以立。若通謁相門，他日何所不至？獨不聞張師德、劉元城事乎？」端簡遂往董辭焉。

楊名廷和。

---

〔一〕遺編本此條前有：「張橫浦先生權刑部侍郎，入對，上曰：『朕只是箇誠。』對曰：『陛下對群臣時如此，退居禁中時如何？』上曰：『亦只是箇誠。』又曰：『對宮嬪時如何？』上方經營答語，先生因奏云：『只此便是不誠。』上嘗曰：『易牛微事，孟子遽謂是心足以王，何也？』先生曰：『陛下不須疑，疑則心與道二。不忍一牛，仁心著見，此王道之端，推此以往，華夏蠻貊，根荄鱗介，皆在陛下仁政中，豈非王道乎？』」

司馬温公與姪書云：「近蒙聖恩，除門下侍郎，舉朝忌者無數，而以愚直處其間，如黄葉在烈風中，幾何不墜？是以受命以來，有懼無喜。汝輩當識此意。」

太傅金文通公誡子弟云：「我在官日，汝輩少做一件得意事；則我休官日，汝輩便省一件失意事。」

金名之俊。按：之俊字彦章，吴縣人。明萬曆四十年進士，屢擢兵部右侍郎。清順治元年，仍授原官，歷秘書院大學士。康熙九年，卒于家。事蹟詳貳臣傳。此條蓋洪氏所增云。

程明道先生嘗云：「一命之士，苟存心於愛物，於人必有所濟。」令晉城時，民以事至邑者，必告以孝弟忠信。度鄉村遠近爲保伍，使之力役相恤，孤寡者，責之親戚鄉黨，使之無失所。鄉必有校，擇子弟之秀者，聚而教之。鄉民爲社會，爲立科條，旌別善惡，使有勸有恥。在任三年，民愛之如父母。每於坐處書「視民如傷」四字，曰：「顥常媿此四字。」

張横渠先生爲雲巖令，大抵以敦本善俗爲先。每於〔一〕月吉，具酒食，召鄉人高年會縣庭，親爲勸酬，使人知養老事長之義。因問民疾苦，及告所以訓戒子弟之意。

〔一〕「於」，遺編本作「以」。

黃勉齋知安慶，至則金人已破光山，民情震恐，議修城以備，爲請於朝。公不俟報，即日興工。分十二料，先自築，計其工費若干，然後委官吏、寓公所督工，分料主之。城成，會金人破黃州，東西皆陷，獨安慶如故。繼而霖潦，巨浸暴至，城屹然無損。郡人德之，相謂曰：「不殘於寇，不蹈於水，生我者黃父也。」

王端毅公恕爲太宰，嘗語人曰：「宋人有言：凡仕於朝者，以餽遺及門爲恥；仕於外者，以苞苴入都爲恥。今動輒曰贄儀贄儀，而不羞於人，我寧不自恥哉？」

章拯者，楓山先生姪也，官至司空，清操淳樸，與楓山等。致政歸，有俸餘四五百金。楓山知之，大不樂，曰：「汝此行做一場買賣回，大有生息。」拯有慚色。

明成祖繼統，陳迪不屈，與子丹山、鳳山同磔於市。上命割其肉，塞迪口，因問：「卿肉氣味何如？」對曰：「忠臣孝子，肉豈腥膻？臣嘗其美，人聞其香，殿下豈不聞乎？」

儲福，洪武初，隸燕山衛籍。生平慕顏魯公、文文山之爲人。建文末，挈母妻逃去，文皇即位，詔勾戍卒入伍。福仰天泣曰：「吾雖賤卒，義不爲叛。」

黃名榦。宋史「築」下有「一料」二字。「寓公所督工」，作「寓公士人」。

宋史「我」作「汝」。

楓山名懋。

顏名真卿。文名天祥。

薛名蕙。

日夜號呼，不食而死。妻范氏，年二十，奉姑甚謹。每哭其夫，走山谷中，不欲聞之姑也。然貧無以存，一日往澗水浣衣，見旁有席草，因織席易米奉姑。姑歿，廬於墓側，年八十餘方卒。自後，草不復生。土人傳爲異事〔一〕。

薛西原嘗言：「雖小事，不可爲人囑託，縱能免人於患難，而損自己之廉恥多矣。己之德與他人之事，孰輕孰重？此事當銘之於心，不可忘也；誓之於死，不可改也。」

〔一〕「自後，草不復生。土人傳爲異事」，遺編本作「范卒，草不復生。土人義之」。遺編本此條前有兩條：「成化中，陳孝廉先生（茂烈）以御史終養，貧甚，短牀敝席，不辦一蚊帳，身治畦，一蒼頭給薪水，妻子服食麤糲，皆人所不堪，而處之宴如。朝論請以晉江教諭俸周之，不受。師事白沙，志聖賢之學，嘗述省免録（張按：省免録當作省克録。）以自警。母卒，哀毀成疾，亦卒。而先生竟無子，林俊擇族子後之，後旌其里曰『孝廉』。」「英廟時，吳康齋先生（與弼）召見，上曰：『此老非迂闊者。』命官以諭德。終不受而去。（近世無錫吳覲華著論曰：道學一脉，源於洙泗，迄今何啻千載？然而不可用於世，如出一轍，果以迂闊而難爲乎？非也。其於衰世大不便有三：凡講學人，於君身上，先閉逸樂門，此人主之大不便也；於權佞，先閉威福門，此左右大臣之大不便也；於一世，先閉賄賂門，此冒進作奸群小之大不便也。試思此三門，有一不閉，欲幾天下治平，其可得乎？則學人之不宜於世又何疑？」

高名夢龍，字德徵，以字行。忠憲公本生父也。

傅名堯俞。

高繼成先生有田百畝，租入，必先輸賦，曰：「草莽中，惟此爲君臣之義。」

司馬温公自辭樞密歸洛，絶口不言時政。鄉人欽重之，曰：「此真相公也〔一〕。」

傅獻簡公以言事謫知和州，通判楊洙問曰：「公以直言斥居此位，何爲未嘗言及御史時事？」公曰：「前日言職也，豈得已哉？今日爲郡守，當宣朝廷美意，而顧沾沾言前日之闕政，與誹謗何異？」

按：遺編本此節前多出八條，補録如下：

公儀休相魯，之其家，見織帛，怒而出其妻；食於舍而茹葵，愠而拔其葵。曰：「吾已食禄，又奪園夫紅女利乎？」

周元公爲南安軍司理參軍，有囚法不當死，轉運使王逵欲深治之。逵，悍酷吏也，衆莫敢争，公獨與之辯。不聽，乃置手版歸，取告身委之曰：「如此，尚可仕乎！殺人以媚人，吾不爲也。」逵悟，囚得免。熙寧初，知郴州，用趙抃、吕公著薦，爲廣東轉運判官、提點刑獄，以洗冤澤物爲己任。行部不憚勞苦，雖瘴癘險遠，亦緩視徐按。以疾，求知南康軍。

〔一〕遺編本此條作：「温公自辭樞密歸雒後，絶口不談時事。」

范淳甫祖禹言温公初宦時，家人每每見其卧齋中，忽蹶起，著公服，執手版危坐，久之，率以爲常，竟莫識其意。淳甫嘗從容問之，答曰：「吾時忽念天下事。」夫人以天下安危爲念，豈可不敬耶？

温公辭樞密一節，或問之，曰：「自古被這般壞了名節，爲不少矣。」

程純公始爲上元簿，嘗云：「一命之士，苟存心於愛物，於人必有所濟。」始至邑，見人持竿以黏飛鳥，取其竿折之，教之使弗爲。自是鄉民子弟無敢畜禽鳥。移令晉城，民以事至邑者，必告以孝弟忠信。視民如子，嘗於座右書「視民如傷」，云：「某常媿此四字。」

熙寧初，吕公著薦爲權御史。神宗召對，從容咨訪。一日，極陳治道，上曰：「此堯、舜之事，朕何敢當？」明道愀然曰：「陛下此言，非天下之福也。」他日，又言於上曰：「先聖後聖，若合符節。非傳聖人之道，傳聖人之心也；非傳聖人之心，傳己之心也。己之心無異聖人之心，廣大無垠，萬善皆備，欲傳聖人之道，擴充此心焉耳。」上召問所以爲御史，對曰：「使臣拾遺補闕，裨贊朝廷則可；使臣掇拾群下短長，以沽直名則不能。」上歎賞，以爲得御史體。又嘗曰：「任人唤作啞御史，只是要格君心。」嘗勸帝防未萌之欲，及勿輕天下士，帝俯躬曰：「當爲卿戒之！」

王安石執政，議更法令，言者攻之甚力。明道被旨，赴中書議事，安石方怒言者，厲色待之。明道徐曰：「天下事非一家私議，願公平氣以聽之。」安石爲之媿屈。

伊川先生在經筵，不曾請俸，諸公遂牒户部，户部索前任歷子。先生曰：「某起自草萊，無前任歷子。」遂令户部自爲出券。又不爲妻請封，范淳甫問其故，先生曰：「某當時起自草萊，三辭然後受命，豈有今日乃爲妻求封之理？」問：「今日陳乞恩例，義當然否？」先生曰：「今士大夫道得箇『乞』字慣，都動不動又是乞也。」因問：「乞封父祖如何？」先生曰：「此事體又别。」再三請益，云：「其説甚長，待别時説。」

## 記夫婦有别第三

梁鴻娶妻孟光，夫婦相敬如賓。嘗避地吴中，依大家皋伯通家，居廡下，爲人賃舂。每歸，妻爲具食，不敢於鴻前仰視，舉案齊眉。伯通察而異之，曰：「彼傭能使其妻敬之如此，非凡人也。」乃舍之於家。

山濤爲布衣時，家貧，謂其妻韓氏曰：「忍飢寒，我後當作三公，但不知卿堪作夫人否耳？」韓貞静儉約不改。後濤果大貴，爵及千乘，而無嬀婘。

房元齡妻盧氏，有賢德。元齡微時，病欲死，謂妻曰：「吾病革，君年少，不可寡居，須善事後人。」盧泣，入帷中，剔一目示元齡，以明無他。後元齡病愈，自微至貴，禮之終身。

清人避諱，改「玄」爲「元」。

吴康齋從父官京師，奉父命歸娶。既娶，共往謁父，然後敢同室。

吴名與弼。

許氏家則曰：「婦女日守閨門，躬習織紡，至老勿踰内門。如有恣性越禮，遊山上冢〔一〕，賽神燒香，衒露體面，殊非士族家法。子孫泣諫之，父兄丈夫必痛遏之。」

許氏家則，明許相卿作。

周恭叔未三十，見伊川，持身嚴苦，塊然一室，未嘗窺牖。約婚母黨之女，登科後，其女雙瞽，遂娶焉，愛過常人。伊川曰：「頤未三十時，亦不能做此事。」

周名行己。

劉廷式既定婚，越五年，登第，其所聘女已雙瞽矣。女家力辭，不可以配貴人。

〔一〕「冢」，原作「家」，據傳本、教忠堂本、遺編本改。

劉曰：「失明於定婚之後，義不可棄。若此女某不娶，將何所歸？」爰擇吉成禮，夫妻相敬如賓，每攜手而行。生二子。後瞽女以疾卒，廷式哀哭不已。時東坡爲太守，慰諭之曰：「哀生於愛，愛生於色。君娶盲女，愛何從生？」廷式曰：「某知亡妻哭妻，不知其有目與無目也。」東坡撫其背曰：「真丈夫也！」瞽女所生二子皆登第。

司馬温公中年無子，夫人爲置一妾，公殊不顧。夫人疑有所忌。一日，夫人歸寧，令妾捧茶以進。適公方讀書，妾乘間請曰：「此何書也？」公拱手正色曰：「尚書。」而讀書自若。妾逡巡而退。

韓魏公在政府時，家有女樂二十餘輩。及崔夫人亡，一日盡厚遺之。同列多勸其且留爲暮年歡，公曰：「所樂幾何？而常令人心勞，孰若吾簡静之樂也？」

曾子喪偶，終身不娶。子元請焉，曾子曰：「高宗以後妻殺孝己，尹吉甫以後妻殺伯奇，吾上不及高宗，中不比吉甫，庸知其得免於非乎？」

韓文公年五十，喪其閫夫人，子輩數以再娶并納妾爲勸，言及輒怒，曰：「我年已半百，復何爲哉？」卒獨處一室，雖使婢亦不容入。遇冬寒，命小孫温

韓文字貫道，明洪洞人。

足，教其念書作對句，其清心寡欲如此。

或問：「妻可出乎？」程子曰：「妻不賢，出之何害？」又問：「古人有以對姑叱狗、蒸梨不熟，而遽出其妻者，似此亦無甚害。」曰：「此古人忠厚之道，君子不忍以大故出其妻，而以微罪去之。語有之：『出妻令其可嫁，絶友令其可交。』」

或問：「孀婦於理似不可取。」程子曰：「然。凡取以配身也，若取失節者以配身，是己失節也。」又問：「或有孀婦貧窮無託者，可再嫁否？」曰：「只是後世怕寒餓死，故有是説。然餓死事極小，失節事極大。」

## 記長幼有序第四

漢鄭均兄爲縣吏，頗受餽遺，均諫不聽，乃脱身爲傭。歲餘，得錢帛歸，以與兄，曰：「物盡可以復得，爲吏受贓，終身捐棄。」兄感其言，遂爲廉潔。

北魏楊椿、楊津兄弟義讓，相事有如父子，旦則聚於廳堂，終日相對，未嘗入內。椿年老，他處醉歸，津扶持還室，仍假寐閤前，承候安否。椿不命坐，津不敢坐。椿每近出，或日斜不至，津不先飯。椿還，然後共食。初，津爲肆州，椿在京，每四時佳味，輒因使次附之。若或未寄，不先入口。男女百口同爨，庭無間言。

崔孝芬仁慈長厚，弟孝暐等奉孝芬盡恭順之禮。坐食進退，孝芬不命則不敢也。雞鳴而起，侍候顔色。一錢尺帛，不入私房。吉凶有需，聚對分給。諸婦亦相親愛，有無共之。始父挺與叔振兄弟同居，振亡後，孝芬等奉叔母李氏，若事所生：旦夕温清，出入啓覲，家事巨細，一以咨決。每兄弟出行有獲，則尺寸以上，皆納李氏之庫。四時分賚，李自裁之。如此者二十餘歲。

孫棘家世孝友。時發民丁戍邊，弟薩應行。棘妻許氏囑夫曰：「君當門户，豈可諉役小郎？姑臨亡時，以小郎囑君，今未婚娶，家道不立。君今有三子，死復何恨？」棘遂詣郡，願代薩行。薩辭，自引不願兄代。太守張岱疑其不實，分置二人，令吏私察之，各報以從其所請，顔色共悦，甘心就戍。岱表上之，詔特原免。

晉咸寧中，大疫，庾衮兩兄俱亡，次兄毗復危殆。癘氣方盛，父母諸兄皆出次於外，衮獨留不去。父母强之，乃曰：「衮性不畏病。」遂親自扶持，晝夜不眠。其間復撫兩兄柩，哀臨不輟，如此十有餘旬。疫氣既歇，家人乃返。毗病得瘥，衮亦無恙。

黄士俊敦篤孝弟，赴公車，途聞兄病篤，歎曰：「焉有急功名而緩視胞兄之死耶？」半途歸。後一科會試，大魁天下。

或問：「人不幸處繼母異兄弟不相容，當如何？」朱子曰：「從古來有這樣子，只看舜如何。後來此樣本多有，只是『爲人子，止於孝』而已。」

王陽明先生曰：「舜能化象，其機括只在不見象的不是。」

王覽母朱遇祥無道，以祥前母所生也。覽方數歲，見母撻兄，輒涕泣抱持。至成童時，每諫其母，母虐少止。懼母置毒飲食予祥，日夕必與共膳。母以非禮使兄，覽輒身爲分勞；又虐祥妻，則覽妻亦趨而共。母因以悔悟，待祥如己子。

周文燦性敦友愛，其兄嗜酒，仰燦爲生。一日，乘醉毆燦，鄰人不平而詈之。燦怒曰：「兄未毆我，如何離間我骨肉也？」司馬温公嘗書其事以示人。

謝述，字景先，少有至行，事兄盡誠敬。次兄景仁素憎述，遇之無禮。及景仁

景仁名裕，以字

行。按述諸兄裕最長，「次兄」當作「伯兄」。

病，述盡心事湯藥，飲食必嘗而後進，衣不解帶、不盥櫛者累旬。景仁深感媿，友愛遂篤。

繆彤少孤，兄弟四人皆同財業。及各娶妻，諸婦遂求分異，又數有鬬爭之言。彤深懷忿歎，乃掩户自撾，曰：「繆彤，汝修身謹行，學聖人之法，將以齊整風俗，奈何不能正其家乎？」弟及諸婦聞之，悉叩頭謝罪，更爲敦睦之行。

梁蔡廓奉兄軌如父，家事大小，皆諮而後行。公禄賞賜，一皆入軌，有所資用，悉就典者請焉。後仕於外，妻郗氏書求夏服。時軌爲給事中，廓答書云：「知須夏服，計給事自相供，無煩别寄。」向使廓從妻言，乃乖離之漸也。

伯康名旦。

司馬温公與其兄伯康友愛〔一〕。伯康年八旬，公奉之如嚴父，保之如嬰兒，每食少頃，則問曰：「得無飢乎？」天少冷，則拊其背曰：「衣得無薄乎？」

〔一〕「司馬温公與其兄伯康友愛」，遺編本作「温公事其兄伯康甚恭」。

章名溢。

章三益與從子存仁避亂山中，存仁爲寇所執，公曰：「吾兄止此一息，不可使無後。」挺身出，謂賊曰：「幼兒無所知，我願代之。」賊聞公名，脅之，不屈，終不加害而去。

按：遺編本此節前多出五條，其中「第五倫」條見知幾篇，補録如下：

象憂亦憂，象喜亦喜。

程子曰：「君子居是邦，不非其大夫。此理最好。」

文公對客語及本監司、守將，必稱其官。

鄒南皋先生元標赴京，奉母以行，至彭澤，母船在前，驛夫不至。先生懼母船泊野次，乃馳尺牘呼縣尉，厲詞詰之。須臾，夫集舟行，家僮喜，謂得厲詞之力。先生後深自悔，呼尉，以好語勞之，遺祥刑要覽一册。因自訟曰：「『惟桑與梓，必恭敬止』，彭澤，吾桑梓地，奈何以一尉遂忘恭敬之心乎？」

傅堯俞。

## 記朋友有信第五

陳師道律己甚嚴，居京師踰年，未嘗一至貴人之門。傅公欽之，欲與相見。先以問秦觀，觀曰：「師道非俛顏色伺候乎公卿之門者，殆難致也。」公曰：「非敢望其來，吾將見之，恐其不吾見也。」子能介於陳君乎？」公知其貧，懷金餽之。聽其議論，竟不敢出口。一日，章惇欲交師道，亦令觀以書通之。師道答書云：「先王之制，士不傳贄爲臣，則不見於王公。師道於章公，前有貴賤之嫌，後無平生之素，公雖可見，禮可去乎？且公之見招，蓋以能守區區之禮也。若昧冒名義，聞命走門，失其所以見招之意，公又何取焉？」卒不往。

白敏中，在長慶年間，王啓〔一〕再秉文衡，意欲以第一人處之。嫌其與賀拔惎爲友，因密令親知導意，敏中如教。既而惎造門，左右辭以他適。敏中聞之，躍出見惎，悉以實告，且曰：「一第何足爲榮，乃至輕負至交。」相與歡

〔一〕「王啓」，唐詩紀事作「王起」。

醉。或以語啓，啓曰：「吾比〔一〕只得敏中，今當更取甚矣。」遂以第一人處甚，而敏中居三。

程子曰：「朋友講習，更莫如相觀而善工夫多，人之於朋友，修身誠意以待之，疎戚在人而已。不巧言令色，曲從苟合，以求人之與己也。」朱子曰：「朋友之間，責善，所以盡吾誠；取善，所以益吾德。」

王陽明曰：「交友以相下爲主。故相會之時，須虛心遜志，相親相敬。或議論未合，要在從容涵養，相感以誠，不得動氣求勝，長傲遂非。」又曰：「大凡交友，須箴規指摘處少，誘掖獎勸意多。」

陽明先生客座私囑曰：「但願温恭直諒之友來此講學論道，示以孝友謙和之行，德業相勸，過失相規，以教訓我子弟，使毋陷於匪僻。不願狂躁惰慢之徒來此博弈飲酒，長傲飾非，導以驕奢淫蕩之事，誘以貪財黷貨之謀，冥頑無恥，煽惑鼓動，以益我子弟之不肖。嗚呼！由前之説，是爲良士；由後之説，是爲凶人。我子弟苟遠良士而近凶人，是爲逆子。戒之，戒之！」

〔一〕「比」，傅本作「向」。

荀巨伯遠看友人疾，值寇賊攻郡。友人語巨伯曰：「吾今死矣，子可去。」巨伯曰：「遠來相視，子令我去，敗義以求生，豈荀巨伯所爲耶？」賊既至，謂巨伯曰：「大軍至，一郡盡空，汝何人，而敢獨留？」巨伯曰：「友人有病，不忍委之，寧以我身代友人命。」賊相謂曰：「我輩無義之人，不可以入有義之國。」遂率師而還，一郡獲全。

吴廷舉平生篤友誼，遊太學，與羅玘交厚。會玘病痢，從者亦死。吴爲煮粥餉之，負之登厠，一晝夜十數次，不爲勞。玘語人曰：「某四十年前，生我者父母；四十年後，生我者吴公也。」後同登進士。

潘叔度與吕伯恭同年進士。潘年長，自視其學非伯恭比，即俯首執弟子禮而師事之，略無難色。朱子甚稱歎之。潘名景憲。吕名祖謙。

儲柴墟，於陽明先生前輩也。先生登第時，柴墟已官太僕少卿，其後往來問學，若弟子。方叔賢在吏部，與先生同官，而叔賢位正郎，在先生上。一日，論學有契，即執弟子禮。人皆以爲不可及。儲名巏。方名獻夫。

右記五倫。學問隨人，大做大是，小做小是，總之不遠於一誠者皆是，而品地之高下，有不必盡論者，君子亦誠而已矣。記及楊乙、李步行等，正以媿一輩讀書識道理者。

按：遺編本此節前多出九條，其中「范巨卿」條見考旋篇記警爽約第二十四，「平陵云敞」條見考旋篇記警不敬師第十一，「横渠先生」條見考旋篇記警不服善第十，「朱子」條見考旋篇記警請託第五十八，其餘補録如下：

童子魏炤求事郭泰供給灑掃，泰曰：「小子當精義講書，何來相近？」炤曰：「經師易獲，人師難遭，欲以素絲之質附近朱藍。」

劉獻之教授里中，每學者來從，輒謂曰：「百姓雖殊，要以德行爲首。子能入孝出弟、忠信仁讓，天下自知。倘不能然，雖復下帷刺股，躡蹻從師，止可博文多識，不過爲土龍乞雨，眩惑將來，其於立身之道有何益乎？孔門之徒初亦未悟，見臯魚之歎，乃歸養親，先達何見之晚也。」

紹聖間，伊川以黨論編管涪州。門人謝良佐曰：「是行也，良佐知之，乃族子公孫、邢恕之爲耳。」先生曰：「族子至愚，不足責；故人情厚，不敢疑。孟子既知天，何用尤臧氏？」君子交絶，不出惡聲如此。

史太常孟麟以薦劉侍御被謫歸。一日，會東林書院，太常值講，意悒悒不自得，乃舉「人之過也」一章。敷講畢，時劉楚盤光禄在座，正色而進曰：「公所犯者，惡也，非過也。」太常改容謝之，舉座悚然。

邵堯夫解「他山之石，可以攻玉」：玉者，温潤之物。若將兩塊玉相磨，必磨不成，須是得他麁礦底物方磨得出。譬如君子與小人處，爲小人侵陵，則自修畏避，動心忍性，增益預防，如此便得道理出來。

## 考旋篇

書云：「細行不矜，終累大德；爲山九仞，功虧一簣。」述考旋第五。

### 總記

程子曰：「人於外物奉身者，事事要好；只有自家一箇身與心，却不要好。苟得外物好時，却不知自家身與心却已先不好了也。」

朱子曰：「爲學工夫，不在日用之外。檢身，則動静語默；居家，則事親從兄；窮

「別」，元作「則」，今改正。「元」即「玄」。

理，則讀書講義。大抵分別一箇是與非，而去彼取此，無他元妙之可言也。論其至近至易，則即今便可用力；論其至急至切，則即今便當用力〔一〕。」

呂名公著。

呂正獻公自少講學，即以治心養性爲本。寡嗜慾，薄滋味，無疾言遽色，無窘步，無惰容。凡嬉笑俚近之語，未嘗出諸口。於勢利紛華、聲伎游宴，以至於博弈奇玩，淡然無所好。

按：遺編本此節條目與此不同，補録如下：

程子曰：「人有四百四病，皆不由自家，只是心須教由自家。」

鄧文潔公以讚曰：「萬事萬念皆善，只一事一念不善，這一事一念便算，萬事萬念都不算。」

徐文靖公溥嘗效古人，以黄黑二豆同貯一瓶記善惡。每舉一善念、道一善言、行一善事，投一黄豆；不善則投黑者。始黑多黄少，漸積參半，久之，黄者乃多云。但恐取效太速。

按：遺編本「百行」與此差異顯著，存目如下：

〔一〕遺編本此條在體獨篇。

記警遊夢第一（此本第三十一）
記警戲動第二（此本第五）
記警謾語第三（此本記警妄語第六）
記警嫌疑第四（此本第二十）
記警造次第五（此本第十七）
記警乘危第六
記警由徑第七（此本第十九）
記警好閒第八（此本第三十二）
記警博第九、記警弈第十（此本記警博弈第三十三戒賭附見）
記警流連花石第十一（此本第三十四）
記警好古玩第十二（此本記愛聚古玩第三十五）
記警好書畫第十三
記警床第私語第十四
記警早眠晏起第十五
記警晝居内室第十六

記警狎使婢女第十七（此本記警畜婢第三十八錮婢附見）
記警挾妓第十八（此本第三十九）
記警俊僕第十九（此本記警畜俊僕第四十）
記警畜優人第二十
記警觀戲場第二十一（此本記警觀戲劇第四十一）
記警行不避婦女第二十二
記警暑月袒第二十三（此本第四十八）
記警科跣第二十四（此本第四十九）
記警衣冠異製第二十五（此本第四十七）
記警懷居第二十六
記警輿馬第二十七（此本記警盛飾輿馬第四十五）
記警饕飧第二十八
記警憎食第二十九
記警縱飲第三十
記警深夜飲第三十一

記警市飲第三十二（此本第五十三）
記警輕赴人席第三十三（此本第五十四）
記警宴會侈靡第三十四（此本第五十一）
記警輕諾第三十五（此本第二十三）
記警輕假第三十六（此本第五十七）
記警輕施第三十七
記警與人期爽約第三十八（此本記警爽約第二十四）
記警多取第三十九
記警濫受第四十（此本第五十六）
記警居間爲利第四十一（此本第五十九）
記警獻媚當塗第四十二
記警躁進第四十三（此本第十四）
記警交易不公第四十四（此本第六十）
記警拾遺不還第四十五（此本第六十一）
記警持籌第四十六（此本第六十二）

記警田宅方圓第四十七（此本第六十四）
記警嫁娶侈靡第四十八（此本記警嫁娶競財第六十五）
記警誅求親故第四十九
記警窮追遠年債負第五十（此本記警窮追債負第六十六）
記警違例取息第五十一
記警謀風水第五十二（此本記警圖謀風水第六十八）
記警有恩不報第五十三（此本記警忘恩第二十七）
記警拒人乞貸第五十四（此本第六十七）
記警遇事不行方便第五十五（此本第六十九）
記警横逆相報第五十六
記警宿怨第五十七（此本記警不釋怨第二十六）
記警武斷鄉曲第五十八（此本第七十九）
記警設誓第五十九
記警咒詛第六十
記警習市語第六十一

記警稱綽號第六十二
記警造歌謡第六十三
記警傳流言第六十四
記警稱人惡第六十五（此本記警好稱人惡第七十一）
記警暴人陰事第六十六（此本記警訐人陰事第七十二）
記警面訐第六十七
記警譏議前輩第六十八（此本記警妄詆前賢第七十三）
記警訟第六十九、記警終訟第七十、記警主訟第七十一（此本記警好訟第七十四）
記警失盗窮治第七十二（此本記警窮治盗賊第八十二）
記警捐棄故舊第七十三
記警疎九族第七十四（此本第七十五）
記警薄三黨第七十五（此本第七十六）
記警欺鄉里第七十六
記警侮鄰右第七十七

記警慢流寓第七十八
記警虐使僮僕第七十九（此本記警虐使奴僕第八十）
記警欺陵寒賤第八十（此本第八十一）
記警擠無告第八十一
記警遇死喪不恤第八十二（此本記警不恤死喪第八十三）
記警見骼不掩第八十三（此本第八十四）
記警特殺第八十四（此本記警殺生第八十八）
記警食耕牛野禽第八十五（此本記警食牛犬第八十九、記警射飛鳥第九十）
記警殺起蟄第八十六（此本記警啓蟄蟲第九十一）
記警無故拔一草折一木第八十七（此本記警無故斬草木第九十二）
記警暴殄天物第八十八
記警瀆神社第八十九（此本記警不敬神明第八十五）
記警訶風怨雨第九十
記警棄毀文字第九十一（此本記警棄毀字紙第八十六）
記警雌黄經傳第九十二

記警讀書無序第九十三（此本記警讀書無序次第九十五）
記警作字潦草第九十四（此本記警書法潦草第九十九）
記警輕刻詩文第九十五
記警近方士第九十六
記警禱賽第九十七
記警主創庵院第九十八
記警拜僧道第九十九
記警假道學第一百

## 記警浮華第一

魏傅嘏弱冠知名，不輕與人交。是時，何晏以才辯顯於貴戚之間，鄧颺好徒黨，鬻聲名於閭閻，而夏侯元以貴臣子，有重望，爲之宗主，咸欲求交於嘏。嘏輒避之。嘏友人荀粲謂之曰：「夏侯太初與何鄧皆一時之傑，虚心交子，合則好成，不合則怨至。」嘏曰：「太初志過其量，能合虚譽而無實才；何平叔言遠而情近，好辯而無成，所謂利口覆邦家之人也；鄧元

「元」即「玄」。

茂有爲〔一〕而無終，外要名譽而無關鑰。此三人者，以吾觀之，皆敗德也，遠之猶恐及禍，况昵之乎？」未幾，三人相次誅滅，親友連坐者甚衆，而嘏歷顯位，以功名終。

晉顏含篤於孝友，爲朝野所推重。嘗與子弟論中朝人物，必推重行實而抑絶浮華。人問：「少正卯與〔二〕盜跖，其惡孰深？」或曰：「正卯雖姦，不至剖人爲膳，盜跖爲甚。」含曰：「爲惡彰露，人思加僇。隱伏之姦，非聖不誅。由此言之，少正卯爲甚。」人咸服焉。

「正」上脱「少」字。

伊川先生言：「人有三不幸：少年登高科，一不幸；席父兄之勢爲美官，二不幸；有高才，能文章，三不幸也。」此先生過激之論，人若能勤學敬身，兢兢自持，未始非不幸中之幸也。

劉摯質直敦厚，於書無所不讀，而其教子孫，必先孝悌而後文藝。每曰：「士〔三〕無實德，一號爲文人，無足觀矣。」

〔一〕「爲」，傳本作「初」。
〔二〕「與」，傳本無。
〔三〕「士」，原作「上」，據傳本、教忠堂本改。

鄭奕嘗以六朝文選教子。奕兄見之曰：「何不教他讀孝經論語，免他學沈謝，嘲風弄月，汙人行止。」夫教子文選，猶謂不可，古人敦崇實德如此。

沈約、謝靈運。

近見童蒙須知一帖，最於蒙養之功説得親切。末云：「童子亦趨時，人心何由得古？不急以莊嚴格語薰育初心，徒以華飾麗句發其風藻，吾恐巧慧日開，淳龐日薄也。父兄但思榮其身，不思葆其心。蓋心者，箕裘萬葉之根本。聰明洩心，則所延必促；樸茂維心，則所祚必長。果能培養此心，以迄老成，則遞相告誡，綿延有不可勝言者。」嗟夫！「聰明洩心，所延必促」，此論後生極當體會。

世人稱風流才子，必推王謝。然見王謝子弟，鮮有年至五十者，惟王導年六十四，羲之年五十九，謝安年六十六耳。其後子孫名德不及祖父，而愛尚虛元，競鬬辭章，浮華盛而根本衰。本衰者先仆，自然之理，不信浮華之害，熟讀王謝家傳自知。

「元」即「玄」。

## 記警刻薄第二

吳陸遜討山寇還，會稽太守淳于式表遜枉取人民，所在愁擾。後遜見吳主，語次及式，稱爲佳吏。吴主曰：「式毁君而君薦之，何也？」遜對曰：「式意欲愛民，是以白遜。若遜復毁式，以亂聖聽，不可長也。」吴主歎曰：「此誠長者之事，顧人所難。」

王氏自曇首以來，世居建康之馬糞巷。僧綽、僧虔以忠厚傳家，門風寬恕，虔子志尤爲惇實。門下客嘗盜其車幰，志知而不問，待之如初。賓客游其門者，專蓋其過而稱其美，兄弟子姪皆敦厚謙和。時人稱：馬糞諸王多長者。

敦厚固本於天性，尤要在祖父之教育。彼烏衣巷中風味，不及馬糞巷遠矣，故烏衣子弟鮮有得壽考者。

韓魏公在中書，見文字有攻人隱惡者，必手自封識，不令人見。嘗有僚屬路拯者，就案呈有司事，而狀尾忘書名。公即以袖覆之，仰首與語，稍稍潛卷，語定，從容以授之。拯退而自見，且媿且歎，曰：「韓公真盛德也！」

據厚德録，此公在魏府時事。

王陽明先生父海日公，有以附劉瑾事誣之者。或勸之辨白，曰：「此吾同年友事，若白之，是我訐友也。」竟不辨。後陽明官京師，聞士論猶爲此事紛紜，陽明欲具疏奏辨，公馳書止之，曰：「汝以此事爲父恥，倘攻發吾友，

海日名華。

反爲吾一大恥。」遂止。

金誠好讀書，家本衛籍。指揮使麻張，素無賴，詬曰：「軍餘乃敢效儒生耶？」褫其衣，使薙草烈日中，稍緩，撻之。誠泣曰：「讀書求顯揚，今虧體辱親矣。」張愈怒，逮其父，窘辱之。父子相視不敢言。永樂丁酉，誠領鄉薦第一。明年，成進士，爲刑部主事。張坐殺人，逮詣刑部，望見誠，一步九頓。誠笑迎之，言於大司寇，釋其罪。張感泣。時人莫不歎其惇厚。

餘姚趙錦爲南御史，清軍雲南。上疏，忤嚴嵩意，被逮。械行萬里，途中墜車陷塹，瀕死者再。既至，下獄，杖之百。錦自分必死，幸而削籍歸。後嚴嵩敗，起錦巡撫貴州。過江右，見嵩藁厝道旁，惻然言於監司，加守護焉。後又以忤張居正，黜歸。及張死籍没，錦起大司寇，力請寬恤，乃得少解。其厚德如此。躋大位，享高壽，固其宜矣。

徐文貞公階宴客，一客取金杯置帽中，公見之。席罷，左右告公少杯。公曰：「已收矣。」其人酒酣潦倒，帽杯落地。公佯不知，使得仍取置帽中。

自古厚德人，未有不受天厚報者也；今人貧窮孤苦，只怨上天薄待己，不知自家先薄待自家，如何天反於汝獨厚？陳眉公曰：「吾本薄福

席啓圖畜德録，「使得」作「今人」。

陳名繼孺〔一〕。

人，宜行厚德事；吾本薄德人，宜行惜福事。」數語使人尋味不盡。

厚德不徒一事上見，須積而後厚，其忘恩讎、化爾我，固德之大者，即如見人議論人短長，有可掩覆處，爲之掩覆；見人作事愚鈍，有可提醒處，爲之提醒；見人狠結冤仇，有可解救處，爲之解救。積之既久，自然高厚。又昔人云：譬如我穿縗衣凶服，道遇吉祥善事，相與引而避之。其事雖小，其心則厚。易所謂勿以小善爲無益而勿爲者，此類是也。

## 記警輕佻第三

高座名尸黎密，西域人。

晉卞壼方正質實，以繩簡自持。時貴游子弟多慕王澄謝鯤爲達，壼厲色於朝曰：「悖禮傷教，莫斯爲甚！中朝傾覆，實由於此。」欲推奏之。丞相王導不從，乃止，然聞者莫不嚴憚。高座上人於王丞相前，恒偃卧其側，見卞令，肅然改容，云：「彼是禮法人。」

〔一〕按：「繼孺」，當作「繼儒」。

陶侃恭而近禮，愛好人倫。職事之暇，終日斂膝危坐。嘗誡子弟曰：「老莊浮華，非先王之法言，不可行也。君子當正其衣冠，攝其威儀，何有亂頭箕踞〔一〕以爲宏達耶？」

唐張九齡風儀秀整，異於衆流。元宗於朝班望見之，謂左右曰：「朕每見九齡，使我精神頓生。」後用人，必問曰：「風度得如張九齡否？」

「元」即「玄」。

宋王曾質厚，寡言笑，望之端凝若神。少與楊億同在侍從之列，億喜談謔，凡僚友無不狎侮。至與曾言，則曰：「吾不敢以戲也。」

## 記警飾僞第四

公孫宏起家，徒步至爲丞相，性詐善欺。每示儉約，以釣名譽。有故人高賀詣之，宏食以脱粟飯，覆以布被。賀怨曰：「何用故人富貴爲？脱粟布被，吾自有之。」宏大慚。賀告人曰：「丞相内服貂蟬，外服麻枲，内厨五鼎，外膳一肴，豈可以示天下？」於是朝廷始疑其矯。汲長孺曾面斥之，宏嘗

清人避諱，改「弘」爲「宏」。

汲名黯。

〔一〕「箕踞」，傳本、教忠堂本作「養望」。

歎曰：「寧逢惡賓，勿逢故人。」

殷浩被黜後，徙於東陽。有甥韓伯隨於徙所，浩特愛之。浩雖終日書空，然口無怨言，怡神委命，談咏不輟，雖家人不見其有流放之戚。歲餘，韓伯欲還都，浩送至渚側，詠古詩云：「富貴他人合，貧賤親戚離。」乃不覺泣下。始知其前此之矯飾。

夏侯勝以經術知名，而性質樸守正，簡易無威儀，宣帝召爲諫議大夫。勝入謁，或呼帝爲君，或誤相字於前，帝以是益信之。

魯宗道天性敦樸，言無矯飾。一日易服，與故人入酒肆飲，真宗命中使急召，偏覓，始得之。中使語宗道曰：「上怪公來遲，當以何事對？」宗道曰：「當以實告。」曰：「然則當得罪。」宗道曰：「飲酒常情，欺君大罪。」中使入，如所對。真宗問：「何故私入酒家？」對曰：「臣貧，無器皿，酒肆具備。適有親客至，遂邀之入耳。」真宗益嘉其直樸。

## 記警戲動第五

管幼安常坐一木榻，積五十餘年，未嘗箕股，其榻上當膝處皆穿。

管名寧。

劉忠定公見賓客，談論踰時，體無欹側，肩背竦直，身不少動，至手足亦不移。

陸象山先生曰：「規矩嚴整，爲助不少。入儒者之門，自當從言規行矩始。」

吕舍人曰：「大抵後生爲學，先須理會所以爲學者何事。一行一住、一語一默，須要盡合道理。」

胡文定公少時，桀驁不可制，其父鎖之空室。先有小木數百段，盡取刻爲人形。父乃置書萬卷其中，三月覽盡，後遂爲世大儒。

## 記警妄語第六

伊川先生非禮勿言箴曰：「人心之動，因言以宣。發禁躁妄，内斯静專。矧是樞機，興戎出好。吉凶榮辱，惟其所召。傷易則誕，傷煩則支。己肆物忤，出悖來違。非法不道，欽哉訓辭！」

何遠言不虚妄，蓋其天性。每語人曰：「卿若得我一妄語，則謝卿一縑。」衆共伺之，終莫能得。

司馬温公曰：「光幼時弄青胡桃，女兄欲脱其皮，不得。女兄去，一婢以湯脱之。女兄來問，光曰：『自脱也。』先公適見之，呵曰：『小子何得謾

劉安世。

陸名九淵。

吕名本中。

胡名安國。按：此安國子寅號致堂者事也。「文定公」，當作「致堂」。

蔡名清。

語！』光自是不敢謾語。」

劉元城先生見温公，問盡心行己之要，可以終身行之者，公曰：「其誠乎！」劉問：「行之何先？」公曰：「自不妄語始[一]。」

蔡虚齋先生曰：「有道德者，必不多言；有信義者，必不多言；有才謀者，必不多言。惟見夫細人、狂人、妄人，乃多言耳。」明道先生曰：「德進則言自簡。」

昔人云：造物生人，兩其耳目，兩其手足，而獨一其舌，意欲使之多聞、多見、多爲而少言也。其舌又置之口中奥深，而以齒如城，脣如郭，鬚如戟，三重圍之，若恐其藏之不固而輕出者。故聖賢教人，惟以謹言爲兢兢，四書五經中[二]所以戒飭之者，至矣。言之不謹，獲禍最酷。試舉世俗所易犯者，敬録數條於左[三]。

凡一事而關人終身，縱實見實聞，不可著口；凡一語而傷我長厚，雖閨談酒謔，慎勿形言。

[一] 遺編本此條在定命篇。
[二] 「中」下，傅本有「丁寧反覆」四字。
[三] 傅本此下有「願與學人共凛之也」八字。

喜極勿多言，怒極勿多言，醉極勿多言。又曰：喜時之言多失信，怒時之言多失體。

對人無可説話，慎勿强尋閒話來説。不是承迎世人，求爲歡悦，便是自家無著落，消遣不過。

言語之當慎，正在當快意時，遇快意人，説快意事。面諛之詞，有識者未必感；背後之議，銜之者嘗至刻骨。

人情厚密時，不可盡以密私之事語之，恐一旦失歡，則前言得憑爲口實。至失歡之時，亦不可盡以切實之語加之，恐忿平復好，則前言可愧。大抵忿怒時最不可指人隱諱，及暴其祖父之愆。蓋一時怒氣所激，惟恐語之不深，事之不切，而不知彼之怨恨已深，入於骨髓。俗語所謂「打人莫打膝，道人莫道實」是也。

不妄語，不多語，不道人隱事，不摘人微過，不言己無干涉事，不言人有關係事。論人無捨〔一〕短而棄長，論己無登枝而忘本。交淺者，毋與輕

「嘗」「常」通。

〔一〕「捨」，原作「拾」，據傅本、教忠堂本改。

言；調別者，無與强言；陰刻者，毋與言衷情；輕疎者，無與言密事。語財不及非分，語色不及邪緣。勿彈射官箴，勿月旦人品。不偏愛憎，不信風聞。談經濟外，寧談藝術，可以給用；談日用外，寧談山水，可以息機；談心性外，寧談因果，可以勸善。

聞人談一善事、談一善人，必巧爲無端不可解之語，逆奪之，使滿座哄然，而談者色沮，然後爲快。既造口業，亦增意業，此真小人之尤者也。

一時勸人以口，百世勸人以書。刊刻善本，廣爲流布，亦與人爲善之一端也。

## 記警疎誕第七

謝宏微性沉密，不妄言議。每獻替及陳事，必手書焚草，人莫之知。

「宏」即「弘」。

范蜀公與司馬温公相友善，且約生則互爲傳，死則作墓銘。後光先死，鎮作銘，其詞陗峻。光子康屬蘇子瞻書之，蘇曰：「吾不辭書，但恐非三家福耳。」乃易他銘。

范名鎮。

張詠性剛毅，忽於小節。其所善友蕭楚，見詠几案上有一絶，末二句云：「獨

蕭名林之。「楚」

下脱「材」字，下仝。

恨太平無一事，江南閒殺老尚書。」楚取筆改「恨」作「幸」。詠歸，見之，云：「誰改吾詩？」左右以實對。楚曰：「公功高位重，奸人側目。筆墨之間，未可輕忽。且天下一統，而公獨恨，可乎？」詠歎曰：「君真吾一字師也。」

朱子嘗教人云：「凡事須思量到人所思量不到處，防備到人所防備不到處，方得無患。」

韓非子曰：「事以密成，語以洩敗。」昔韓昭侯恐漏夢中之詞，孔光不對宣室之樹，非過爲此緦緦。蓋見事熟則慮患周，積思深則發言簡。與其逞智以先人，毋寧緘舌而處拙。

## 記警乖戾第八

晉衛玠風神閒遠，嘗言：「人有不及，可以情恕；非意相干，可以理遣。」故終身不見喜愠之色〔一〕。

〔一〕遺編本此條在定命篇，「晉衛玠風神閒遠」作「衛玠美丰神善清論」。

范名純仁。

朱名光庭〔一〕。

呂祖謙。

范忠宣公戒子弟曰：「人雖至愚，責人則明；雖有聰明，恕己則昏。但常以責人之心責己，恕己之道恕人，不患不到聖賢地位也。」

程明道先生終日端坐，如泥塑人。及至接人，則渾是一團和氣〔二〕。朱公掞嘗見明道於汝，歸，謂人曰：「光庭在春風中坐了一箇月。」

呂東萊少時，性褊急，一日誦論語「躬自厚而薄責於人」，忽覺平日忿懥渙然冰釋〔三〕。朱子嘗言：「學如伯恭，方是能變化氣質。」

世間大福德人，必能容人所不能容，忍人所不能忍。若器小福薄人，便蹶然而動矣。

## 記警不力學第九

董遇少孤貧，性質訥而好學。漢末，關中擾亂，與兄采梠負販，而常挾持經書，投閒習讀。建安初，以文學辟召，遂爲儒宗。

〔一〕「光庭」，原作「公庭」，據正文改。

〔二〕遺編本以上文字在定命篇，文字稍異。

〔三〕遺編本以上文字在知幾篇，後有小注：「不知前此用多少苦功在。」

邴原年十一喪父，既孤且貧。鄰有書舍，原過其旁而泣。師問曰：「童子何悲？」原曰：「孤者易傷，貧者易感。少失所恃，未嘗〔一〕知學。中心惻然，不覺涕零。」師甚哀之，曰：「何不讀書？」答曰：「無錢資。」師曰：「童子果有志，我當教爾，不須資也。」於是一冬之間，遂通孝經論語。及長，更思游學，單步負笈，不憚千里。至安丘，則師孫崧；陳留，則師韓子助；潁川，則宗陳仲弓；汝南，則交范孟博；涿郡，則親盧子幹。時北海鄭元有盛名，爲學者宗師。原以單寒後輩，數年之間，名與相埒。

按：此條出魏志本傳注引別傳，原文「欲遠遊，詣安丘孫崧」云云，非師之也。「安丘則師孫崧」六字，當刪。

韓名卓。陳名寔。「交」，舊作「師」，今改正。范名滂。盧名植。「元」即「玄」。

王育少孤貧，爲人牧羊。每過小學，必欷歔流涕，有暇，即折蒲學書，忘而失羊，爲羊主所責，育將鬻身以償。同郡許子章聞而嘉之，代育償羊，給其衣食。

子章當是字，名則未聞。太平御覽引晉書作「郭子敬」。

皇甫謐少不好學，游蕩無度，人以爲癡。出後叔父，其叔母任氏責之，至流涕。謐素孝，乃感激，就鄉人席坦受書，勤力不懈。居貧，躬自稼穡，帶經而鋤，博綜典籍百家之言，遂成大儒。學者號爲「元晏先生」。

「元」即「玄」。

〔一〕「嘗」，傳本作「能」。

劉名峻。

劉孝標家貧好學，自以少時未能早悟，晚更厲精，從夕達旦。或時昏睡，爇其鬚髮，及覺，復讀。以是明慧過人，博極群書，文藻秀出，南北學者莫與爲匹。

祖瑩八歲即耽書，父母恐其成疾，禁之。瑩於灰中藏火，候父母寢後夜讀，仍以衣被塞窗，恐爲家人所覺。內外親屬呼爲「小聖兒」。孝文帝召入，令讀五經章句，并陳大義。後長，名位顯達。

范文正公少時，食貧力學，有讀書帳，爲燈煙所熏，頂色如墨。及顯達後，夫人常持此以示子孫。

邵堯夫讀書於百原山中，冬不爐、夏不扇、夜不就席者三年。

橫渠先生謁告西歸，終日危坐，左右簡編，俯而讀，仰而思，有得則識之。或終夜起坐，取燭以書。

楊龜山先生積學，嘗舉兩肘示人，曰：「吾此肘不離案三十年矣。」

張九成。

張無垢老來目病，持卷就明，倚立窗下，年歲積久，雙趺依然〔一〕。

〔一〕遺編本此條在定命篇，文字作：「張子韶既謫居，談經自樂，手不停批。歲久，庭磚足迹依然，乃題其柱曰：『予平生嗜書，老來日執卷，就明於此者十四年矣。倚立既久，雙趺隱然，可一笑也。』」

古人當困窘之日，又際離亂之鄉，謀生且不暇，猶然矢志不輟。今世冑之子，父兄在上，師傅在前，春秋方富，日月正閒，無雜務以經其慮，無衣食以累其心，而偏不好學，真天地間大罪人也！仰負日月，内負父師，清夜自思，能〔一〕無悔愧？

## 記警不服善第十

潁川荀淑遇汝南黄憲於逆旅，憲時年十四，淑竦然異之，揖與語，移日不能去。謂憲曰：「子，吾之師表也。」既而前至袁閬所，未及勞問，遽曰：「子國有顔子，寧識之乎？」閬曰：「見吾叔度耶？」是時，同郡戴良才高倨傲，而見憲，未嘗不正容。及歸，惘然若有失也。陳蕃周舉嘗相謂曰：「時月之間不見黄生，則鄙吝之萌復存於心。」郭林宗少遊汝南，先過袁閬，不宿而去，進往從憲，累日方還。或以問林宗，林宗曰：「奉高之器，譬諸氿濫，雖清而易挹。叔度汪汪若千頃波，澄之不清，淆之不濁，不可量也。」

郭名泰。

「氿」，舊作「泛」，今改正。

〔一〕「能」，傅本作「寧」。

張橫渠先生在京，坐虎皮，講周易，聽從者甚衆。一夕，二程先生至，橫渠與論易。次日，撤去虎皮，語弟子曰：「吾平日與諸公説者，皆亂道。比見二程，深明易理，吾所弗及，汝輩宜往師之。」乃歸陝西〔一〕。

明道兄弟初侍其父，識邵堯夫，後訪堯夫於天津之廬。堯夫攜酒，飲月陂上，歡甚，論議終夕。明日，二程謂周純明曰：「昨從堯夫先生游，聽其議論，振古之豪傑也。」周曰：「所言何如？」曰：「内聖外王之道。」又曰：「堯夫襟懷放曠，如空中樓閣，四通八達。」

羅仲素篤志求道，聞同郡龜山先生得河南程氏學，慨然慕之。及龜山爲蕭山令，遂徒步往學焉。仲素初見龜山，三日即驚汗浹背，曰：「不至是，幾虚過一生！」

朱晦庵爲南康守。春日，陸子静往訪，晦庵與泛舟而樂，曰：「自有宇宙以來，已有此溪山，還有此佳客否？」乃登白鹿洞書院講席，請子静講「君子喻義」章，聽者如堵。當時説得痛快，座中至有流涕者。晦庵深感動，天氣

陸九淵。

〔一〕遺編本此條在凝道篇記朋友有信第五，文字稍異，後有小注：「人之患在好爲人師，先生免之矣。」

微冷，而汗出揮扇。　有學者因無極之辨貽書晦翁，詆子静。朱復書云：「南渡以來，八字著脚，理會著實工夫者，惟熹與子静二人而已。熹實敬其爲人，老兄未可以輕議也。」

王心齋謁陽明先生於江右。時陽明巡撫南贛，心齋由中門入，陽明降階迎之。時心齋服古冠服，手持木簡，踞上坐。坐定，問：「何冠？」曰：「有虞氏冠。」「何服？」曰：「老萊子服。」曰：「學老萊子乎？」曰：「然。」曰：「將止學其服，抑學其上堂詐跌，掩面啼哭也？」心齋色動，坐漸側。反覆論致知格物，心齋大歎服，曰：「簡易直截，某所不及。」乃下拜，執弟子禮。辭出，就館舍，繹思所聞，間有不合。明日，復入見曰：「某昨輕易拜也，請與再論。」復上坐，陽明喜曰：「有疑便疑，有信便信，不可苟從。」又反覆論難，曲盡端委，竟大服，再下拜，執弟子禮如初。心齋初名銀，是日，陽明易「銀」爲「艮」。陽明退，謂門人曰：「吾擒宸濠，無少動心，今却爲斯人動，此真學聖人者也。」

# 記警不敬師第十一

西漢司隸校尉鮑宣，以亢直被禍，下獄當死。博士弟子咸舉旛太學前，曰：「欲救鮑司隸者會此。」諸生會者千餘人。明日，遮丞相孔光陳説，丞相車不得行；又伏闕上書，帝乃減宣罪，髡鉗，徙之上黨。

平陵云敞師事同郡吴章，章當世名儒，教授尤盛，弟子千餘人，以不附王莽被誅，其弟子皆禁錮，不得仕宦。敞時爲大司徒掾，自劾吴章弟子，收抱章尸，歸殮葬之。

東漢魏昭者，陳國童子也。見郭林宗，以爲經師易遇，人師難逢，因請侍左右，供給灑掃。林宗許之。林宗嘗有疾，命昭作粥。粥成進食，林宗呵之曰：「爲長者作粥，不加意敬，使不可食。」以杯擲地。昭更爲粥，復進，又呵之。如是者三。昭容色無變，林宗曰：「吾始見子之面，今而知子之心矣。」深善之。

宋游酢、楊時事程伊川先生。先生一夕偶瞑坐，二子侍立，夜深不去。伊川既覺，謂曰：「二君尚在此乎？既晚，且休矣。」及出門外，雪深已尺許。二子俱傳濂洛之學。

宋名濂，字景濂。方名孝孺。

明方正學在宋景濂門爲高弟。濂卒於貶所，每私居念及，或見其手蹟，或談及濂事，輒涕泣。既官漢中，其家不能存，言於蜀王，厚撫恤之。每舟次夔，必往祭墓下，慟哭移時方去。

唐彬初從章瑄學，嘗令課經義。瑄以其不經意，作色令改。彬重進，復拒。如是者三。至見擲於地，而彬色自若。瑄乃曰：「是子可教也。」徐取稿，點綴數字。未幾，與瑄同榜成進士。

民生於三，事之如一。君父而外，於師爲重，師友皆以人合者也。惟道同，故四海可以樂群；惟義至，則異姓可爲骨肉。攷自來風義之敦，莫如東漢；其次淵源之接，表自宋儒。故或生篤其歡，或死盡其誼。有急，則忘身以拯之；既歿，則存孤以報之：皆道義之顯著者也。吾爲表章前哲，以式來學。

## 記警曠館職第十二

宋鄧至爲塾師，教人以誠。熙寧九年，神宗御集英殿第進士，至長子綰爲翰林學士，侍立上側。迨唱名及其弟績，縉下殿謝。又唱名及其二孫，縉又下殿謝。上顧而笑。王恭公從旁贊曰：「此其父鄧至盡誠教人所致也。」

王文康公父訓誨童蒙，必盡心力，脩脯不計。每與同輩論師道，曰：「天地君親師，五者並列。師位何等尊重！後生以師事我，則終身成敗榮辱俱我任之。若不盡心竭力，悮人子弟，與庸醫殺人等罪。」又喜爲童子講孝弟故事，曰：「學者先心術而後文藝，先敦本而後施仁，如孝弟有虧，雖才華震世，不足重也。」晚年生文康公，人謂爲善之報。

閩士某省試不遇，叩一相者，曰：「如君骨格，縱才高班馬，難許成名，惟勤種陰德，庶可挽回造化。」士揣家貧，無財種德，又思：「近日爲師者，多誤人子弟，我當盡心訓誨，以作陰德。或我不負人，天亦不負我。」數年後，復省試。相者遇之，賀曰：「君即當榮達矣。」士曰：「何前拒我之峻，而今許我之確耶？」相者曰：「君丰神與前大異，定有陰德。」士曰：「無他，惟數年來，盡心竭力，以誨人子弟耳。」相者曰：「成就後學，種德最大，宜形骨之頓換也。」榜發，果高列。

沈千秋嘗與同社論曰：「居官盡職與否，於處館時可預卜。主家脩

王名珪。

王名曙。

膳，朝廷俸禄，俱非悠悠忽忽可以消受者。近來師道凌夷，真可痛哭長歎。不思誤人子弟，於心何安？必須盡心竭力，循循善誘，使得有所進益。大以成大，小以成小，勿可諉之子弟不率教而自爲寬解也。」

## 記警趨附第十三

嚴彭祖，宣帝時以東郡太守高第入爲左馮翊，廉直，不事權貴。或説曰：「天時不勝人事，君以不修小禮，無貴人左右之助，經誼雖高，不至宰相。願少自勉强。」彭祖曰：「凡通經術，固當修行先王之道，何可委曲從俗，苟求富貴乎？」

時人或勸伊川加禮貴近。先生曰：「何不見責以盡禮，而責之以加禮？禮盡則已，豈有加也？」

薛文清公在南都，與守備中官抗禮，中官以午節饋扇。公曰：「此朝廷禮，不敢當也。」中官金英過南京，公卿餞之江上，公獨不往。英還朝，曰：「南京好官惟薛卿耳。」

陳選督學山東，清介絶俗。會倖閹汪直巡郡國，都御史以下咸匍匐拜謁，選獨長揖。直怒，曰：「爾何官？敢爾！」選曰：「提學。」直愈怒，曰：「即提學，寧尊於都御史耶？」選曰：「提學固非御史比，但宗主斯文，爲世表率，不可屈節。」直見選詞氣抗厲，而諸生群集署外，不可犯，遂從容曰：「先生既無公務相關，自後不必來見。」選徐步而出。選，字士賢，浙江臨海人。

李夢陽爲江西提學時，中丞命諫督兵平寇，諸監司皆長跽以見，夢陽獨直立。諫怪之，問曰：「足下何官耶？」夢陽曰：「公奉天子，詔督諸軍；吾奉天子，詔督諸生。」語畢竟出，以是名重天下。

陳敬宗爲南京祭酒，考績至北京，王振素慕其名，欲致之。適南畿巡撫周忱時在京，謁振。振知忱與公同年，示之以意。忱言之公，公曰：「敬宗忝爲人師表，而求謁中官，他日何以見諸生？」忱因諷振曰：「陳祭酒書法極高，以求書爲名，先之以禮幣，彼將謁謝矣。」振然之，乃遺文綺、羊酒，求書程子四箴。公走筆書之，而返其禮幣，竟不往。

嚴嵩誕日，諸翰林稱壽，争作恭求近。時菊花滿堂，陸平泉獨退處後，同列問曰：「何更退爲？」陸答曰：「此處怕見陶淵明。」陸名樹聲。

# 記警躁進第十四

寇萊公年十九舉進士，時太宗取人，年少者往往罷退，或勸公增年。公曰：「吾初進，可欺君耶？」

寇名準。

伊川門人欲歸應舉，甚迫，問之，曰：「蔡人習戴記者少，決科之利也。」伊川責之曰：「汝是心已不可入堯舜之道矣。夫子貢之高識，曷嘗規規於貨利哉？特以豐約之間不能無留情，故聖人謂之不受命。有志於道者，要當去此心，而後可與語也。」

尹和靖應進士舉，策問議誅元祐黨人。尹曰：「此尚可以干祿乎哉？」不對而出，告於伊川曰：「吾不復應進士舉矣。」伊川曰：「子有母在，未可自專也。」尹歸，告其母。母曰：「吾知汝以善養，不知以祿養。」遂不復就舉。伊川聞之曰：「賢哉母也！」

尹名惇〔一〕。

楊慈湖嘗謂真西山曰：「希元有志於學，顧未能忘富貴利達，何也？」希元悅

楊名簡。真名德秀。

〔一〕按：「惇」，當作「焞」。

王名畿。

然，莫知所謂。慈湖曰：「子嘗以命訊日者，故知之。夫必去是心，而後可以語道。」希元曰：「先生於某，可謂愛之深而教之篤矣。」

王龍谿嘗謂人曰：「吾人講學，去做舉業，不惟不相妨，原是有助；不惟有助，原只是一件事。言不可以僞爲，言之精者爲文。若時時打疊心地潔淨，不以世間鄙俗塵土入於肺肝，以聖賢之心發明聖賢之言，自然平正通達，紆徐操縱，沉著痛快。所謂本色文字，盡去陳言，不落些子格數，萬選青錢，上等舉業也。若不自出聰明，只管傍人學人，爲詭遇之計，非其本色精神，縱然發了科第，亦只是落套數、低舉業，有志者所不屑也。明道十五六時，聞濂溪之學，便棄舉業。及至弱冠，又發了科第，此是上等舉業榜樣，所謂『深山之寶，得於無心』也。明道嘗云：『吾於寫字時甚敬，非是要字好，只此是學。』予亦曰：『吾於舉業時甚敬，非是要舉業好，只此是學。』」

## 記警恃勢第十五

柳公綽居外藩，其子每入境，郡邑未嘗知。既至，每出入，常於戟門外下馬，呼幕賓爲丈，皆許納拜，未嘗笑語款洽。

李廷機有仲弟，布衣也。大拜後，其弟自家候公，方巾鮮衣以見。公詢家事及寒温慰勞後，訝其巾服，因詰以所自，曰：「游泮乎？納粟乎？抑九載乎？」弟皆曰：「否，否。」公曰：「既不出此，則誰不知李九我弟爲布衣，而顧易冠服乎！」詰以原帽所在，曰：「尚在袖中。」公曰：「仍冠此，無徇俗也。」弟奉命唯謹。夫以元老之弟，即屬布衣，何嫌儒服？而公繩以本等巾服，其弟了無難色。公之醇謹，弟之恭遜，正兩相成哉。

羅念庵先生嘗自言：「二十年苦功，方磨得狀元兩字。此兩字去，然後可以用世，可以出世。」以公天性之篤，亦須二十年功夫始得，則知驕吝在常人，何可易言無也？

羅名拱先〔一〕，澄心小録「磨」下有「去」字。

## 記警恃才第十六

薛文清公曰：「英氣最害事，渾涵不露圭角最好。第一要渾厚包含、從容廣大

〔一〕按：「拱先」，當作「洪先」。

之氣象。只觀其氣象，便知涵養之深淺。」

王陽明先生曰：「後生美質，須令晦養深厚。天道不翕聚，則不能發散。花之千葉者無實，爲其英華太露耳。」又曰：「今人病痛，大段只是傲。千罪萬惡，皆從傲生。傲之反爲謙，謙字便是對症之藥。然非徒外貌卑遜，須是中心謙讓。常見自己不是，真能虚己受人。堯舜之聖，只是謙到至誠處。」

唐初，王楊盧駱皆以文章有盛名，人皆期許其貴顯。裴行儉見之曰：「士之致遠者，當先器識而後文藝。勃等雖有文章，而浮躁淺露，豈享爵禄之器耶？楊子稍沉静，應得令長，餘得善終幸矣。」後果如所言。

王勃、楊炯、盧照鄰、駱賓王。

李鄴侯泌少極聰敏，年方七歲，即能爲文。嘗有長歌行云：「天覆吾，地載吾，天地生吾有意無？不然絶粒昇天衢，不然鳴珂遊帝都，焉能不貴復不去，空作昂藏一丈夫？一丈夫兮一丈夫，平生意氣多良圖。請君看取百年事，業就扁舟泛五湖。」歌成，莫不稱賞，獨張九齡戒之曰：「藏器於身，古人所重。今君早得美名，必有所折，宜自韜晦，庶幾成德，况童子乎？」泌因有悟，泣謝再三，從此不復矜衒。

歐陽公修長於文章，每對客，多談政事，不及文章；蔡端明襄長於政事，每對客，多談文章，不及政事。二公善自晦，然卒享盛名，極貴顯。

謝上蔡别伊川，一年後相見。伊川問曰：「别後一年，做得甚工夫？」答曰：「纔去得一矜字。蓋仔細檢點得來，病痛盡在這裏。」伊川因語同坐曰：「此人爲學，切問近思者也〔一〕。」許衡。

許魯齋曰：「凡在朋儕中，切戒自滿。惟虛故能受，滿則無所容。人不我告，則止於此耳，不能日益也。」曾名直。

羅念庵二十五舉南宫，廷試第一。時外舅曾太僕趨賀，曰：「喜吾壻幹此大事。」念庵面項發赤，徐對曰：「丈夫事業，更有許大在，若此三年一人，奚足爲大事也？」是日猶袖米，偕友人，聯榻蕭寺中商學焉。

## 記警造次第十七

昔人云：「處事須耐煩，居官尤甚。」能耐便有識量，著一急性不得，蓋事多在

---

〔一〕遺編本此條在作聖篇，文字稍異。

忙中錯也。至讀書交友，當户涉世，無不皆然。不惟涵養德性，亦足占後來造就。使憧憧往來，鹵莽滅裂，即讀書亦不能咀嚼；作事交友，必有始無終，此無恒之人也。况於居官，不如意事，舉目皆是，若以忿悁躁競處之，惟有投河赴海而已。故士必知命，而後能樂天。

劉寬雖居倉卒，未嘗疾言遽色。夫人欲試寬令恚，伺當朝會，裝嚴已訖，使侍婢奉肉羹，翻汙朝衣，婢遽收之。寬神色不異，乃徐言曰：「羹爛汝手乎？」其性度如此。

費禕，當魏軍次興平〔一〕，禕督師往禦，光禄大夫來敏至，就求圍棋。於時，羽檄交馳，嚴駕已趣，禕從容對奕，無厭倦意。敏曰：「聊試卿耳。信自可人，必能辨賊。」

劉器之初登第，與二同年謁張觀參政。三人同起身請教，張曰：「某自守官以來，常持四字：『勤』『謹』『和』『緩』。」中間一後生應聲曰：「『勤』『謹』『和』既聞命矣，『緩』之一字，某所未解。」張正色曰：「何嘗教賢緩不及

〔一〕「興平」，三國志作「興勢」。

事，且道世間甚事不從忙後錯了。」

許魯齋嘗暑中過河南，渴甚，道有梨，衆爭取啖之。魯齋獨危坐樹下，不顧。或問之，曰：「非其有而取之，不可也。」或曰：「世亂，梨無主。」曰：「梨無主，吾心獨無主乎？」

薛文清公曰：「應事最當熟思緩處：熟思則得其情，緩處則得其當。事最不可輕忽，雖至微至易者，皆當以慎重處之。」

## 記警顛沛第十八

宋末時，潭州夜破，進士尹穀爲二子行冠禮，人譏其迂。穀曰：「正欲令兒曹冠帶，見先人於地下耳。」禮畢，令人盡殺其家，而自殺。

明末，李賊之變，京城破，翰林汪偉及婦耿〔一〕懸梁自盡。夫偶居左，婦居右，耿曰：「雖顛沛，夫婦之序不可失也。」乃易之，始就縊而絶〔二〕。

〔一〕「及婦耿」，傳本作「夫婦」。

〔二〕「耿曰」至「始就縊而絶」，傳本作「偉曰：『是陰陽易位也，不可。』乃下而互易之，始就縊而絶」。

靖難兵破南都，卓敬不屈，臨刑歎曰：「變起宗親，略無經畫，死有餘罪。」神色凜然。

宋高宗航海時，金將琶八追躡至越。越守李鄴舉城降，與琶八並馬馳。衛士唐琦見之，憤甚，於途中拾一大甓，呼天祝曰：「願一擊殺二賊。」倉卒間從馬後擲之，不中，被執。琶八將殺之，琦曰：「死吾分耳！吾爲天下奇男子，當出一奇以死。唐時有顔杲卿者，爲賊鋸解。若能以革囊灌油，置我其中，縱火焚之，使光燄燭天，斯大快也。」琶八曰：「若真義士，當從若言，以成若名。」遂如言焚之。琦意恐琶八追及高宗，爲此以緩其程也。見者驚駭，拾其骨葬焉。後紹興郡守傅公崧卿請於朝，爲建祠，詔贈將軍，賜廟額曰「旌忠」，春秋致祭。

西漢江革，少失父，獨與母居。遭王莽之亂，盜賊並起，革負母逃難，備經險阻，常採拾以爲養。數遇賊，或劫欲將去，革輒涕泣求哀，言有老母，詞氣愿款，有足動人，賊不忍殺。或指以避兵之處，母子俱全於難。

東漢楊政，少好學，從代郡范升受經。後范升爲事繫獄，政乃肉袒，以箭貫耳，抱升子潛伏道旁，候車駕，持章叩頭大言曰：「范升三娶，惟有一子。今適三歲，孤獨可哀。」武騎虎賁懼驚乘輿，弓射之，猶不肯去。旄頭又以戟叉政，傷胸，政猶不退。哀泣詞請，有感帝心，乃詔出升獄。政由是顯名。

## 記警由徑第十九

劉忠定公年既老，名益重。梁師成用事，能生死人，心服其賢，使人啖以大用。因勸爲子孫計，公曰：「吾爲子孫，不至是矣。廢斥三十年，未嘗有點墨與權貴，正欲爲元祐完人，見司馬君實於地下，不可破戒也。」還其書，不答。

呂滎公自少守官處，未嘗干人舉薦。其子舜從守官會稽，人或譏其不求知者。舜從對曰：「勤於職事，其他不敢不慎，乃所以求知也。」

薛文清公爲御史時，中官王振用事。一日，問內閣三楊：「吾鄉誰可大用者？」因皆薦公，即召爲大理寺少卿。三楊以用公出振意，欲邀公一見振。公正色曰：「安有受爵公朝，拜恩〔一〕私門耶？」卒不往。

文衡山素不到河干拜客，嚴嵩語顧東橋曰：「不拜他人猶可，我過蘇，亦不答

呂希哲。

三楊：士奇、榮、溥也。

文名徵明。顧名璘。

〔一〕「恩」，傳本作「官」。

拜，殊可怪。」東橋曰：「此所以爲衡山也。若不拜他人，獨拜公，成得文衡山乎？」

## 記警嫌疑第二十

古語云：「君子不處嫌疑間：瓜田不納履，李下不整冠。」

蔡虚齋曰：「居今之世，亦有許多當避嫌疑處，未可便以聖賢自擬。」

楊伯起遷東萊太守，道經昌邑，故所舉荆州茂才王密爲昌邑令。謁見，至夜懷金十斤以遺楊。楊曰：「故人知君，君不知故人，何也？」密曰：「暮夜無知者。」楊曰：「天知，地知，子知，我知，何爲無知？」密媿而止。

楊名震。

關壯繆公與昭烈帝之后爲曹操所虜。操欲離其君臣之義，使公與后共居一室。公秉燭侍后，至達旦。

關名羽。按：此事非實，當删。

何文肅公喬新使淮西，巢令閻徽以嘗師其尊公，贈以白金。文肅却之。徽曰：「吾以壽吾師〔一〕。」曰：「子欲壽吾父，因他人致之則可，因吾致之則不可。」

〔一〕傅本此處有「非贈君也」四字。

## 記警蔽善第二十一

龐統性好人倫，勤於長養，每稱述，多過其才。人怪，問之。統答曰：「當今雅道陵遲，善人少，惡人多，方欲興風俗，長善道，不美其譚，將爲善者少矣。拔十失五，猶得其半，而使有志者自厲，不亦可乎？」

蔡中郎才學顯著，貴重朝廷，常車騎填巷，賓客盈座。及聞王粲到門，倒屣迎之。粲至，年既幼弱，貌又短陋，一坐盡驚。蔡曰：「此子有異才，吾所不及，吾家書籍當盡與之。」粲由是知名。

謝朓好奬人才，會稽孔覬粗有才華，未爲時知，嘗以所作呈朓。朓嗟吟良久，手自折簡，寫之曰：「是子聲名未立，應共奬成，無惜齒牙餘論。」

歐陽永叔爲一代文宗，於後進有片言隻字可採者，必加稱揚，又盡録之，别爲一册，名曰文林。

蔡名邕。

## 記警竊能第二十二

昔時註莊子者數十家，皆莫究其旨，獨向秀於舊註外另有解義，妙演奇致，大暢元風，惟秋水至樂二篇未竟而卒。時郭象爲人行薄，以秀義不傳於世，

「元」即「玄」。

遂竊之以爲己註，誇衒於世。時秀門人亦有得其稿者，出與比勘，則象所註止秋水至樂二篇而已。象爲慚愧欲死。

唐時，隱者譚峭著有譚子化書，師嵩山道士十餘年得辟穀養氣之術，卧風雪中經日，人謂已死，視之，則其氣蒸蒸然。其後遊建康，見宋齊丘有神仙風格，出其化書六卷授之，曰：「是書之化，其道無窮，願子序之，流於後世。」齊丘因奪爲己有而傳之，後竟不得其死。

## 記警輕諾第二十三

齊伐魯，取岑鼎，魯人以贋應之。齊人知其誑也，曰：「必以柳下惠之言爲信。」魯人以告。柳下惠曰：「奚不以真者與之？」曰：「吾所愛也。」柳下惠辭曰：「吾亦愛吾鼎。」

小邾射以句繹來奔，曰：「使季路要我，我無盟矣。」使子路，子路辭。季康子使冉有謂曰：「千乘之國，不信其盟，而信子之一言，子何辱焉？」對曰：「彼不臣而濟其言，是義之也，由不能。」

盧陵張千載，字毅夫，宋文丞相天祥之友也。丞相貴顯時，屢以官辟之，不就。

及丞相爲元所執，過吉州城下，毅夫來見，曰：「今日丞相赴北，某當偕行。」既至燕，丞相囚於小樓，毅夫即僦居於樓之旁，日以美饌供之，凡三載如一日。又密製一櫝，丞相被殺，即以藏其首。復訪丞相夫人歐陽氏於俘虜中，俾出，焚其尸，毅夫收其骸骨，以歸廬陵，擇地葬焉。

薛文清公嘗言：「爲士大夫者，一字不可輕與人，一言不可輕許人。」方登第時，學士楊文貞公欲館之訓子，公固辭。後擢雲南道御史，時相三楊欲識其面，令人要之，公辭云：「職在糾劾，無相見禮。」三楊嗟歎焉。

楊士奇名寓，以字行。

## 記警爽約第二十四

延陵季子使過徐，徐君好季子劍，口弗敢言。季子心許之，爲使上國，未獻，還至徐，徐君已死，於是解其劍，繫之徐君塚樹而去。從者曰：「徐君已死，尚誰與乎？」季子曰：「不然，始吾已心許之，豈以生死倍吾心哉？」

范式游太學，與汝南張劭爲友，並告歸鄉里。式謂劭曰：「後二〔一〕年當還，將

「三」，當作「二」。

〔一〕「二」，原作「三」，據傳本改。

過拜尊親，見孺子焉。」乃共尅期日。後期將至，劭白母：「請爲饌待。」母曰：「二年之別，千里結言，爾何相信之審？」對曰：「巨卿信士，必不乖違。」母曰：「若然，當爲爾醞酒。」至日，巨卿果到。升堂拜飲，盡懽而別〔一〕。

朱暉與張堪同縣，堪於太學中見暉，接以友道，把其臂曰：「欲以妻子託朱生。」暉以堪先達，不敢對，自後不復相見。張亡後，朱聞其妻子貧困，自往候視，分居食給之。暉子怪，問曰：「大人不與張君爲友，何忽如此？」暉曰：「堪嘗有知己之言，吾已信於心也，故不忍負之。」

〔一〕遺編本此條在凝道篇記朋友有信第五，文字稍異，且有以下文字：「後元伯寢疾，甚篤，同郡劉元章、殷子徵晨夜往視，自許死友。元伯曰：『二子，吾生友；山陽范巨卿，死友也。』尋卒，式忽夢見元伯與之永訣。式寤，泣下，便持朋友之服以往，正及葬期，而喪已發，將窆，而柩不前。其母撫之曰：『元伯，豈有望邪？』遂停車。移時見有素車白馬號泣而來者，其母望之曰：『必范巨卿也。』既至柩前，叩言曰：『行矣，元伯，死生異路，永與此別。』因執紼引柩，柩乃前。式遂止冢次，爲墳樹而去。」

# 記警不忍辱第二十五

呂蒙正初拜參知政事，有朝士於簾内指之，曰：「此子亦參政耶？」蒙正佯爲不聞。同列不平，欲詰其姓名。蒙正曰：「一知其人，則終身不能忘，不如弗問也。」

李沆爲相，有狂生叩馬獻書，歷詆其短。李遜謝曰：「俟歸，當得詳覽。」狂生遂發訕怒，肆言曰：「居大位不能康濟天下，又不能隱退，久妨賢路，寧不媿心乎？」公於馬上踧踖曰：「屢求退，以主上未允，故未敢擅耳。」終無怒色。

富鄭公弼訓子弟曰：「『忍』之一字，衆妙之門。若清儉之外，更加一忍，何事不辦？」少時人有詬罵之者，弼佯爲不聞。或告之，弼曰：「恐是罵他人。」曰：「明呼公名。」曰：「天下豈無同名者乎？」罵者聞之大慚。

尹和靖曰：「莫大之禍，起於須臾之不忍，不可不謹。」

有學者受橫逆事，欲忍則不能堪，欲訟又知不可，請問於陽明先生，曰：「聖賢處此有道乎？」先生曰：「聖賢豈無善處之道？但子心未平，氣未和，未可以語。」數日後復見，曰：「覺得邇日心氣漸和平，敢請教。」先生曰：「既心平氣和矣，又何待問耶？」

陳白沙訪莊定山，莊攜舟送之。中有士人，滑稽肆談，定山怒不能忍，白沙則當談時，若不聞其聲，既去，若不識其人，定山大服。

莊名昶。

吕文懿公辭相歸里，有鄰人醉詈之，吕不爲動，但誡僕曰：「醉者勿與較！」逾年，其人犯辟禁獄。公聞之，悔曰：「吾存心於厚，不謂養成其惡也。」

吕名原。

## 記讐不釋怨第二十六

郭子儀初與李光弼俱爲安思順牙將，不相能，雖同席，不交言。後子儀代思順爲將，光弼恐見誅，乃詭請曰：「死所甘心，但乞貸妻子。」子儀趨堂下，握其手曰：「今國亂主辱，非公不能定，僕豈敢懷私忿哉？」因涕泣，勉以忠義，即薦之爲節度使。遂同破賊，無纖毫猜忌。

「使」上脱「副」字。

趙抃爲御史時，與范鎮論事有隙。及王安石爲相，鎮屢訐其短於上，安石恨之。一日，上問鎮於安石，對曰：「問趙抃，便知鎮之爲人。」上問抃，抃曰：「忠臣也。」上曰：「何以知之？」抃曰：「昔仁宗違豫，鎮首請建立皇嗣，以安社稷，疏十九上，候命百日，鬚髮皆白，非忠臣而何？」上然之。既退，安石曰：「公不與鎮有隙乎？」抃曰：「何敢以私隙而廢公道？」安石大慚。

宋李京者，爲小官，吴鼎臣在侍從，二人相與通家。一日，京薦其友人於鼎臣，求聞達於朝廷。鼎臣即繳其書奏之，京坐貶官。未行，京妻謁鼎臣妻取別，鼎臣妻慚，不出。京妻立廳事，召鼎臣幹僕，語之曰：「我來，既爲往還之久，欲求一別，亦爲乃公嘗有數帖與吾夫禱私事〔一〕，恐汝家終以爲疑。」索火焚之而去〔二〕。

韓魏公平生不識有恩怨，説到小人忘恩負義、欲傾害正人處，詞氣和平，如道常事。

呂滎公嘗言：「『恩讎分明』四字，非有道者之言也；『無好人』三字，非有德者之言也。後生戒之！」

〔一〕「禱私事」，宋稗類鈔等文獻作「囑私事」。

〔二〕此條傳本無。

# 人譜類記下

## 記警忘恩第二十七

古云：「我有德於人，必不可不忘；人有德於我，必不可忘。」司馬温公曰：「遇有恩而必報，其爲臣必忠，爲子必孝。」

唐張弼脱李大亮之難後，大亮貴，遇弼於途，持之而泣，悉推家財與之，弼不受。大亮言於帝曰：「臣及事陛下，弼之力也，願悉臣官爵與弼。」帝用爲郎中將，代州都督。弼不任德，亮必報恩，此兩得之。

李夷簡彈楊憑貪汙僭侈，貶臨賀尉，親友無敢送者。徐晦獨至藍田與别。權德輿謂之曰：「君送楊臨賀，誠厚矣，無乃爲累乎？」對曰：「晦自布衣，蒙楊公嘉獎，今日遠謫，豈得不與相别？有如公爲奸佞譖斥，敢視同路人乎？」德輿甚歎服之。後數日，夷簡奏爲監察御史，謂曰：「君不負楊臨賀，肯負國乎？」

「郎中」，當作「中郎」。

朱晦庵殁，僞學之禁方嚴，門生故舊，至無敢送葬，惟辛棄疾爲文，往哭之，曰：「孰謂公死？凛凛猶生。」

宋王隨未第時，貧甚，遊於翼城，逋人飯金，執之入縣。有石務均者，其父爲縣吏，爲償錢，又飯之，館於其家，其母尤加敬禮。一日，務均醉，令王起〔一〕舞，舞不中節，毆之，王遂去。明年登第，久之爲河東轉運使。務均逃竄。他日坐事，縣令捕之急，往投王。王時已爲御史中丞矣，封一鋌銀，葬務均母，縣令聞之，事得少解。尋王爲參知政事，奏補務均教練使，務均亦改行自修。此所謂不忘一飯之恩云。

宋太倉顧姓者，爲州吏，凡有迎送，必主城外賣餅江家。後江被讎嗾盜，顧集衆訴其冤，得釋。江有女，年十七，送顧所，曰：「感君之恩，願將弱息爲箕帚妾。」顧使其妻具禮送還。江又攜往，顧復却還。數年後，顧赴京，撥韓侍郎辦事，偶侍郎公出，夫人見之，召問曰：「君非太倉顧提孔乎？我即賣餅江家兒也。嫁充相公少房，尋繼正室，秋毫皆君賜也，當與相公言

〔一〕「起」，原作「延」，據傳本、教忠堂本改。

之。」侍郎歸，備陳始末。侍郎曰：「仁人也！」竟上其事。孝宗稱歎，命查何部缺官，因除工部主事。

## 記警忘舊第二十八

范文正公在睢陽，遣子純仁往姑蘇取麥，次丹陽，見石曼卿，云：「三喪未舉，欲葬之而北歸，無可與謀者。」純仁以所載麥舟五百斛與之。還見公。公問：「東吴遇故舊乎？」曰：「曼卿爲三喪未舉，留滯丹陽。」公曰：「何不以麥舟付之？」曰：「已付之矣。」公喜。

石名延年。

尹師魯以貶死，其子朴方襁褓，韓魏公收而養之。既長，聞於朝，命以官，教之如子。朴年少有才，所爲或過舉，魏公輒懸師魯像哭之，謝罪悔過乃已。

尹名洙。

王廷禮與陸某交，陸貧甚，向人貸金五十，券中詭書廷禮名姓。未幾，索金者至，廷禮知其故，曰：「陸君，吾故人也。」竟不與辨，即脱妻女簪珥償之。

此條出明王錡寓圃雜記。廷禮即錡從父。

陸孟昭送客出門，見丐者於道，熟視之，令人引進，語家人曰：「比所見絶似吾少時友。」詢姓名，果然。公即持其手曰：「子何貧至此耶？」遂令沐浴更衣，與共飲食者旬餘。友感謝去，公親送至一室，曰：「吾爲君置此久矣。」

陸名杲。

器用俱備，又米十石、金十兩，語之曰：「以此爲生，毋再〔一〕浪費也。」

## 記警市恩第二十九

王沂公爲相，王名曾。士大夫有請差者，公察其可用，必先正色却之，已而擢用，絶不與言。嘗曰：「用賢，人主之事，若必使之知，是徇私而市恩也。恩欲歸己，怨使誰當？」

王文正公秉政，王名旦。寇準求爲使相。公驚曰：「將相之任何可求耶？」寇憾之。已而制出，除準節度使、同平章事。寇入謝曰：「非陛下知臣，安得有此？」帝曰：「此王旦薦也。」寇乃媿服。

## 記警嫁禍第三十

曹彬初與王全斌伐蜀，全斌殺降卒三千人，彬諫，不聽。及歸，太祖大怒，必欲推勘，彬爲認罪，全斌獲免。及彬再受命伐江南，太祖面戒曰：「此番毋得如西川妄殺人。」彬乃以實對，且曰：「初所以堅自伏者，不欲使全斌

〔一〕「再」，傳本無。

獨受罪也。」帝益重之。

周必大監安府〔一〕和劑局，局内失火，延燒民家，逮吏論死，未報。必大問吏曰：「假使火自官致，當得何罪？」吏曰：「當除籍爲民。」必大遂自誣服，坐失官，吏得免死。

## 記警遊夢第三十一

程子曰：「人於夢寐之間，亦可以卜自己所學之淺深，如夢寐顛倒，便是心志不定，操存不固。」

沈文憲公曰：「晝觀諸妻子，夜卜諸夢寐，兩無所愧，然後可以言學。」

沈名煥。「文憲」，當作「端憲」。

楊翥嘗夜夢誤入園林，私食人二桃。既寤，深自咎曰：「吾必旦晝義心不明，以致此也。」爲之三日不餐。

薛文清公曰：「予往年在中州，嘗夢一人，儒衣冠，其色黯然，謂是朱文公，告予曰：『少嗜慾，多明理。』明發，遂書其言於壁。一日，在湖南靖州讀論語，坐久假寐，既覺，神氣清甚，心體浩然，其妙難以語人。」又曰：「心

〔一〕「安府」，疑缺一「臨」字，當作「臨安府」。丁丙所輯武林坊巷志引此事，作「臨安府」。

不亂想，形不反覆，便是睡時工夫。」

王心齋以斯道自任，謂聖人可學而至，意氣甚銳。聞陽明先生講學江右，思往見之，請於父，即日登舟。舟中夢與陽明交拜亭下，覺曰：「此神交也。」抵豫章，刺稱海濱生，賦二詩爲贄，由中甬入。陽明降階迎之。心齋曰：「昨夜夢交拜此亭。」陽明曰：「真人無夢。」心齋曰：「孔子何由夢見周公？」陽明曰：「此是他真處，我十年前已〔一〕知子來。」

## 記警好閒第三十二

昔人云：「寸寸積陰，日以當兩；分分積陰，日以當月。人壽百年，或成千百歲之功，或不得一二年之用，可不戒哉！」

陶侃爲廣州刺史，在州無事，輒朝運百甓於齋外，暮運於齋內。人問其故，曰：「吾方致力中原，過於優逸，恐不堪事。」嘗語人曰：「大禹聖人，乃惜寸陰；至於衆人，當惜分陰，豈可逸游荒醉？生無益於時，死無聞於後，是自棄也。」

〔一〕「已」，傳本作「亦」。

明儒學案「中甬」作「中門」。

司馬温公家居日，常處於賜書閣下，侍史惟一老僕，一更三點，即令老僕先睡。看書至夜分，乃自罨火滅燭而睡。至五更初，公即自起，發燭點燈著述，日日如是。

朱子曰：「某生平不會懶，雖甚病，且要向前做事。今人所以懶，未必是真箇怯弱，自是先有畏縮之心。纔見一事，便料其難而不爲，所以習成怯弱，而不能有爲也。」

## 記警博弈第三十三 戒賭附見

呂公著。

昔人有嘲弈棋者曰：「但見兩肉柱動摇耳，其神已落在黑白子中。」呂晦叔生平未嘗作行草書，尤不喜人博，曰：「勝則傷仁，負則傷儉。」

陶士行勤於吏職，諸參佐或以談戲廢事者，乃命取其酒器蒱博之具，悉投之於江；吏卒則加鞭扑，曰：「樗蒱者，牧豬奴戲耳。」

皇甫績幼孤，育於外祖韋孝寬。嘗與諸外兄博弈，孝寬以其惰業，督以嚴訓。憫績幼孤，特宥之。績曰：「我無庭訓，養於外氏，不能克躬厲己，何以成立？」深自感激，命左右自杖三十，於是精心好學，涉略經史。

鄭還古弟齊古好博戲，還古恣其所用，每出，必封管鑰付家人曰：「留待二十九償博，勿使別取債息，爲惡人所陷也。」弟感其言而易轍。胡安國。

胡康侯少時好棋弈，登第後，即痛自責曰：「幸得一第，德業竟止於是耶？」後不復弈。

昔人博弈，不過消閒適興而已，至今日，則流爲呼盧鬬弔，專以賭錢爲事。風俗敗壞，莫此爲甚。夫耍賭最是下流所爲，負販奴隸之徒，沿街擲錢，冷廟鬬色。爲民上者，猶必緝訪治罪，乃今好賭之風偏盛於所號爲縉紳士大夫者，儼然身列士班〔一〕，裝模作樣，自謂我貴人也。及貪心無處發洩，則詐謀試之呼盧。設局開場，引誘少年子弟；甜言巧語，哄騙富户癡呆。一入圈套，百計擄掠，妻子從而乞肥，奴僕因之生色，甚至娼優臧獲對席並坐，只思利其財賨，絕不顧及體面。良心喪盡，廉恥全無，推究隱微，不過欲藉此養家活口，豈知種種醜惡，有不堪盡述者乎？讀陳成卿戒賭十則，有不汗流浹背否？

〔一〕「班」，傳本作「版」。

# 記警流連花石第三十四

范文正公在杭時，子弟以公有退志，請治園第爲逸老地。公曰：「年踰六十，來日有幾？乃謀池圃，顧何時而居乎？吾患位高難避而居也。西都士大夫，園林相望，爲主人者，莫得常遊，而誰得障吾遊者？豈必有諸己而後爲樂耶？」

名臣言行録作「吾之所患在位高而難退，不患退而無居也」。此有脱文。

趙清獻公家於三衢，所居樸陋。弟姪有欲悦公意者，以厚值易鄰居，思〔一〕搆花園。公聞之，不樂，曰：「吾與此翁三世爲鄰矣，忍棄之乎？」命速還翁居，不追其值。

趙名抃。

明道先生窗前草茂覆砌，或勸之芟。明道曰：「不可！欲常見造化生意。」又置盆池畜小魚數尾，時時觀之。或問其故，曰：「欲觀萬物自得意。」

邵康節歲時耕稼，僅給衣食，名其居曰「安樂窩」，因自號「安樂先生」。旦則焚香燕坐，晡時酌酒三四杯，微醺即已。興至，成詩自詠。出遊城中，則

〔一〕「思」，傳本作「用」。

乘小車，惟意所適。士大夫家識其車音，争相迎候，童稚皆歡，相謂曰：「安樂先生來也。」或留信宿乃去。好事者别作屋，如康節所居，以俟其至，名曰「行窩」。

## 記〔一〕愛聚古玩第三十五

吕文穆公爲相，有士藏古鑑，能照二百里，欲獻之，以求知。公曰：「吾面不過碟子大，安用照二百里？」聞者歎服。

韓魏公家藏一玉杯，價不貲。每設以宴客，愛賞殊甚。一日，爲侍者擲地而毁，侍者失色請罪，公顧之，徐曰：「凡物成毁有數，汝誤也，非故也。」神色自若，略不加詰責。

或有謂東坡曰：「吾往端溪，可爲公購硯。」公曰：「吾止兩手，其一解寫字，而有三硯，何以多爲？」曰：「以備損壞。」公曰：「吾手恐先硯壞。」

吕名蒙正。

〔一〕「記」下，傳本有「驚」字。

羅名倫。

# 記警好色第三十六

羅一峰會試，舟次蘇州，夜夢范文正公來謁，云：「來年狀元屬公矣。」羅謙讓不敢當。公曰：「某年某樓之事，感動上清，應得此報。」羅寤，因憶昔年曾拒奔女於樓，夢當有驗，已而果然。

唐皋少時讀書燈下，有女調之，屢將紙窗餂破。公補訖，因題於上云：「餂破紙窗容易補，損人陰德最難修。」後皋大魁天下。

吴文恪公訥初赴京時，有少婦寡居，夜穿壁，欲奔公所。公即命僕啓户，冒雨而出。次日，即遷他寓。

林茂先才高過人，既與鄉薦，家貧，閉户讀書。鄰女慕茂先才名，夜奔之。茂先呵之曰：「男女有别，禮法不容；天地鬼神，羅列森布。何得以此汙我？」女慚而退。林於次年登第。

曹文忠公鼐以明經作泰和典史，因捕盜，獲一女子於驛亭，色殊豔，意欲就公。公奮然曰：「處子可犯乎？」取片紙書「曹鼐不可」四字，火之，終夜不輟。天明，召其母領去。明年會試，狀元及第。

冒起宗戒色文有云：「諸惡業中，貪色一關，最難打破，故『三百篇』首稱關雎，而桑間濮上之什，備載垂戒，乃知此病古今皆然。然分兩種，而受病亦有淺深。庸夫俗子，色知難斷，意械未工，顯蹈明行，罔知顧忌；至於文人學士，雅擅風流，侈標逸韻，或賄不足餌，而以才誘，或直不能遂，而以巧媒。繾綣則託於夙因，邂逅便神爲天合。終日戒不淫，淫心時〔一〕熾；逢人説寡慾，慾種更滋。干名犯分，裂檢潰閑，機關不止，千般流毒，直兼數世。我願世人寧甘樸拙，莫羨多情，縱有機緣，且思陰報。若腐言不堪入耳，豈往事總涉虛無？殷鑒炯炯，亦可畏也。」

## 記警閨門第三十七

記曰：「夫晝居於内，問其疾可也；夜居於外，弔之可也。」故君子非有大故，不宿於外；非致齋也，非疾也，不晝居於内。

張湛矜嚴好禮，居處必自修整。每遇妻子，必講説禮法及前言往行以教誨之，相對如賓。故其妻子亦交相勉飭，有聲鄉黨。光武朝，湛拜太子太傅。

〔一〕「時」，傳本作「特」。

呂希哲。

呂原明夫人嘗言：「與公爲夫婦六十年，未嘗一日面赤；自少至老，雖衽席之上，未嘗歡笑。」

## 記警畜婢第三十八 錮婢附見

韓魏公曾以三十萬錢買女婦張氏，姿色美麗。及至，張忽潸然出涕，公問故，曰：「妾本修職郎郭守義妻也，部使者挾私，劾以敗官，今歲歉，恐盡室餓死，願没身於人，以活守義兒女。」公惻然憫之，遣張還，且白守義冤。後張復來，公曰：「吾位宰相，豈可妾士人妻？」取前券，包金二十兩遺之。向者三十萬錢，竟弗問也。

張忠定公知益州，單騎赴任。是時，一府官屬憚張嚴峻，莫敢畜婢使。張不欲絶人情，遂自買一婢，以侍巾櫛。公在蜀四年，被召還闕，呼婢父母，出貲以嫁，仍處女也。

## 記警挾妓第三十九

趙清獻公帥蜀時，見有妓戴杏花，公偶戲曰：「髻上杏花真有幸。」妓應聲曰：「枝頭梅子豈無媒？」傍晚，公使老兵呼妓，幾二鼓，不至，令人速之。公周行室中，忽高聲叫曰：「趙抃不得無禮！」旋令止之。老兵自幕後躍出曰：「某度相公不過一時便息，某實未嘗往也。」

二程先生一日同赴士夫家會飲，座中有二紅裙侑觴。伊川見妓，即拂衣起去，明道同他客盡歡而罷。次早，明道至伊川齋頭，語及昨事。伊川猶有怒色，明道笑曰：「某當時在彼與飲，座中有妓，心中原無妓；吾弟今日處齋頭，齋中本無妓，心中却還有妓。」伊川不覺媿服。

周恭叔於酒席間，屬意一妓，既而密告人曰：「勿令尹彥明知之。」伊川歸，和靖偶言及之。伊川曰：「此禽獸不若也。父母遺體，以偶賤娼，可乎？」

「恭」，舊作「公」，今改正。

胡澹庵十年貶海外，北歸日，飲於湘潭胡氏園。偶作詩云：「君恩許歸此一醉，旁有黎頰生微渦。」謂侍妓黎倩也。後朱文公見之，題絕句云：「十年浮海一身輕，歸對黎渦却有情。世上無如人欲險，幾人到此誤平生。」因書以自警。

胡名銓。「北」，舊作「比」，今從鶴林玉露改正。玉露「黎頰」作「梨頰」。「黎渦」作「梨渦」。

楊忠襄公少補郡庠，雖暗室，必整衣冠端坐，足不涉酒肆茶坊。同舍生欲壞其節，拉之出飲，託言賓館，其實青樓也。公初不疑，酒數行，妓豔妝出，公

楊名邦乂。

愕然，疾走歸，取履焚之，涕而自責。

## 記警畜俊僕第四十

蘇長公一日過温公，值公外出，一僕應門，曰：「君實不在。」長公曰：「爾主人已自作相，何得復稱君實？此後當稱司馬相公。」温公歸，遽稱相公。公驚異曰：「誰教汝來？」僕曰：「適蘇學士見語如此。」公笑曰：「一箇好僕，被蘇學士教壞了。」

温公營獨樂園，園丁吕直性愚，公以直名之。春時士人遊園，園丁得茶錢十千。一日來納公，公曰：「此自汝錢，可持去。」再四欲留之。公怒，遂持而去，反顧曰：「只端明不愛錢者。」後十許日，公見園中新創一井亭，問之，乃前園丁十千所造也。

淫罪多端，男淫更大。行者汙心，言者亦汙口矣。養生家每言男淫損神，尤倍於女，況比頑童者？閨門必多醜聲，最宜防戒。如司馬公所用僕奴，則烏得有意外之患哉？

## 記警觀戲劇第四十一

胡文定公罷官，荊南僚舊餞於渚宮，呼樂戲以待，公殊不悅。楊龜山具朝饍留公，鮭菜蕭然，引觴徐酌，清坐講論，不覺日影之移。

張横渠先生曰：「鄭衛之音悲哀，令人意思流連，又生惰怠之氣，從而致驕淫之心。雖珍玩奇貨，其始感人也，亦不如是切。故聖人必放鄭聲，亦是聖人經歷過，但聖人不爲物所移耳。」

黄忠宣公在宣廟時，一日，命觀戲，曰：「臣性不好戲。」命圍棋，曰：「臣不會著棋。」問：「何以不會？」曰：「臣幼時，父師嚴，只教讀書，不學無益之事，所以不會。」

黄名福。

王陽明先生曰：「古樂不作久矣，今之戲子，尚與古樂意思相近。」門人請問，先生曰：「韶之九成，便是舜的一本戲子；武之九變，便是武王的一本〔一〕戲子。聖人一生實事，俱播在樂中。所以有德者聞之，便知他盡善盡美與盡美未盡善處。若後世作樂，只是做些詞調，於民俗風化絶無關涉，何以化民善俗？今要民俗反樸還淳，取今之戲子，將妖淫詞調俱去訂譌雜録云：「濫觴，出家語。韓詩外傳言其始出之微，後人指爲末流之弊。如曰『至今日而濫觴極矣』之類，謬也。」陶名奭齡。

了，只取忠臣孝子故事，使愚俗百姓人人易曉，無意中感激他良知起來，却於風化有益。」

梨園唱劇，至今日而濫觴極矣。然而敬神宴客，世俗必不能廢，但其中所演傳奇，有邪正之不同。主持世道者，正宜從此設法立教，則雖無益之事，亦未必非轉移風俗之一機也。先輩陶石梁曰：「今之院本，即古之樂章也。每演戲時，見有孝子悌弟、忠臣義士，激烈悲苦，流離患難，雖婦人牧豎，往往涕泗横流，不能自已。旁視左右，莫不皆然。此其動人最懇切、最神速。較之老生擁臯比講經義，老衲登上座説佛法，功效更倍。至於渡蟻還帶等劇，更能使人知因果報應，秋毫不爽。殺盜淫妄，不覺自化，而好生樂善之念，油然生矣。此則雖戲，而有益者也。近時所撰院本，多是男女私媟之事，深可痛恨！而世人喜爲搬演，聚父子兄弟，并幃其婦人而觀之，見其淫謔褻穢，備極醜態，恬不知媿，此與昔人使婦女裸逐何異！曾不思男女之慾，如水浸灌，即日事防閑，猶時有瀆倫犯義之

〔一〕「的一本」，原作「一本的」，據傳習録下改正。

事，而況乎宣淫以道之？試思此時觀者，其心皆作何狀？不獨少年不檢之人情意飛蕩，即生平禮義自持者，到此亦不覺津津有動，稍不自制，便入禽獸之門，可不深戒哉！

## 記警作豔詞第四十二

黄魯直好作豔詞，法僧曇師呵之。魯直曰：「空中語耳，不致墮馬腹中。」師曰：「君以豔詞蕩天下人心，罪報何止入馬腹？正恐墮泥犂耳！」黄聞悚然，自後絶筆不復作。據樂善録、冷齋夜話，「法僧曇」當作「法雲秀」，謂法雲寺圓通法秀禪師也。秀事蹟詳續傳燈録。

張纘孫戒人作淫詞有云：「今世文字之禍，百怪俱興，往往倡淫穢之詞，撰造小説，以爲風流佳話，使觀者魂揺色奪，毁性易心，其意不過網取蠅頭耳。在有識者，固知爲海市蜃樓、寓言幻影。其如天下高明特達者少，隨俗波靡者多。彼見當時文人才士已儼然筆之爲書，昭布天下，則閨房醜行，未嘗不爲文人才士之所許。平日天良一綫，或猶畏鬼畏人，至此則公然心雄膽潑矣。若夫幼男童女，血氣未定，見此等詞説，必致鑿破混沌，抛捨軀命，小則滅身，大則滅家。嗚呼！誰實使之然耶？況吾輩既以含齒戴髮，更復身列士林，不思遏之禁之，何忍驅迫齊民盡入禽獸一路哉？禍天下而害人心，莫此之甚已！倘謂四壁相如不妨長門賣賦，則何不取古今來忠孝節義之事，編爲稗官野史，未嘗不可騁才，未嘗不可射利，何苦必欲爲此？開口定是佳人才子，密約偷期，絶不新奇，頗爲落套，而且綺語爲殃，虛言折福，不獨誤人，兼亦自誤。吾實爲作者危之惜之，故不憚與天下共質之也。」

## 記警不安淡泊第四十三

王文正公發解南省、廷試，皆爲首冠，或戲之曰：「狀元試三場，一生喫著不盡。」公正色曰：「曾平生之志，不在温飽。」

范文正公少有大節，其於富貴貧賤、毀譽歡戚，不一動其心，而慨然有志於天下。嘗自誦曰：「士當先天下之憂而憂，後天下之樂而樂。」

胡文定公曰：「人須是一切世味淡薄方好，不要有富貴相。」

范蜀公與司馬温公同遊嵩山，各攜茶往。温公以紙爲帖，蜀公用小木盒盛之。温公見而驚曰：「景仁乃有茶器耶？」蜀公聞其言，留盒與寺僧而去。

范名鎮。

司馬温公曰：「吾家本寒族，世以清白相承。吾性不喜華靡，自爲乳兒時，長者加以金銀華美之物，輒羞赧棄去之。年二十，忝科名，聞喜宴獨不戴花。同年曰：『君賜不可違也。』乃簪一花。平生衣取蔽寒，食取充腹，亦不敢服潎垢以矯俗干名，但順吾性而已。」

宋郊居政府，上元夜，在書院讀周易，其弟學士祁點華燈，擁歌妓，醉飲達旦。次日，郊諭所親誚讓之云：「相公寄語學士：聞昨夜燒燈夜讌，窮極奢侈，不知記得某年上元夜，同在某州學舍内，喫虀煮飯時否？」祁笑曰：「却須寄語相公：不知某年同某處喫虀煮飯時，是爲甚底？」

范純仁之子正平，勤苦好學，操履甚於貧士。嘗與外氏子弟結課於覺林寺，去城二十里。正平止以敗扇障日，徒步往來，人莫知其爲宰相子也。

張子韶手執一扇，過數夏，破即補之；一皮履，汙潎闕裂，亦不易；頭上烏巾，以疏布爲之，漬以墨汁。夏間汗出，或至墨汁流面，亦不問。筆用秃筆，紙用故紙，以至衣冠飲食皆不揀擇。或問子韶：「此是性耶，抑愛惜不肯妄用耶？」子韶曰：「汝且道我用心，每日在何處？」

張九成。

寇名準。

李名沆。

于名謙。

## 記警第宅豪奢第四十四

寇萊公爲相時，居第卑隘，或勸之起宅，公不從。魏野詩云：「有官居鼎鼐，無地起樓臺。」蓋頌其實事也。

李文靖公治居第於封丘門外，廳事前僅容旋馬。或言其太隘，公笑曰：「居第當傳子孫，此爲宰輔廳事誠隘，爲太祝、奉禮廳事則已寬矣。」

于忠肅公持身嚴介，位至公卿，先世室廬，盡畀其弟，惟市屋數間以居。嘗緣疾在告，宦者奉旨，更番來視，見公自奉簡樸，歎息以聞。特爲計所資用，一切上方製之，至輟尚膳醯醬疏菜之屬爲賜。

趙逢龍官侍講致仕，丞相葉夢鼎出其門，嘗謂師宅卑陋，欲市其鄰拓之。趙曰：「鄰里相安，一旦驚擾，非吾願也。」卒不從。

## 記警盛飾輿馬第四十五

趙簡子乘敝車瘦馬，衣羖羊裘，其宰進諫曰：「車新則安，馬肥則往來疾，狐白之裘温且輕。」簡子曰：「吾非不知也。吾聞之：君子服善則益恭，細人服善則益倨。我以自備，恐有細人之心也。」

韓康隱霸陵山中，桓帝備元纁、安車聘之。使者奉詔造康，康不得已，乃乘柴車，先使者發。至亭，亭長以韓徵君當過，方發人修道橋。及見康柴車幅衣，以爲田叟也，使奪其牛。康即釋駕與之。有頃，使者至，始知與牛翁乃徵君也。使者欲奏殺亭長，康曰：「此自老子與之，亭長何罪？」終釋之。

「元」即「玄」。

司馬温公爲西京留臺，每出，前驅不過三節。後官宮祠，乘馬不張蓋，持扇蔽日。伊川先生謂曰：「公出無從騎，市人不識，有未便者。」公曰：「某惟求人不識耳。」

魏文靖公以尚書致仕歸，晨夕田間，布衣芒屨，首竹笠以課傭作，與野老雜處。會天大旱，省城三司禱雨，雩於壇墠。公渡江，從之雩，乘竹兜行於道中，會三司前驅且至，避入委巷，猶謂其弗恭也。掖而出之，三司見之〔一〕，惶恐謝罪。行禮既畢，倉皇訪公，已渡江歸矣。

魏名驥。

〔一〕傳本此處有「則公也」三字。

海忠介公極言敢諫，廷杖幾死。穆廟登極，擢巡撫江南，戎衣練兵，不用八舁、四掖。且時乘馬，尋常牘牒，草紙可書，不計邊幅。民寃赴愬，沿途可鳴，不立崖岸。其始莅任也，冠服不備，躬詣肆中市買，人無識者。

海名瑞。

## 記警衣服奢侈第四十六

文中子之服儉以潔，無長物焉，綺羅錦繡，不入於室。曰：「君子非黃白不御，婦人則有青碧。」

文中子，姓王名通。

盧懷慎掌選時，奉身之物，止一布囊。常有疾，宋璟、盧從愿候之，見敝簀單蓆，門不施箔，風雨北來，舉簀自障而已。

「常」「嘗」仝。

江湛，字徽淵，爲宋吏部尚書。家貧，不營財利，餉饋盈門，一無所受，身無兼衣，口無餘食。嘗爲上所召，遇澣衣，遂稱疾。及澣就，然後入朝。牛餓，御人求草，湛良久曰：「可與飲。」

張文節公爲相，自奉如河陽掌書記時，所親或規之曰：「公受俸不少，而自奉若此，雖自信清約，外人頗有公孫布被之譏，公宜少從衆。」公歎曰：「吾今日之俸，雖舉家錦衣玉食，何患不能？顧人之常情，由儉入奢易，由奢入儉難。吾今日之俸豈能常有？身豈能常存？一旦異於今日，家人習奢已久，不能頓儉，必至失所。豈若吾居位去位、身存身亡如一日乎！」公名知白。

劉丞相摯，家法儉素，閨門雍睦。凡冠巾衣服制度，自先世以來，常守一法，不隨時增損。故承平時，其子弟雜處士大夫間，望而知爲劉氏。

## 記警衣冠異製第四十七

鄭子臧出奔宋，好聚鷸冠。鄭伯聞而惡之，使盗殺之。君子曰：「服之不衷，身之災也。詩云：『彼其之子，不稱其服。』子臧之服，不稱也夫。」

魏尚書何晏，好服婦人之服。傅元曰：「此服妖也。服妖既作，身隨之亡。妹喜冠男子之冠，桀亡天下；何晏服婦人之服，亦亡其家。其咎均也〔一〕。」

司馬温公倣古製一深衣，謂邵康節曰：「先生亦服此乎？」曰：「某爲今人，但服今人之服。居恒烏冠緇褐，見卿相不易。」

〔一〕此條傅本無。「元」即「玄」。

王心齋初見陽明先生，服古冠服，手執木簡。坐定，問：「何冠？」曰：「有虞氏冠。」問：「何服？」曰：「老萊子服。」曰：「學老萊子乎？」曰：「然。」曰：「將止學其服，抑學其上堂詐跌掩面啼哭也？」心齋色動。其後在京師，以冠服異製，人情驚駭，遂招非詆，同門歐陽德諸人力促之歸[一]。

## 記警暑月袒第四十八

呂與叔在扶溝，雖六月酷暑，必正襟危坐。伊川聞之，歎曰：「與叔可謂敦篤矣！」

呂名大臨。

張忠定公生平未嘗不衣冠而食。嘗暑月，與壻王羣同飯，命羣褫帶，公衫帽自如，羣亦不敢袒。公曰：「吾自布衣諸生，遭遇至此，一飯皆君賜也。享君之賜，敢不敬乎？子自食某之食，雖袒衣無害也。」恐羣對長者食，亦當如此。

張名方平。「忠定」，當作「文定」。

---

[一] 此條與前記警不服善第十有部分重複文字，但整體差異較大，且側重點不同，故此據傳本另補。

呂涇野先生夙夜居一矮屋，危坐誦讀，雖炎暑，不廢衣冠。

呂名柟。

## 記警科跣第四十九

管寧自遼東歸，渡海，遇暴風，舟將覆。寧自檢其過曰：「吾嘗一日科頭，三晨晏起，以爲終身憾事。」

王平子、胡母彦國諸人，皆以任放爲達，或有裸體者。樂廣曰：「名教中自有樂地，何必乃爾？」

王名澄。胡母名輔之〔一〕。

## 記警飲食豐盛第五十

柳仲郢家世貴顯，而家法甚清素。凡遇歲儉，則諸子皆蔬食，曰：「昔吾先君爲丹州刺史，以學業未成，不聽食肉，吾不敢忘也。」又曰：「先君嘗言：『高侍郎兄弟三人，俱列清要，非速客不二羹胾，夕食齕蔔瓠而已，皆保重名，世禄不絕。』」

高名鍇。

〔一〕按：胡母輔之，又作胡毋輔之，字彦國，參見晉書胡毋輔之傳。

范文正公爲諸生時，貧甚，嘗讀書僧舍。每日不再舉火，晝粥斷虀，以供朝夕，宴如也。

王文正公平生未嘗見其怒，飲食有不潔者，但不食而已。家人欲試其量，以塵埃投羹中，公惟啖飯。問：「何以不食羹？」曰：「偶不喜肉。」一日，又墨其飯，公視之，不食，曰：「偶不喜飯，可具粥。」子弟有訴於公者，曰：「食肉爲庖人所私，可治之。」公曰：「汝輩料食肉幾何？」曰：「一斤，今只得半耳。」公曰：「此後人料一斤半可也。」其不發人過，類如此。

范忠宣公平生自奉粗糲，無重養〔一〕，不擇滋味〔二〕。每退食自公，易衣短褐，率以爲常。子弟有請教者，公曰：「惟儉可以助廉，惟恕可以成德。」

蘇子瞻曰：「吾借王參軍地種菜，不及半畝，而吾與子過終年飽菜，夜半擷而煮之，味含土膏，氣飽霜露，雖粱肉不能及也。人生須底物，而乃更貪耶？」因作詩云：「秋來霜露滿東園，蘆菔生兒芥有孫。我與何曾同一飽，不知何苦食雞豚。」遂題其廬曰「安蔬」。

---

〔一〕「養」，傳本、教忠堂本作「食」。

〔二〕據食色紳言卷上，此三句作：「范忠宣公平生自奉養無重肉，不擇滋味粗糲。」

汪名𦭘。

汪信民嘗言：「人常咬得菜根，則百事可做。」胡康侯聞之，擊節歎賞。

胡壽安在官，未嘗肉食，其子自徽來省，居一月，烹一雞。公怒曰：「飲食之人，則人賤之矣。吾居位二十餘年，嘗以奢侈爲戒，猶恐不能令終。爾好大嚼如此，不爲吾累乎？」

## 記警宴會侈靡第五十一

司馬温公在洛下，與諸故老時游集，相約酒行、果實、食品皆不得過五，謂之真率會。嘗自言曰：「先公爲郡牧判官，客至，未嘗不置酒，或三行，或五行，不過七行。酒沽於市，果止梨、栗、棗、柿，肴止於脯、醢、菜羹，器用甆、漆。當時士大夫皆然，人不相非也。會數而禮勤，物薄而情厚。近日士大夫家，酒非内法，果非遠方珍異，食非多品，器皿非滿案，不敢會賓友。常數日營聚，然後敢發書。苟或不然，人争非之，以爲鄙吝。故不隨俗奢靡者，鮮矣。嗟乎！風俗頹敝如是，居位者雖不能禁，忍助之乎？」

蘇子瞻居黄州時，與鄰里往還，子瞻既絶俸，而往還者亦多貧困，倣温公真率會，而復殺爲三。自言有三養：一曰安分以養福，二曰寛胃以養氣，三曰省費以養財。

章楓山先生曰：「待客之禮，當存古意。今人多以酒肉相尚，非也。聞薛文清公在家，賓客往來，只一雞一黍，酒三行，就食飯而罷。又魏文靖公在家，賓客相望，必留飯食，止一肉一菜。年雖高，必就舟次回拜之。公府有所相遺，必有報禮，不虛受人惠。此二公者，可以爲法！」

董損齋成進士後，以奉差過華容，造謁劉忠宣公，留之飯，飯麥糈，饌惟糟蝦一碟，無他具。董因感省，終身持雅操云。

董名樸。劉名大夏。上「飯」字，舊作「飲」。今從先進遺風及昨非庵日纂改正。

## 記警嗜酒第五十二

陶士行在武昌，與佐吏飲酒，常有限。或勸少進，侃悽然曰：「昔少年多酒失，慈親見約，故不敢過耳。」

范文正公每飲酒後，問夫人曰：「比來飲酒時何如？」對曰：「全無失禮，更覺加謹。」公自恨，謂加謹處乃是爲酒所動，遂絕飲。

蔡齊喜酒，通判濟州時，日飲醇酎，往往至醉。時太夫人年高，頗憂之。賈存道爲詩，示公曰：「聖君恩重龍頭選，慈母年高鶴髮垂。君寵母恩俱未

賈名同。

報，酒如成病悔何追？」公矍然起謝之。自是，非親客不對酒，終身未嘗至醉。

王肅家誡曰：「凡爲主人飲客，使有酒色而已，無使至醉。若爲人所强，必退席長跪，稱父兄誡以辭之。敬仲辭君，而況於人乎？」

四戒以酒爲第一。凡一切淫亂之原，多起於酒，故可飲而不可耽。世人嗜酒無厭，以曠蕩爲達識，以銜杯爲高致，遂至形骸顛倒，禮法廢亂，罵坐臥街，凌親犯上。久且喪心墮志，失其常性，能使士敗名，官落職，農荒疇，商賈喪資，甚則損肺腐腸，患生不測，又甚則敗國亡家，遺恨千古，豈不痛哉！范魯公戒子詩云：「戒爾勿嗜酒，狂藥非佳味。能移謹厚性，化作凶頑類。」曹月川詩云：「養性勿貪昏性水，成家宜戒破家湯。」陳成卿衛生集云：「醉者善念悉去，惡念熾發。醒時所必不敢爲，醉則悉爲之；醒時所必不敢言，醉則恣言之。故飲而能節者，謂之太和湯，謂之忘情友；飲而不能節者，謂之柔魔，謂之甘毒。」又曰：「酒，淫薪也，恣酒不恣淫，鮮矣。夫内火方熾，淫欲怒發，猶自〔一〕難防，矧縱酒以益火

范名質。

曹名端。

〔一〕「自」，傅本、教忠堂本、遺編本作「且」。

乎？醉飽行房，五臟反覆，得病不小，尤宜痛懲。更有因醉鬬很，而受辱喪命者，悔之何及？縱使極有酒德，醉則高卧於前，所論諸過，一毫不犯，然而酒乃難得之物，飲之過多，殊非積福之道。且飲興方濃，則雖宜爲之事，亦置不爲；宜見之人，亦辭不見。坐失事機，獲罪親友，往往而然。且夫筵席之上，笑語諠譁，時光不覺其長，而司中饋值奔走者，客筵未散，勢不得食，夏晝冬宵，枵腹守候，常苦其久。而且夜深人倦，門户啓閉不時，或致火燭疎虞，或致穿窬偷盗。種種未便，雖著〔一〕酒德，亦所難免，正不得自恃醉之不礙，而必欲盡興至醉也。」又曰：「世間最可笑事，莫如於酒筵争勝負。處世，每事宜退讓，况偶爾歡叙，行令較拳，不過片時意興，勝不足榮，負不足辱，輸非有失，贏非有得。彼昏不知，必勝乃已，以至不醉不休，何愚之甚！又有自夸量大，以莫己及爲豪舉，不知生人道德、文章、科第、功名，種種多不及人處，而偏以量大爲夸，不亦謬乎？更有一種人，以酒政嚴明爲得意，不思酒以合歡，宜隨其量，何苦强令多飲，

〔一〕「著」，傳本作「有」。

以至傷生？語云：『苛政猛於虎。』吾謂酒政之苛猶是也。座間若遇此輩，宜急引避之，勿逢其噬。」

## 記警市飲第五十三

呂正獻公教原明公，事事循蹈規矩，自幼不得入茶坊、酒肆。市井、閭巷之語，鄭衛之音，未嘗一經於耳；不正之書，非禮之色，未嘗一接於目。

晏名殊。

晏元獻公居館職時，士大夫各爲讌集，市樓、酒肆，皆供張爲游玩之地。公獨家居，與兄弟講習。一日，選東宮官，忽自中批，特除晏殊，執政莫知所因。他日，上謂侍臣曰：「近聞館閣臣僚，無不遊嬉宴賞，惟殊杜門與兄弟讀書，如此謹厚，正可爲東宮官。」

## 記警輕赴人席第五十四

富名弼。

富鄭公自汝州得請歸洛，築第天津橋，與邵堯夫隱居相邇，曰：「自此可時相招矣。」堯夫曰：「公相招未必來，不召或自至。」

包名拯。

李見居與包孝肅同讀書一僧舍，每出入，必經由一富人門，二公未嘗往見之。

一日，富人候其過門，邀之坐，二公託以他事，不入。他日，復招飲，李欲往，包公正色與語曰：「彼富人也，吾輩異日或守鄉郡，今妄與之交，不爲他日累乎？」竟不往。後十年，二公果相繼典鄉郡，蓋二公爲布衣時，所志已有如此。

## 記警貪得第五十五

衛人釣於河，得鰥，其大盈車，曰：「吾下一魴之餌，鰥過而不視，益以豚之半，則吞矣。」子思曰：「噫！鰥貪以餌死，士貪以祿死。」

張詠寢室中，無侍婢服玩之物，闃如也。李畋嘗侍坐廡下，因謂：「公寢，禪室不如。」公哂曰：「吾不爲輕肥，故至此。吾往年及第後，以詩寄高士傅霖云：『前來失脚下漁磯，苦戀明時未得歸。寄與〔一〕巢由莫相笑，此心不是愛輕肥。』豈今日之言也？」

聯珠詩格「與」作「語」。

呂汲公以百縑遺伊川先生，伊川辭之。時族兄子在旁，謂伊川曰：「勿爲已

呂名大防。

---

〔一〕按：「寄與」，漁隱叢話作「爲報」。

甚，姑受之。」伊川曰：「公之所以遺頤者，以頤貧也。公爲宰相，能進天下之賢，隨材而任之，則天下受其賜也。何獨頤貧也，天下貧者亦衆矣，公帛固多，恐公不能周也。」

錢名福。

錢鶴灘請告，門生有守維揚者，遣使迎公。越期不赴，後始一至，諸大賈争先迎謁，公曰：「病夫來看廣陵濤，差有起色，并一問瓊花消息耳，無心跨鶴也。」遂潛歸，太守追之不得。

海忠介公瑞爲南總憲，風猷肅然。一日，因送表，向三山門内一孝廉家借坐。孝廉家屋宅壯麗，憚公清嚴，聞其來，盡撤廳事所陳什物，索敝椅數張待之。人謂有楊綰令人減騶撤樂之風。初來莅任，止攜二竹具，舟泊上河，人猶不知。偶病延醫，入視室中，所御衾幬皆白布，蕭然不啻如寒士焉。

## 記警濫受第五十六

曾子衣敝裘，以耕於野。魯君使人往致邑焉，曰：「請以此修衣。」曾子不受。使者曰：「不求自獻，奚爲不受？」曾子曰：「參聞：『受人者畏人，予人

「子」，當作「君」。

者驕人。』縱子不我驕，我能勿畏乎？」

鍾離意爲尚書，太守張恢坐贓籍没，詔以賜群臣。意得珠璣，不拜賜。帝問故，對曰：「孔子忍渴於盜泉，曾參避車於勝母，惡其名也。此穢物，臣不敢拜。」帝歎曰：「清哉，尚書之言也！」

韓名維。

彬叔名宗質。

伊川先生與韓持國善，往造焉，久留潁川。韓早晚伴食，禮貌加敬。一日，韓謂其子彬叔曰：「先生遠來，無以爲意，我嘗有金楪，重三十兩，似可爲先生壽。未敢遽言之，使汝侍食，從容道我意。」彬叔如所戒，啓之。先生曰：「頤與乃翁道義交，故不遠而來，奚以此爲詰？」朝辭歸。持國曰：「吾不敢言，正爲此耳！」再三謝過而别。

張橫浦初年貧寒，衣食不備，有送襲衣者，却不受，曰：「士處貧苦，正是做工夫時節。若不痛自砥礪，則貪心生、廉恥喪矣，工夫何在？」

王端毅公恕守揚時，有德公者，餽千金爲壽。公雖謝却之，然亦未能忘情，終夜不寐，每念一動，即大呼曰：「王某汝何得起此念？」如是者數四，比明，此念遂息。

葉名宗人。

葉宗行令錢塘，按察使周新風采端嚴，尤重之。嘗候宗行出，潛至其署，視室中無長物，惟笠澤銀魚乾一裹。新歎息，携少許而去。明日，召之食曰：「此君家物也，飲之至醉，出三品儀仗導之歸。」宗行辭，不許，曰：「此位可至，奚辭焉？」時呼「錢塘一葉清」。

## 記警輕假第五十七

袁氏世範曰：「人處窮約，動輒稱假。雖米鹽醯醢計錢不多，然朝夕頻頻，令人煩厭。如假借衣冠器用，既已汙損，又因以質錢者有之，借之者歷歷在心，而借者行行自若。且語人曰：『我未嘗有所假貸於彼。』此又無恥之甚者也！」

顏氏家訓曰：「借人典籍，皆須愛護；凡有損壞，皆爲補治，亦士大夫百行之一也〔一〕。」

胡文定公家至貧，然貧之一字，於親故間，非惟口不道，手亦不書。嘗戒子弟曰：「對人言貧，其意何爲？汝曹志之。」

〔一〕此處與原文略異，據顏氏家訓治家篇：「借人典籍，皆須愛護；先有缺壞，就爲補治，此亦士大夫百行之一也。」

袁安遇大雪深丈餘，扃户不出。洛陽令按行，謂安已死。令人除雪，入户視之，見安僵卧在牀。問：「何以不出？」安曰：「大雪，人皆卧，不宜干人。」

## 記警請託第五十八

孫薪擢元祐中第，選教授不赴，質性清介。與黄葆爲太學舊遊，後黄以御史出守處州，薪不肯詣郡謁，黄約以勸農日會於洞溪。至期，薪以扁舟來會。時有胥吏，欲賄黄，將因薪納之，先俾家僮導意，薪曰：「謹勿語，使吾聞，是入耳贓。」

黄榦。

朱子嘗謂學者曰：「熹在閑遠，豈能爲人宛轉求試？若能如此，則親戚如黄直卿，當先爲圖得之矣。熹平生爲學，只學得固窮守道一事。朋友所以遠來相問，亦主此意。今若曲徇朋友之意，相爲經營，則是師生之意去仁義，懷利以相接矣，豈相尋問學〔一〕之本意耶〔二〕？」

嚴宗爲上高簿，受代漕使以試官缺，留宗校文，寓蕭寺。有富家子，因寺僧致

〔一〕「問學」，原作「學問」，據傳本、教忠堂本、遺編本改。
〔二〕遺編本此條在凝道篇記朋友有信第五。

愬，中式許以五十萬錢。宗笑曰：「請其人面議之。」翌早來謁，叱之曰：「三歲大比，公卿由此而出。汝輩不潛心力學，乃欲以賄進乎？」其人慚退，宗即日辭漕使行。

董公樸家居，適楚試差，公門生也。先時，封所擬經題寄公，公發而火之，不以示子，子後一科中式。

陳良謨游學廣德，本庠張掌教謂公曰：「歸安武大尹，今秋必入簾。吾引爾往拜其門，場中必當留意。」公唯而出，私念窮通有命，進不以正，識者所鄙，遂託辭不往。而是科恰中武公房內。假使當時一往，則彼此俱無以自明矣。

張名孟敬。武名尚文。

## 記警居間爲利第五十九

吕光詢按吴，有給事欲爲富人居間，適陸粲在座，不果言而别，語所親曰：「昨日陸公諄諄言地方利病，又勸其奏請蠲租。彼爲公，激昂吐辭；我乃懷私，噤不敢言，思之甚愧。」遂却富人金曰：「吾爲陸公所化矣。」

人有操白金，託涇野先生居間者，先生謝曰：「人心如青天白日，乃以鳥獸視我耶？」因而不懌者累日。

金九成廉介，不受私謁，居官十年，妻子不充藜藿，病且革，會有富家求釋罪於郡侯，以千金爲賄，九成不可。郡侯自抵其榻，撫之曰：「獨不爲妻子饔飧計乎？」九成曰：「我躬不閲，遑恤我後。」面壁卧，不復語。

## 記警交易不公第六十

王義方爲御史，買宅數日，忽對賓友指庭中桐樹一雙曰：「此無酬值。」賓友言：「樹當隨宅，别無酬例。」義方曰：「我只買宅耳，樹何所載？」召宅主，付之錢四千。

徐鉉市宅以居，歲餘，見宅主貧甚，召謂曰：「得非售宅虧價，以致是乎？余近撰碑獲潤筆二百千，可償爾矣。」故主辭不受，命左右輦以付之。

嘉善丁清惠公厚德甚多，其置産尤足師法。欲置田房，必詳訪來歷。遇有兄弟交争，或親戚相競，及子盗父業、主佔奴産者，必正色以倫理諭之，從容解紛，使其相安，賴以和好者甚衆。其確係己産者，方與成交。銀必足色，法照納官，一併交足。每致一業，必謂家人曰：「生人占不得一分便

丁名賓。

宜，况棄産得産，苦樂大不相同，須曲體之。」三年以後，有求加者，必應其請，曰：「昔范文正公三買田地，吾媿不能效法前賢，亦何忍有求不應乎？」

明山賓家貧，將貨所駕車牛。既受錢，語買主曰：「此牛經患漏蹄，治差已久，恐後脱發，無容不相語。」買主遽追取錢，即還之。阮孝緒聞而歎曰：「此言足使還淳反朴，激薄停澆矣。」山賓後官至侍中。山賓，南北朝人。

司馬温公閒居西京，一日，命老兵賣所乘馬以給用，語之曰：「此馬夏月有肺病，當先語之。」老兵爲之竊笑。

## 記警拾遺不還第六十一

有被裘而夏月荷薪於道，道有遺金不顧。季札見而呼之曰：「荷薪者何不取金？」翁笑曰：「君何居之高，視之卑；貌之君子，而言之野也！吾有君不君，有友不友，當暑衣裘，君疑取金者乎？」請問姓氏。曰：「君乃皮相之士，何足與言姓氏！」遂去。

魏樂羊子，嘗行路，得遺金一餅，還家，與其妻。妻曰：「吾聞志士不飲盜泉之

「魏」，當作「漢」。

水，廉士不受嗟來之食，况拾遺求利以汙其行乎？」羊子大慚，乃捐金於野。

呂原明云：「京師人有以金銀實二篋，託付於其友，數年而死。其友往語其子。子曰：『我父平日未嘗一言此，且無契券之驗，殆長者之誤也。』其友曰：『我躬受之爾父，豈待契券與汝，汝必與聞哉？』兩人相推，無敢當。其友遂持以白官，時包孝肅尹京兆，究其實，斷還其子。世俗皆謂今人無復良心，惟知有利耳，聞是兩人之風，可以釋世俗之疑矣。」

羅一峰先生以孝廉赴會試，僕於途中拾一金鐲。行已五日，先生憂旅費不給，僕曰：「無慮也，向於山東某處拾一金鐲，可質爲費。」先生怒，欲親賫付還。僕屈指叩頭曰：「往返必誤場期，不可。」先生言：「此必婢僕遺失，萬一主人拷訊，因而致死，是誰之咎？吾寧不會試，不忍令人死於非命也。」竟尋至其家。果係婦遺面盆，而婢誤投於地者。主婦疑婢竊取，鞭笞流血，幾次尋死。夫復疑妻有私，辱駡不休；妻亦憤怒投繯，賴人解救。先生至，出鐲與之，舉家感激。急行至京，已二月初四，倉皇投卷，竟得中式，狀元及第。

## 記警持籌第六十二

劉瓛兄弟三人，共處蓬室，爲風所倒，無以葺治，怡然自樂。聚徒教授，從者甚衆。

劉善明家甚貧，惟有遺書八千卷。高帝聞其清苦，賜葛坡塘，屯穀五百斛。

東萊太守高慎，以老病乞歸，所居草屋蓬户，甕缶無儲。其妻謂之曰：「君累經宰守，積有年歲，何不少爲儲蓄，以遺子孫乎？」慎曰：「吾以勤身清名爲之基，以遺之，不亦可乎？」慎三子並爲刺史，子孫顯宦者累世。

胡敬齋先生平居，簞食瓢飲，處之泰然。或爲之籌，先生曰：「吾何暇急急爲此？」嘗有詩曰：「終日觀書，聖賢在目。終日言談，不及利禄。若使稊稗不生，何愁五穀不熟？」

## 記警不治生産第六十三

許魯齋嘗云：「爲學以治生爲本。」此言出，甚爲世所譏議。後人當善會其意，知非教人謀利也。貧窮之累人甚矣，古今來有不爲此敗節喪名者幾許衡。

人？學者須是習勤服勞，撙節儉約，勿使游手游食，以致仰事俯畜，無所依賴而已。昔司馬温公爲相，每詢士大夫私計足否，人怪而問之，公曰：「倘衣食不足，安肯爲朝廷而輕去就耶？」正是同此意見。

顏氏家訓曰：「生民之本，要當稼穡而食，桑麻而衣。蔬果之屬，園場之所産；雞豚之味，塒柴之所生。爰及栖棬、器械、薪樵、茶茗，莫非種植之物也。能守其業者，閉門而爲，生之具已足矣。」

## 記警田宅方圓第六十四

朱仁軌曰：「終日讓路，不枉百步；終身讓畔，不枉一段。」昔有欲爲范文正公買緑野堂者，公不肯，曰：「在唐如裴晉公者，是可尊也。一旦取其物而有之，心所不安。寧使敝壞，或他人有之，已則不可取也。」

裴名度。

張邦奇公第宅，廳僅二楹。旁一楹，乃其叔居。叔有宿逋，願售，公倍價買之。將重搆焉，告於封翁甬川。翁知其倍價也，甚悦，已忽潸然淚下，曰：「吾想至日拆彼屋以豎吾柱，何以爲情？」公惻然曰：「兒當還之。」翁曰：「想價已償人矣。」公曰：「併價不取可也。」翁欣然曰：「若此，慰我

「甬」，舊作「用」。今從見聞紀訓改正。

甚矣！」

楊翥厚德冠時，鄰家搆舍，侵其桷，溜墮其庭，公不問，曰：「晴日多，雨日少也。」或侵其址，公賦詩云：「普天之下皆王土，再過些些也不妨。」其度量如此。

陳白沙先生鄰有惡少，欲侵其地，揚言於衆曰：「陳氏子異日他出，必於途辱之。」及見，不覺自失。先生曰：「尺寸地，吾當爲若讓。」其人慚謝而去。又有欲侵其田者，處亦如之。

## 記警嫁娶競財第六十五

文中子曰：「婚娶而論財，夷虜之道也，君子不入其鄉。古者男女之族，各擇德焉，不以財爲禮。」

胡安定先生曰：「嫁女必須勝吾家者，勝吾家，則女之事人必欽必戒；娶婦必須不若吾家者，不若吾家，則婦之事舅姑必執婦道。」

鮑宣娶桓氏女，裝遣甚厚，宣不悦，曰：「少君生富驕，習美飾，而吾貧賤，不敢當禮。」少君乃悉歸侍御服飾，更著短布衣，與宣共挽鹿車，歸鄉里。

言行録「忠宣」作「文正」。下有「之子純仁」四字，當據改補。

范忠宣公將娶婦，或傳婦以羅爲幃幔，公不悦，曰：「羅綺豈幃幔之物耶？吾家素清，安得亂吾家法？敢持至，當火於庭。」

劉師文，明州人，成都楊氏納爲壻。楊翁死數年方婚，既而謀歸江南。妻晨起，與母兄議事，師文竊窺之，見其母兄立文書，反覆再三，有不豫色。妻至，問其故，曰：「父遺命，以田四十畝爲嫁資，約錢二千緡。邇來多故，鬻之殆盡。今貨居室之半，僅得千緡而已，適立券，故殊不樂。」劉曰：「豈有爲壻而令人賣屋以畀之乎？」取券焚之，攜妻徑歸。嗚呼！今人有因無奩資而不納其婦者，何相去之遠也！嫁娶責財，若償宿逋然，使貧家溺女，皆是故也。甚至有翁壻相訐於訟者，有姻婭相對如讎者，安得如師文其人，以轉移一世乎？

## 記警窮追債負第六十六

隋李士謙爲開府參軍，家富，出粟數千石以貸鄉人。值歲歉，召各欠户，設酒焚券，不索其償。來春，又出糧種，分給貧乏，所全活者甚衆。或曰：「子陰德大矣。」公曰：「陰德如耳鳴，已自聞之，人無知者。今子已知何爲陰德。」後壽至百歲，子孫皆爲顯官。

宋黄兼濟，於每歲收成時，以錢三百緡收糴，俟至來年新陳未接之際，糶於細民，價例不增，升斗如故。在己無損，小民得濟。益州知府張詠極爲稱道其事，非己所能及。

李賢父爲富商，載棉花停邸寓，有臨江三商，以三百兩易之。舍旁火發，延燒無遺。三商大慟曰：「本罄難歸，非死則行乞耳！」李聞而呼之曰：「貨未及舟，猶爲我物。物失價存，理宜奉還。且我本尚厚，公等本薄，失之無以資生，吾不忍見也。」取三百金盡還之。後生子賢，位至宰輔。

## 記謦拒人乞貸第六十七

司馬德操育蠶時，有人求簇箔，德操自棄其蠶而與之。或言：「凡損己贍人，謂彼急我緩，可以相通。今彼此正等，何緣如此？」德操曰：「人求而不與，將慚，何有以財物令人慚者？」

司馬名徽。

阮光禄裕在剡，曾有好車，借者皆給。有人葬母，欲借，不敢言。阮聞而歎曰：「吾有車而令人不敢借，何以車爲？」遂焚之。

有士人贋作韓魏公書，謁蔡君謨。蔡心疑之，然士頗豪氣，與三十緡，因回書，遣四兵送之，併致果物於魏公。士至京造謁，以其故請罪，公見之，徐曰：「君謨手段小，恐未足了公事。」因作書，令謁夏太尉。子弟有不然者，公曰：「士能爲我書，又能動君謨，其才器亦不凡矣。所以爲此者，不過一時貧窮起見耳。」至關中，夏竟官之。

夏〔一〕名竦。

范文正公在睢陽掌教時，有孫秀才者，索游上謁，文正贈錢一千。明年復謁，公又贈錢一千。因問：「何爲汲汲道路？」孫戚然曰：「老母無養。」公見孫詞氣甚非乞客，因爲補學職，授以春秋，月得三千供養。孫篤學，公甚愛之，明年俱解去。後十年，聞泰山下有孫明復先生，以春秋教授，道德高邁，朝廷召至太學，即昔日索游孫秀才也。公歎曰：「貧累大矣，倘因循索米至老，雖人才如明復者，將猶汩没而不見也。語云『緩急，人所時有』，今富貴人不知貧賤痛癢，亦是一過。况貧賤中往往有豪傑，須是大著眼、寬拄腹可也。」

孫名復。

〔一〕「夏」，原作「賈」，據正文改。

## 記警圖謀風水第六十八

范文正公嘗得一宅基，堪輿家謂曰：「此當世出卿相。」公曰：「誠有之，不敢以私一家。」即捐其基建學，今蘇州府學是也。

朱文公知崇安日，有小民貪大姓吉地，預埋石碑於墳前。數年之後，突以强佔爲詞，訟之官，兩造爭於庭，不決。文公親至其地觀之，見山明水秀，鳳舞龍飛，意大姓侵奪之情真也。及去其浮泥，驗其故土，則有碑記，所書皆小民之祖先名字，文公遂斷還之。後公隱居武夷山，偶經過其地，閒步往閱，問其居民，則備言埋石誑告罔上事。文公惱悔無及，乃題壁曰：「此地不發，是無地理；此地若發，是無天理。」是夜大雨如傾，雷電交作，霹靂一聲，瓦屋皆響。次日視之，其墳已毀成一潭，連石槨都不見矣。

趙端肅公錦頗經營風水。一日，語人曰：「吾昨念之：富貴之家，能致地師千里之外，有佳山水處，又能出重貲以購之；其人不可，又能以勢力强之。得善地已，又將富貴；得富貴已，又將得善地。如環之無端，千百世不絕，皆人與地爲政。」遂以手指天曰：「此老將安所事事耶？」因一笑而罷。

鄧文潔公以讚嘗買山卜葬其母，輀車已發矣，賣主復有後言。公曰：「吾將以安親體，今人情未調，即親靈未妥。」遂扶柩，復歸於寢。至其人悔謝，然後營兆焉〔一〕。

古者葬禮，大夫三月，士踰月，故不葬則不變服易食，哀親之未有歸也。今人惑於風水之説，有貪求吉地、遷延日久者，有既葬多疑、屢行啓掘者，不思古人卜地之義，惟是孝子慈孫重親遺體，不爲風水所侵，不爲蟲蟻所蝕，不爲耕犁所及，他日不爲道路，不爲城郭溝池，如是已矣，豈以親之骸骨爲子孫福利之具哉？則風水不必貪也。又有惑於分房之説，兄弟猜嫌，終年牽制。既擇年月日時，又疑山水偏向，則是父母多生一子，反增一日之暴露矣。豈知人之禍福各有因緣，於山水何與？則分房不必執也。倘若執迷不悟，一遭利名牽逐，淹滯他鄉，年復一年，幾無安土之望。或遭水火，又有焚溺之虞。爲人子者，獨能恬然於心乎？又權厝一

〔一〕遺編本此條在凝道篇記父子有親第一。

事，萬不可久，久則雨水浸淋，日氣下蒸，未及歸土，木已朽矣。仁人孝子，當何以爲心也？

## 記警遇事不行方便第六十九

韓魏公知鄆州時，京東多盜，捕盜之法，以百日爲三限，限不獲者抵罪，盜未必得，而被刑者衆。公請獲他盜者聽折除，捕者有免刑之路，故盜多獲。朝廷著爲令，至今用之。

范忠宣公尹洛時，多惠政。後爲執政，其子自許展省河南，少憩村店。有老翁從店出，注視其子曰：「明公容類丞相，非其家子乎？」曰：「然。」翁不語，入具冠帶，出拜，謂其子曰：「昔丞相尹洛，某年四十二，平生粗知守分，偶意外争鬬事至官，得杖罪，吏引某褰裳行刑。丞相召某前，問曰：『吾察爾非惡人，膚體無傷，何爲至此？』某以情告，丞相曰：『爾當自新，免罰，放出。』非特某得爲完人，此鄉化之，至今無争鬬者。」

朱軾家貧，教學，得束脩三千，歸，遇一田父，械鎖悲泣，問故，云：「欠青苗錢三千，不能償，官司督責，生不如死。」軾曰：「我恰有三千。」盡與之，遂

過庭録「偶」下有「以」字。

得釋。

張知常在上庠日，偶他出，有同舍生發篋，盜其金十兩。學師集同舍撿得之，公不認，曰：「非吾金也。」同舍生夜袖金還公，公憐其貧，復以半與之。後公大顯。

羅念庵先生罷官歸，道經蕪湖，病亟，抽分項東甌〔一〕爲醫藥資。有揚賈犯重辟，願獻千金求解。項欲以此爲公壽，公力却，事乃寢。既而思曰：「是大賈不活矣，項君必以我故而不脱之獄。」乃遺書謝項，因爲解之。揚賈得生，竟不知爲公力也。

松江有儒士薛河東者，貧而無賴，謁無錫富室鄒氏，自稱錢狀元師，託以他往，便履一叩。鄒信，禮之，張筵相款。未終，適有報錢狀元至，薛起，謂主人曰：「吾當往其舟謁而偕來。」主人唯唯。往以真情告之，鶴灘欣然應曰：「此何妨？但同往。」主人迎之，鶴灘執禮甚謹，側坐談笑，至盡醉而終，略無可疑之色。

項名喬。

〔一〕按：「東甌」，當爲「甌東」之訛。項喬，號甌東。

## 記謦滑稽戲謔第七十

古人云：「俗語近於市，纖語近於娼，諢語近於優。」士君子一涉此，不獨損威，亦難迓福。又曰：「鳥之美羽勾喙者，鳥畏之；魚之哆口垂涎者，魚畏之；人之利口辨詞者，人畏之。是以君子避此三端：避文人之筆端，避武士之鋒端，避辨士之舌端。」

何長瑜爲臨川王義慶記室，好譏議人。嘗以韻語嘲其僚佐云：「陸展染白髮，欲以媚側室。青青不解久，星星行復出。」輕薄少年多效之。凡人士並爲題目，皆加劇言苦句，其文流行。義慶大怒，言於文帝，遂謫廣州。行至板橋，遇暴風溺死。

魏收文章名世，而性輕薄，好爲訕謗，時人謂之「驚蛺蝶」。

鄭光業兄弟好誹笑人，凡投獻詞句有可嗤者，輒貯之箱中，號曰「苦海」。每有宴會，使人舁「苦海」於前，各舉一款，以爲諧笑。

陳亞夫滑稽，蔡君謨以其名戲之曰：「陳亞有心純是惡。」陳即應聲曰：「蔡襄無口即成衰。」時人絶倒。侮人者，定爲人侮，可爲口過之戒。

「夫」字衍。

黄庭堅與趙挺之同在館閣，庭堅素輕趙，趙嘗曰：「吾鄉最重潤筆，每一誌文成，則太平車中載以贈之。」庭堅曰：「想都是蘿蔔與瓜虀耳。」趙憾之切骨，其後擠排不遺餘力，卒致宜州之貶。

## 記警好稱人惡第七十一

馬援兄子嚴敦，並喜譏議，而通輕俠客。援在交阯，遺書戒之曰：「吾欲汝曹聞人過失，如聞父母之名，耳可得聞，口不可得言也。好議論人長短，妄是非正法，此吾所大惡也，寧死不願子孫有此行也。」

程皓性周慎，不談人短。每見人有所訾議，未嘗應和。俟其言畢，徐爲白之曰：「此皆衆人妄傳，其實不爾。」更説其人諸事之美以稱之。此條出封氏聞見記。程，唐刑部尚書。

李文靖公爲相，不喜道人之惡。祕監胡旦嘗與文靖同掌制誥，聞其拜參政，以啓賀之，歷詆前罷職者四人，而譽文靖甚力，意將附之。文靖得啓，慨然不樂，曰：「吾豈優於是者耶？亦適遭遇。乘人之後而議其非，吾所不爲，况欲揚一人而短四人乎？」終爲相，不舉旦。

陳忠肅公瓘性謙和，與人議論，率多取人之長。雖見其短，未嘗面折，惟微示意以警之。人多退省愧服。

## 記警訐人陰事第七十二

趙槩與歐陽修同在史館，槩厚重寡言，修屢輕之，趙不以屑意。會修甥女淫亂事覺，語連修，與甥亂。上怒甚，群臣無敢言者。槩獨上言：「修以文學近臣，不可輕衊以閨房曖昧之事。臣與修蹤跡素疏，修之待臣亦淺，所惜者，朝廷大體耳。」

昨非庵日纂「與」上有「云」字。據宋史，似當有「云」字。

傅獻簡公曰：「以帷簿之罪加人，最爲暗昧。萬一非真，則令終身被其惡名。至使君臣父子之間難施面目，言之得無訒乎？」公諱珪。

按：珪謚文毅，不謚獻簡，且珪明朝人，此語乃出宋人自警編諸書，其非珪言也明矣。注殊謬。

## 記警妄詆前賢第七十三

伊川先生每見人論前輩之短，則曰：「汝輩且取他長處。」劉元城嘗言：「後生未可遽立議論，以褒貶前人。蓋聞見未廣，涉世淺也。」

邵伯温少時，讀文中子，有「武侯不死，禮樂可興」之說，乃著論以駁之，其意以武侯霸佐，恐禮樂未遑耳。康節先生見而大怒，欲杖之。伯温自是潛心討究，不敢輕論前人。

薛文清公曰：「切不可隨衆議論前人短長，要當己有真見乃可。在古人之後，議古人之失，則易；處古人之位，爲古人之事，則難。」

江司馬有名於時，好爲大言，輕詆前輩。初爲湖廣副使時，翰林姜寶督四川學政，道經楚省，與諸司會飲黄鶴樓。司馬席間大言曰：「蜀人如蘇軾者，文章一字不通，此等秀才當以劣等處之。」衆皆愕眙，寶亦唯唯而已。後數日會餞，司馬又大言如初，寶笑而應之曰：「訪問蜀中胥吏、秀才中並無此人姓名，想是臨考畏避耳。」合席鬨然大笑，司馬不以爲媿。

汪名道昆，舊譌作「江」，今從因樹屋書影改正。按：道昆於洪氏爲鄉先輩，「汪」之作「江」，殆有意爲之，似非偶然傳寫之誤〔一〕。

## 記警好訟第七十四

子産治鄭，鄧析欲難之。與民之有獄者約：大獄一衣，小獄襦袴。民之獻衣袴而學訟者不可勝數。以非爲是，以是爲非，所欲勝因勝，所欲罪因罪，鄭國大亂。子産於是執鄧析而戮之，民心乃服，是非乃定，法律乃行。

〔一〕按：傳本「汪司馬」作「汪道昆」，下文「司馬」均作「道昆」。教忠堂本作「江司馬」。

太丘長陳實居鄉里，平心率物。有爭訟，輒求判正，曉譬曲直，退無怨者，至相謂曰：「寧爲刑罰所加，無爲陳君所短。」

雷孚，宜豐人也，居官清白長厚，好行德義。自唐雷衡，至孚十一世，未嘗訟人於官。

王漸，唐時孝子也，性惇樸，作孝經義五十卷。凡鄉閭有鬭訟，漸即詣門，高聲誦孝經義一卷，訟者俱爲慚謝。

乙普明兄弟爭産，經年結訟，各相援證，訴於清河太守蘇瓊。瓊召諭之曰：「天下難得者兄弟，易得者田地。假令得田地而失兄弟，於心如何？」因下淚，諸證無不感泣，兄弟叩首交讓。

朱晦庵門人有與人爭訟者，切責之曰：「欲之甚，則昏蔽而忘義理；求之極，則爭奪而至怨讎。」

吳康齋應召還山後，有族人盜賣祭田。康齋訟之官，至因服聽斷，太守不爲禮，君子譏之。

顧公憲成司理處州，有兄弟訟，累年不決者，呼謂之曰：「汝兩手兩足，相爭否？兄弟，手足也，而相爭，非怪事乎？乃恬不以爲怪，何也？既相爭，自

「實」「寔」同。

吳名與弼。

相治可矣。」各授之杖，謂其兄曰：「爲我扑若弟。」謂其弟曰：「爲我扑若兄。」兩人相顧愕然。公故促之，兩人叩頭請曰：「曩者官爲析曲直，故不服，今當服矣。不知曲直也，願得自新。」公喜，令兄弟相揖謝，兩人大哭而去。

## 記警疎九族第七十五

范文正公輕財好施，尤厚於宗族。嘗語子弟曰：「吾吴中宗族甚衆，於吾固有親疎，然以吾祖宗視之，則均是子孫，吾安得不卹其飢寒哉？且自祖宗來，積德百餘年，而始發於吾。若獨享富貴，而不恤宗族，他日何以見祖宗於地下？今亦何顔入家廟乎？」於近郭買良田數千畝，爲義田，以養群從之貧乏。擇族人長而賢者一人，主其出納。人日食米一升，歲衣縑一疋，嫁娶喪葬，皆有贍給。

陸九韶與其兄九齡、弟九淵，昆弟自相師友。其家累世義〔一〕居，一人最尊者

〔一〕「義」，傳本作「同」。

爲家長，一家之事聽命焉。歲擇子弟分任家事，凡田疇、租稅、出納、庖爨、賓客之事，各有主者。九韶以訓戒之詞爲韻語。月朔，家長率衆子弟謁先祠畢，擊鼓誦其詞，使列聽之。子弟有過，家長會衆子弟，責而訓之；不改，則撻之；終不改，則聞之官長，屏之遠方焉。

胡仲堯累世同爨，至數百口，構學舍以教子弟，朝夕講貫，聚書數萬卷。

陳克庵嘗謂其子戴曰：「吾藉祖宗餘慶，官二品，禄入之產，汝何可獨享？」其分十之六，爲思遠莊，以事先，以周宗族，乃捐田百四十畝於公家。迨公卒後，貧甚，族人欲以田還其子。子不可，曰：「先人行義，戴取而私之，獨不愧於心乎？」人謂公有子矣。

陳選。

## 記警薄三黨第七十六

晏平仲敝車羸馬以朝，田桓子以爲隱君之賜。晏子曰：「自臣之貴，父族無不乘車者，母族無不足衣食者，妻族無凍餒者。齊國之士，待臣舉火者三百餘人，此爲隱君之賜乎，彰君之賜乎？」

陽城孝友，不忍與其弟異處，皆不娶，給侍終身。有寡妹依城以居，甥年四十餘，癡不能如人，常與弟負之以遊。城之妹夫亡在他處，家貧不能奔喪，城親與其弟舁尸以歸，葬於其居之側，往返千餘里。

杜名衍。

杜正獻公自布衣至爲相，衣服飲食無所加，雖妻子亦有品節。家故饒貲，諸父析屋，公以所得悉與昆弟之貧者。俸禄所入，以給姻族，賙人急難。至其歸老，無宅以居，寓於南京驛舍者久之。

范文正公少孤，母改適朱公，因育於朱氏。公既貴，待異母兄弟一體，特以任子移之。

楊名國寶〔一〕。

楊應之學士，元祐間爲成都轉運判官，後召爲校書郎。有遠房母舅在蜀，官滿，貧不能歸，應之盡以成都所得宦橐遺之。

程名珦。

「其姊」，即伯母之女，於公爲從姊。二程全書作「其女」。

程大中前後五得任子，以均諸父子孫。嫁遣孤女，必盡心力。所得俸錢，分贈親戚之貧者。伯母劉氏寡居，公奉養惟謹。其姊之夫死，公迎姊以歸，教養其子同於己子。既而姊之女又寡，公懼姊之悲傷，又取甥女歸養之。

---

〔一〕按：楊國寶之事，參見伊洛淵源録卷七：「授成都轉運判官。有屬官與之辯論，應之嘉其才，即薦之朝。自成都召爲校書郎，有遠房舅在蜀中，官滿，貧不能歸。應之盡以成都所得數百千遺之，其自立如此。」

時官小禄薄，克己爲義。人以爲難。

張元貞〔一〕嘗建一義莊，歲置租二百石，以濟族黨。以四百石貸鄉民，有司爲給帖書籍。

范陽盧仲元之妻兄崔某，積有百金，埋密室内，惟仲元知之。臨終，崔妻李氏以凍餓爲憂，盧屏人，語以埋金之處。未幾，盧赴選，經雒中，弔崔氏之孤訖，李述亡夫之意，欲盧經紀其家事。盧遂罷選，持其金於揚州，爲崔置田宅，兼爲剖分家事而去。踰年謁選。人重其義。

此條出因話録。據原文，「惟仲元知之」五字當删。「盧屏」、「盧」當作「崔」。「處」字下，當補「戒云盧郎中來可告也」九字。

## 記警溺女第七十七

陳毅軒令諸暨，其俗，女多則淹之，公委曲設法勸止。又念民苦嫁女，爲定上中下三則，示以議婚之初，即爲定約，夫家不得厚責妝資。民甚便之，其俗遂化。

陳名允堅。

揚州蔡璉建育嬰社，募衆協舉。其法以四人共養一嬰，每人月出銀一錢五分。

〔一〕「貞」，傳本作「禎」。

遇路遺子女，收至社所。有貧婦領乳者，月給工食銀六錢。每逢月望，驗兒給銀。考其肥瘠，以定賞罰。三年爲滿，待人領養。此法不獨恤幼，又能賑貧，免一時溺嬰之慘，興四方好善之心。世間功德莫此爲甚。凡城邑村鎮，皆可倣行，爲官司者循此勸導各方，利益更大。

## 記警不善勸化愚人第七十八

王烈器量過人。有盜牛者，主人得之，盜請罪曰：「形戮是甘，乞不使王彥方知也。」烈聞，使人謝之，遺布一端。或問其故，烈曰：「盜懼吾聞其過，是有恥惡之心。既知恥惡，則善心將生，故與布，以勸爲善也。」後有老父遺劍於路，一人見而守之，及尋至，還之，乃即前盜牛者。諸有爭訟，必求直於烈，或望門而返。

「形」「刑」仝。

高鳳居鄉，有爭財者，持兵而鬭，鳳往解之，不已，乃脱巾叩頭請曰：「仁義退讓，奈何棄之？」爭者投兵謝罪。

邵康節居洛，與人言，必依於孝弟忠信，樂道人善，不及其惡，故賢不肖皆親之。嘗以春秋時，出遊諸親故家，將至，老少良賤咸迓於門。既入，爭前來問訊。婦女有争忿不決者，自陳於前，先生爲逐一分别之，人人得其歡心。留數日，復遊一家，月餘乃歸。

昔有兩人相詬於衢，甲曰：「你欺心！」乙曰：「你欺心！」甲曰：「你没天理！」乙曰：「你没天理！」王陽明先生聞之，謂門弟子曰：「小子聽之，兩人諄諄然講學也。」門人曰：「詬也，焉爲學？」先生曰：「汝不聞乎？曰心，曰天理，非講學而何？」曰：「既講學，又焉詬？」曰：「夫夫也，惟知求諸人，不知反諸己故也。」

## 記警武斷鄉曲第七十九

藍田吕氏鄉約曰：「凡同約者，德業相勸，過失相規，禮俗相交，患難相恤。有善則書於籍，有過若違約者亦書之，再犯而行法，不悛者絶之。」

徐孝祥隱居好學，鋤地後園，見樹根一坎，下有石甃，啓之，皆白金也，遂亟掩之。人無知者。閲二十年，值歲大歉，民不聊生。孝祥曰：「是物當出世矣。」啓穴，日取數錠，糴米以散鄰里，全活不可勝數。其女將嫁，惟以荆布遣之，於藏金錙銖無犯。

曹州于令儀，市井人也，家頗豐。一夕，盜入，擒獲之，乃鄰舍子也。令儀曰：「爾素寡過，何苦爲盜？」因詰所欲，遂與錢十千，以資衣食。又恐爲邏者所獲，留至天明始去。盜感媿，卒爲良民。

## 記警虐使奴僕第八十

劉寬嘗留客，遣蒼頭市酒，去久不還，客大不堪，及至，公罵之曰：「畜産！」客去後，公入問奴無恙否。人問其故，公曰：「罵畜産，辱莫甚焉。吾懼其自殺耳。」

據後漢書及東觀漢記，罵者乃客，而非公。此多一「公」字。其上下文亦有異同。學者當攷于彼。

陶元亮爲彭澤令，遣一蒼頭歸，給其子薪水，仍遺子書曰：「彼亦人子也，可善遇之。」

程明道先生平生與人交，無隱情，雖僮僕，必託以忠信，故人亦不忍欺之。嘗自澶州遣奴持金詣京師貿用物，計金之數，可當二百千。奴無父母、妻子，同列聞之，且駭且誚。既而奴持物如期而歸，衆始歎服。

李文靖公有一僕，逋金十千，一夕遁去。有女方十歲，有姿色，自繫一券於帶，願賣身以償所負。公囑夫人曰：「當如己女育之，俟長，擇人嫁之。」夫

湘山野録作「數十千」。

人如教。及笄，擇一壻，具奩歸之。後僕還，女白其事，感公刻骨。公病，僕夫婦刲股作羹。及薨，服衰三年。

傳云：「孔子家兒不知怒，曾子家兒不知罵。」文中子曰：「能使僮僕懷恩，斯可與從政矣。」觀此，知待僮僕之難。

## 記警欺陵寒賤第八十一

黔敖爲食於路，以待餓者而食之。有人蒙袂輯屨，貿貿然來。黔敖左手奉食，右手執飲，曰：「嗟，來食！」其人揚目而視之曰：「予惟不食嗟來之食，以至斯。」從而謝焉，終不食而死。

張橫渠先生見餓莩者，食便不美。

羅文毅公出，遇死殣，即解衣覆之；遇乞者，無以應，輒解銀帶與之。羅倫。

魯文恪公鐸爲孝廉時，計偕北上，遇雪，夜宿旅舍，憐馬卒寒苦，令卧衾下〔一〕。

陳眉公云：「待富貴人不難有禮，而難有體；待貧賤人不難有恩，而難有禮。」

〔一〕遺編本有：「因賦詩云：『半破青衫弱稚兒，馬前怎得浪驅馳？凡由父母人皆子，小異閭閻我是誰？事在世情皆可笑，恩從吾幼未難推。泥途還藉來朝力，伸縮相交莫漫疑。』」

# 記警窮治盜賊第八十二

陳太丘，有盜夜入其室，止於梁上。太丘不發，但呼子弟訓飭之，曰：「人不可不自勉。不善之人未必本惡，習以性成，遂至於此，梁上君子是也。」因指而示之。盜大驚，稽首請罪。太丘慰諭而遣之，且賞之絹。盜感泣而去。

庾衮事親至孝。或有盜斬其先墓之柏，莫知爲誰。乃召鄰人集於墓前，而自責焉。因叩頭涕泣，謝祖禰曰：「德之不修，不能庇先人之墓，衮之罪也。」父老咸爲垂泣。自後，人莫之犯。

韓魏公一日至諸子書室，枕邊見有一劍，公問：「何用？」答云：「夜間以備緩急。」公笑曰：「使汝輩果能擊賊，賊死於此，何以處之？萬一奪入賊手，汝不得爲完人矣。古人青氊之説不記乎？嘗聞前輩云：『夜行切不可以刃物自隨。』吾輩安能害人？徒起惡心耳。」

司馬温公新第成，一日步行，見墻外暗埋竹籤，問之。曰：「此非人行之地，將防盜也。」公曰：「吾篋中所有幾何，而須設防？且盜亦人也。」命去之。

君子以善服人，不如以善養人。養人至於盜賊，使之改過，真是一具大洪爐也。

陳白沙嘗舟行遇盜，盡劫同舟人財物。白沙據舟尾，呼曰：「我有行李在此，可取去。」盜問爲誰，答曰：「我陳白沙也。」盜訝曰：「小人無知，驚動君子。舟中之人即公友也，忍取其財乎？」悉還而去。

海陵王心齋從王陽明講學，以良知爲宗。一日，盜至其家，公亦與之講良知。群盜譁曰：「如吾輩者，良知安在？」公曰：「汝試去衣，良知便露。」群盜悉去衣，惟一褌相顧不去，公曰：「此即良知所在也。汝不去此，是有耻也。此心本有，謂之良知。」因爲之反覆曉諭，群盜感悟而去。

孔寺丞牧，有盜伐其所種竹木，被執。牧見而釋之，且問其所欲之數，欲伐而益之，俾如其意。盜者愧謝。所居園囿近水，民有夜涉水盜蔬果者。牧歎曰：「晦夜涉水，或有陷溺。」即爲製橋。盜者慚，不復渡。

## 記警不恤死喪第八十三

范雲少與王畡善，雲起新宅成，移家始畢，畡卒於官舍，屍無所歸。雲以東廂給之，移屍自門入，躬自含殮。時以爲難。

范文正公守邠州，暇日，帥僚屬登樓置酒，未發觴，見縗絰數人營理喪具。公亟令詢之，乃寄居士人卒於邠，賵殮棺槨皆未具。公憮然，即撤宴席，厚賙給之，坐客感歎，有泣下者。

汪尚寶卿文輝爲諸生時，就臺試，友人與偕者，馬旋墮水死。同列以試期迫促，倉皇解散去，汪獨留殯殮之乃去。比至，不及試期，人皆笑其迂，汪自若也。次科即登第。

甯崇禮稟性好善，嘗造棺施人。有貧不能葬者，又贍以錢米，終其身不倦。後子孫貴盛無比。

## 記警見骼不掩第八十四

周文王使人扫〔一〕池，得死人之骸，吏以聞於文王。文王曰：「更葬之。」吏曰：「此無主矣。」文王曰：「有天下者，天下之主；有一國者，一國之主。今我非其主耶？」遂以衣冠更葬之。天下聞之曰：「文王澤及枯骨

〔一〕「扫」，傳本作「掘」。

矣。」歸周者由是益衆。

齊景公畋於梧丘，夜猶早，公姑坐睡，夢有五丈夫北面韋廬，稱無罪焉。公覺，召晏子，而告以所夢，對曰：「昔者先君靈公畋，有五丈夫罟而駭獸，故殺之，斷其頭而葬之。命曰『五丈夫之丘』，此其地耶？」公令人掘而求之，則五頭同穴而存焉。公曰：「嘻！」令更葬之。國人聞而感悦。

晏子春秋音義云：「韋廬」，説苑作「倚廬」；文選注作「徙倚」〔一〕。

周暢爲河南尹，夏旱，久禱無應。暢因收葬洛城旁客死骸骨，凡萬餘人，應時澍雨，歲乃豐稔。

陳元於熙寧間歲荒，見餓殍無數，作萬人坑，每一坑設飯一甌、席一領、紙四帖，藏屍不可紀。

李東崗撫甘肅，偶見都司獄墻隈白骨填積，詢之，乃遠年罪人死者。公蹙然曰：「死已償其罪矣，遺骸暴露，何忍見也？」遂於城外作義塚埋之。

李名昆。

宣城沈寵嘗卜葬地，輿師得一穴，歎美不置。及啓土，見有遺棺。輿師欲棄之水，寵心不忍。輿師言：「失此吉地，豈能復得？」即不忍棄之水，更擇地

〔一〕按：「徙倚」，當作「倚徙」。據文選注卷三十九詣建平王上書注：「晏子春秋曰：『景公田於梧丘，夜坐，睡夢見一丈夫倚徙，稱無罪。』」

埋之，何如？」寵又不可，亟命掩之。懼復有發掘者，爲立碑以識焉。

## 記警不敬神明第八十五

趙清獻公每夜焚香告天。人問之，公曰：「吾自少來，晝有所爲，夜必拜告上帝。不敢告者，不敢爲也。」

陸象山知荆門軍，教人如子弟，雖賤隸走卒，亦諭以義理。上元設醮黄堂，以講義代醮詞，人皆感動。每歲旱，祈禱即雨，郡人異之。丞相周必大曰：「荆門之政，可以驗躬行之效。」

胡九韶家貧，好易，課兒力耕，每夕焚香謝天，獲賜清福。其妻嘗笑之曰：「一日三飡菜粥，何爲清福？」九韶曰：「吾幸生太平之世，無兵禍；又幸一家骨肉飽煖，無飢寒；又幸榻無病人，獄無囚人：非清福而何？」

孫覺知福州，民有欠官錢者，繫獄甚衆。有富人出錢五百萬，請葺佛殿。覺曰：「汝輩施錢，願得福耳，佛殿未甚壞，孰若以錢爲獄囚償官，使數百人釋枷鎖之苦，即佛亦應含笑垂慈，獲福不既多乎？」富人遂輸之官，囹圄以空。

朱文公云：「紙錢起於唐明皇時王璵。蓋古用玉帛，後易之以錢幣，然亦無許多錢來埋，故璵作紙錢易之。」又曰：「漢祭河用御龍御馬，皆以木爲之。此已是用紙錢之漸。」

## 記警棄毀字紙第八十六

夫字紙者，天地之精華，聖賢之性命。蓋自蒼頡創造以來，歷有萬年。自天子至於庶人，上非此無以立治，下非此無以資生，則字紙之當敬惜，豈待講究而後明哉？然其爲用至廣，則遺棄者正復不少。甚至污穢毀壞，不可究詰，此其褻瀆天地聖賢，而爲名教之罪人者，誠可痛哭而悼歎也！

王曾之父，生平見字紙遺棄，必拾而以香湯洗之，然後焚化。一夕，夢至聖撫其背曰：「汝何敬重吾字紙之勤也！恨汝老矣，無可成就，當遣曾參來生汝家。」未幾，果生一男，即沂公也。三元及第，爲宋名相。

顏之推曰：「吾每讀聖賢書，未嘗不肅衣冠對之。其故紙背有五經辭義及聖賢名姓，不敢穢用也。」

楊慧兒九歲即善屬文，於五經諸史，過目成誦。一夕在館病痢，夜中如厠，誤投字紙於内。次早翻閲故書，茫然不省，拈題構思，胸中如有物礙，不復能成文理，遂至廢棄。未幾夭亡。

## 記警不敬五穀第八十七

晉殷仲堪讀書守道，天性素朴。都督三州軍事時，荆州連年水旱，仲堪食止五椀，盤無餘肴，飯粘落席間，輒拾以噉之。每語子弟曰：「人見我位任方州，聲勢隆重，謂我當豁平昔胸臆，今我處此，心常惴惴。貧者，士之常，焉得登枝而捐其本，爾其存之。」

司馬温公嘗有言曰：「隻字必惜，貴之本也；粒米必珍，富之源也。」

朱晦庵餉弟子，惟脱粟飯。一日，胡紘來訪，亦以此供之。紘大愠，曰：「炙雞斗酒，山中未乏，何爲簡褻至此？」

陳僖敏公鎰，父孟玉，爲人善良。嘗出行登厠，見鍋底飯一塊在厠旁，拾於水中，滌而食之。後生公，仕至尚書，贈父如其官。

王黼宅與一寺鄰，其厨溝中每日流出雪色飯粒，累累不絶，有一僧取之，洗净晒乾，積成一囷。靖康中，金人入寇，黼以誤國獲罪，與家眷拘囚寺中，絶

世説「粘」作「粒」。

食。此僧即用前米水浸蒸熟送食，老幼皆飢甚，食之惟覺香美。僧指囷中乾米曰：「此皆相公厨溝流出者。」黼聞之，不勝歎悔。

## 記警殺生第八十八

宋真宗祀汾陰日，見一羊自觸於道左，怪問之。對曰：「今日尚食殺其羔，故爾如此。」真宗聞之慘然，自是不殺羊羔。

宋仁宗嘗中夜飢甚，思食燒羊，與侍人言之。已而，戒勿宣索，曰：「恐膳夫自此戕賊物命，以備不時之需也。」

呂原明爲郡令，公帑多備鰒魚諸乾物，及笋乾薑〔一〕乾，以待賓客，可減雞鴨等生命也。

劉子璵竭塘取魚，放水將半，有二大鯉躍出堰外，復躍入，且銜且涉，如此再三。子璵異之，深觀堰内，有小鯉數百頭，聚一窟中，不得出，故二鯉往來跳躍，而救其子，寧身陷死地，不惜也。子璵歎息，悉撤堰放魚。越一年，掘地得金，遂致大富。

---

〔一〕「薑」，傅本作「蕈」。

學士周豫嘗烹鱔，見有灣身向上者，剖之，腹中皆有子，乃知曲身避湯者，以護子故也。自後遂不復食鱔。

陳惠度於剡山射一孕鹿，既傷，産下小鹿，以舌舐子身，乾而後，鹿母乃死。惠度見之慘然，遂棄弓矢，爲僧建惠安寺嵊縣東，鹿死處生草，號鹿胎草。

天寶末，沈氏畜一母鵝，將死，其雛悲鳴不食，以喙取薦覆之。又銜芻草列前，若祭狀，向天長號而死。沈氏義之，作孝鵝塚。

蘇長公曰：「予不喜殺，不能斷也。近年始能不殺豕羊，然性喜蟹蛤，故不免殺。自去年得罪下獄，始意不免，既得脱，自此遂不殺一物。有見餉蟹蛤者，即放江中。雖無活理，庶幾萬一；便令不活，亦愈於烹煎。蓋自己得出患難，不異雞鴨之脱庖厨，不忍復以口腹故，使有生之類受無量怖苦耳。」

## 記警食牛犬第八十九

禮曰：「諸侯無故不殺牛，大夫無故不殺羊，士無故不殺犬豕。」無故不殺，則有故而殺者無幾矣。夫養親、祀先、敬賓，大禮所在，不得已而烹宰。若徒爲口腹，斷宜減省。至於六畜之中，有功於世而無害於人者，惟牛與犬，尤不可食。故昔人云：「牢字從牛，獄字從犬。不食牛犬，牢獄永免。」使居官者能循是説，而多方禁約，其功德寧可思議乎？

梁望蔡縣民有以牛、酒賀令者，令將殺之以供客。牛徑至階下而拜，令大笑，遂宰之。飲啖醉飽，即卧於簷下，及醒，覺遍體皆癢，爬搔隱疹，因而成癩，半年而死。

張四兒業殺牛。有人牽牛登舟，繩忽斷，牛奔入市，遇四兒。四兒恃膂力，素慣縛牛，直前縛之，忽不能制，異常時。大懼，奔入一店中，牛亦迫入店；四兒登樓，牛亦登樓，觸四兒，腸出死。牛自下樓，復轉入一巷，覓賣牛肆主。適其人他出，盡毁器具，始徐徐出郊。

餘姚朱某屠狗爲業，勸改不從。後被火，爲火所燎，急解衣，赴溪水中，皮捲肉露，宛如一新剥狗，痛楚狂走，遶城市叫呼一匝而死。妻媳俱死瓦礫中，髓腦血肉，炙爆有聲。

蜀民李紹好食犬，前後殺犬不可勝計。嘗買一黑犬，甚雄壯，紹養之。一日，因醉夜歸，犬迎門號吠。紹怒，取斧擊犬。其子自内奔出，正中其額而死。索犬，不知所之。未幾，紹病，作犬嘷而死。

## 記警射飛鳥第九十

程明道先生爲上元主簿，始至邑，見人持黐竿以傷宿鳥。公取黐竿折之，教之使勿爲。及任滿，停舟郊外，聞數人共語曰：「此折竿主簿也。」鄉民子弟自此不敢弋取宿鳥者數年矣。

新塗楊兒以捕鳥爲業，被殺甚多。一晚，有寒雀棲樹上高處，乃急裝黐，登高取之。忽枝折墮地，一竹簽刺入腦中，流血被面而死。

「兒」，他書或作「二」。

## 記警啓蟄蟲第九十一

曹武惠王性不喜殺，所居室壞，子孫請修葺。公曰：「時方大冬，墻壁瓦石之間皆百蟲所蟄，不可傷其生。」其存心愛物如此。

曹名彬。

趙善應夏不去草，冬不破垣，懼百蟲之遊且蟄者失其所也。

胡僖方省試時，欲寓一潘姓園。見群蟻集室中，以數十萬計，家僮搆火欲焚之，公力止，曰：「以吾一夕之安，致傷數十萬命，吾不忍也。」竟辭而去。

後入試，窘三書義，但見群蟻戢戢筆端，逐之不去，遂思如泉湧。至四經義，蟻即不見。既中試，司試者評公文云：「若有神助。」

## 記警無故斬草木第九十二

宋哲宗宮中戲折柳枝，適程頤在經筵，進以方長不折之説。聞帝宮中盥漱，噴水避蟻，因講畢，請曰：「有是乎？」帝曰：「然，恐傷之耳。」頤曰：「推此心以及四海，帝王之要道也。」

周茂叔窗前草不除去，人問之，曰：「與自家生意一般。」可見草木雖是無知，若無故而斬伐，不幾自傷其生意乎？

司馬温公云：「草妨步則薙之，木礙冠則芟之。其他任其自然，相與同生天地間，亦各欲遂其生耳。」

## 記警笑人體貌第九十三

魯季孫行父禿，晉郤克眇，衛孫良夫跛，曹公子首僂，同時而聘於齊。齊使禿者御禿者，眇者御眇者，跛者御跛者，僂者御僂者。蕭同叔子踰臺上而笑之，聞於客。客不悦而去，相與立胥閭而語。齊人有知之者，曰：「齊之患必自此始矣。」後四國同伐齊，戰於牽。齊師敗績，國幾亡。

晉杜預都督荆州諸軍事，攻江陵，吴人知其病瘿，以瓠繫狗頸示之。有大樹似瘿者，輒斫使白，題曰「杜預頸」。及城破，盡捕殺之。

「蛇」，舊作「虵」，下同，今並改正。

宋王安石，饒氏甥也。舅以安石膚理如蛇皮，輕詆之曰：「此行貨，亦欲求官耶？」安石後大顯，以詩寄之曰：「世人莫笑老蛇皮，已化龍鱗衣錦歸。傳語晉江饒八舅，如今行貨正當時。」諸舅慚沮。

王陽明先生講學時，有泰和楊茂者候門求見。其人聾且啞，先生以字問，茂以字答，婉曲曉諭。茂時扣胸，指天躄地，稽首再拜而别。後其人爲善終身，子孫有榮顯者。

## 記警破人婚姻第九十四

夫婚姻者，合二姓以衍宗祧，關係最重。乃或因私仇宿怨，而妄詆其男女，追論其家世，禍將結而一語中停，巹方合而片言成隙，豈不犯鬼神之怒乎？又有嫌貧悔盟、恃强離婚者，尤於天理有害。倘有司徇情曲斷，使之分散，所供成案，即作離書，皆大損陰騭也。諺云：「一世破婚三世窮。」蓋有意破毁，最是慘毒之行，宜受此惡報者。或問：「至親密友，託我詢訪，亦可專意和合，誤人終身否？」曰：「若容貌粗陋，宜爲掩飾。或其人不肖，及其家世不當聯姻者，勸之斟酌可耳。」

張寅，安福人，少從叔振烈遊學於冀。冀人有憐其才者，館穀之。後領順天鄉薦，冀人争欲與之聯姻。寅曰：「寅嘗聘邑人康氏女，今南北不相聞問者已十年矣，何忍因其年遠地隔而竟負之耶？」會試不第，乃南歸。先是康之父母亦議改適，其女以死自誓，凛不可奪，至是，遂偕〔一〕伉儷。後寅成進士，康封安人。

太學生景姓者，流落他郡。家有一子，又被人拐去，而景不知也。傭書數年，僅餘銀三兩。偶見一窮人鬻妻，慨然贈之。夫婦得完，感謝而去。至明年，送還，猶念其貧，堅不肯受。夫婦心大不安，以景生親自炊煮，乃買一小厮送之，景不得已勉强應允。及攜入門，乃即景生被拐之子，悲喜不

〔一〕「偕」，傳本作「諧」。

勝。聞者莫不歎異。

## 記警讀書無序次第九十五

朱子讀書，必循序而致精，以爲窮理之要。嘗曰：「讀書須純一，如看一般未了，又要一般，都不濟事。某向時讀書，方其讀上句，則不知有下句；方其讀上章，則不知有下章。」又曰：「以我觀書，處處得益；以書博我，釋卷而茫然。」又曰：「昔陳烈先生苦無記性，一日，讀孟子至『求其放心』一章，曰：『我放心未收，如何讀書能記？』乃獨處一室，静坐月餘，自此讀書無遺。」

司馬温公嘗言：「學者讀書，少能自一卷讀至卷末，往往或從中、或從末隨意讀起，又不能終篇。光性最專，猶常患如此。從來惟見何涉學士案上惟置一書，讀之自首至尾，正校錯字，未終卷，誓不讀他書。此學者所難也。」

## 記警讀書不知要第九十六

謝上蔡初以記問爲學，自負該博，對明道先生言，舉史書不遺一字。明道曰：

「賢却記得許多，可謂玩物喪志。」謝聞此語，汗流浹背，面發赤。及看明道讀史，又却逐行看過，不差一字，謝殊不解。後來省悟，每以此接引博學之士。又謝上蔡曰：「明道先生嘗教某曰：『賢讀書，慎不要尋行數墨。』」

程子嘗言：「作文雖不害道，若一向專志，則志局於此，安能與天地同大？」

朱子曰：「作詩間以數句適懷，亦不妨，但不用多作，蓋便是陷溺。當其不應事時，平淡自攝，豈不勝思量詩句？」

先正云：「孔光不識進退字，張禹不識剛正字，許敬宗不識忠孝字，柳宗元不識節義字。」又，方遜志先生謂門人廖鏞〔一〕曰：「汝讀書幾年，尚不識箇『是』字。」方孝孺。

## 記警讀書不務實第九十七

嚴君平賣卜成都：與子言，依於孝；與臣言，依於忠；與弟言，依於悌。雖終

〔一〕「廖鏞」，原作「賡鏞」，形近誤。

日講學，而無講學之名。士大夫不可不知此意。

朱子曰：「今日正要端本澄源，以察事變之幾微，豈可一向没溺於故紙堆中，使精神昏迷〔一〕，失前忘後，而可謂之學乎？」

朱子又曰：「目前爲學，只是讀史傳，説世變，其治經，亦不過是記誦編節，向外意多，而未嘗反躬内省，以究義理之歸，故其身心放縱，意念粗淺，於自己分上無毫髮得力處。今日正當痛自循省，向裏消磨，庶幾晚節救得一半〔二〕。」

蔡虚齋曰：「若是真學問文章，必有見於威儀之際，與夫日用之常；若是真道德性命，必有見於治家之法，與夫當官之政。」

## 記警讀書不能疑第九十八

楊龜山曰：「學者須有所疑，乃能進德。然須用力深，方有疑。今世之士，讀書爲學，蓋自以爲無可疑者，故其學莫能相尚。」

〔一〕「迷」，傳本、教忠堂本作「蔽」。

〔二〕遺編本此條在體獨篇。

許魯齋設教，懇款周悉，必使通曉。嘗問諸生：「此章書義，若推之自身，今日之事，有可用否？」「書中無疑，看出有疑；有疑，却看出無疑：方是有益。」

陳白沙曰：「前輩謂學貴知疑。小疑則小進，大疑則大進。疑者，覺悟之機也。一番覺悟，一番長進。某初學時，亦是如此，更無别法。」

## 記警書法潦草第九十九

程明道先生作字甚敬，曰：「非是要字好，只此便是學。」

黄山谷見司馬温公資治通鑑藁本，雖數百卷，顛倒塗抹，訖無一字作草。

陸象山曰：「寫字須一點是一點，一畫是一畫，不可苟。」

陳白沙曰：「予書法，每於動上求静，放而不放，留而不留，此吾所以妙乎動也；得志勿驚，厄而不憂，此吾所以保乎静也。法而不囿，肆而不流，拙而愈巧，剛而能柔，形立而勢奔焉，意足而奇溢焉，以止吾心，以陶吾情，以調吾性，此吾所以游於藝也。」

## 記警養生導氣第一百

人有語導氣者，問明道先生曰：「君亦有術乎？」曰：「吾嘗夏葛而冬裘，飢食而渴飲，節嗜慾，定心氣，如斯而已矣。」

富鄭公以邵堯夫年高，勸學修養。堯夫曰：「不能學人胡亂走也。」後遇疾，笑謂温公曰：「雍欲觀化一巡。」疾革，伊川顧曰：「願先生自作主張。」曰：「無可主張者。」

陸澄以多病，從事養生。陽明先生曰：「養德養身只是一事，果能戒慎不睹，恐懼不聞，而志專於是，則養身之道在其中矣。元靜但當清心寡欲，一意聖賢，不當輕信異道，徒弊精神於無益耳。」

右記百行考旋。百事只是一事，學者能於一處打得徹，則百事自然就理。不然，正所謂覷著堯行事，亦無堯許多聰明，那得動容周旋中禮也〔一〕？

〔一〕遺編本此後有：「今學者都就百處做，即做得一一好在，亦往往瞞過人，故曰：其要只在慎獨。」

# 作聖篇

〇書云：「惟聖罔念作狂，惟狂克念作聖。」述作聖第六。

張子東銘篇曰：「戲言出於思也，戲動作於謀也。發乎聲，見乎四肢，謂非己心，不明也；欲人無己疑，不能也。過言，非心也；過動，非誠也。失於聲，謬迷其四體，謂己當然，自誣也；欲他人己從，誣人也。或者以出於心者，歸咎爲己戲；失於思者，自誣爲己誠。不知戒其出汝者，歸咎其不出汝者，長傲且遂非，不智孰甚焉！」千古而下，埋没却東銘，今特爲表而出之，止緣儒者專喜講大話也。余嘗謂東銘遠勝西銘，聞者愕然。

寇萊公六悔銘曰：「官行私曲，失時悔；富不儉用，貧時悔；藝不少學，長時悔；見事不學，用時悔；醉發狂言，醒時悔；安不將息，病時悔。」富鄭公年八十，猶書座屏曰：「守口如瓶，防意如城。」又語有：「群居閉口，獨坐防心。」二語最喫緊。

「慈湖」，當作「時㒚」，名庭顯，慈湖之父〔一〕。

錢名一本。

周名應中。

楊慈湖先生曰：「吾少時初不知有過，但見他人有過。一日自念曰：『豈他人俱有過，而我獨無耶？』乃反觀内索，久之，得其一；已而又觀索，得其二三；已而又索，然後見過不勝其多，乃大懼，力改。」

薛文清公曰：「輕，當矯之以重；急，當矯之以緩；褊，當矯之以寬；躁，當矯之以静；暴，當矯之以和；粗，當矯之以細。察其偏而悉矯之，則氣質變矣。」

王陽明先生曰：「凡人言語正當快意時，便截然能忍默得；意氣正到發揚時，便翕然能收斂得；忿怒嗜慾正到騰沸時，便廓然能消化得。此非天下之大勇不能。然見良知親切，功夫亦自不難。」

錢起新〔二〕曰：「人言知過、悔過尚是虚事，須是補過。補得一分，方改得一分；補得二分，方改得二分。」原註〔三〕：前輩周寧宇先生又言：「補過如以新繒補舊襖，更加堅固，方得永無破綻。若只以舊補舊，豈能長久？」此意更得進步法。

〔一〕按：據慈湖之師象山作楊承奉墓碣：「少時蓋常自視無過，視人則有過。一日，自念曰：『豈其人則有過？』旋又得二三，已而紛然，乃大恐懼，痛懲力改，刻意爲學。」（陸九淵集卷二十八，中華書局，一九八〇年）

〔二〕遺編本「起」作「啓」，小注：「一本。」又注：「與顧涇陽、高景逸稱東林三先生。」

〔三〕「原註」，傳本作「吾鄉」。

蔡虚齋曰：「禍莫大於縱己之慾，惡莫大於言人之非。」

曾子寢疾，病，樂正子春坐於牀下，曾元、曾申坐於足，童子隅坐而執燭，曰：「華而睆〔一〕，大夫之簀歟？」子春曰：「止。」曾子聞之，瞿然曰：「吁！此季孫之賜也，我未之能易也。元起易簀。」曾元曰：「夫子之病亟矣，不可以易，幸而至於旦，請敬易之。」曾子曰：「爾之愛我也不如彼，君子之愛人也以德，細〔二〕人之愛人也以姑息。吾何求哉？吾得正而斃焉，斯已矣。」舉扶而易之，反席未安而歿〔三〕。

西門豹性急，佩韋以自緩；董安于性緩，佩弦以自急〔四〕。

徐庶少時，任俠擊劍，幾死人手，折節學問，後遂與諸葛孔明齊名。

趙清獻公思絶慾，掛父母畫像於臥牀中以自監。趙康靖公中歲嘗置黄黑豆於几案，以分别善惡。此亦可謂能自警省者。

趙槩，謚康靖。

〔一〕「睆」，原作「皖」，據禮記檀弓上改。
〔二〕「細」，原作「緇」，據傳本、教忠堂本改。
〔三〕遺編本有小注：「此改過遷善第一義，爲萬世學者程。」
〔四〕遺編本此條在知幾篇。

邢恕。

橫渠先生少喜談兵，嘗以書謁范文正公，公一見，知其遠器，欲成就之，乃責之曰：「儒者自有名教，何事於兵？」因勸之讀中庸。先生感悟，遂盡棄其學，而進求之六經，醇如也。

朱子嘗言：「自見李延平先生〔一〕後，爲學始就平實，乃知向日從事釋、老之非。」

呂東萊少時，性氣粗暴，嫌飲食不如意，便敢打破家事。後因久病，只將一册論語早晚閒看，忽然覺得意思一時平了，遂終身無暴怒。此可爲變化氣質之法。

邢七自云：「一日三檢〔二〕點。」明道先生曰：「可哀也哉！其餘時理會甚事？蓋倣三省之説而錯者也，可見不曾用功，又多逐人面上説一般話〔三〕。」

陽明先生初溺於任俠之習，再溺於騎射之習，三溺於詞章之習，四溺於神仙之習，五溺於佛氏之習。正德丙寅，始歸正於聖賢之學。

〔一〕遺編本有小注：「侗。」

〔二〕「檢」，傳本作「簡」。

〔三〕遺編本此後有：「明道責之，邢恕曰：『無可説。』明道曰：『無可説，便不得不説。』（今人皆坐邢七病，直是無可説。）」

王心齋入京師，言動詭異，都中人大駭。還至會稽，陽明思裁之，及門三日，不與見。一日，陽明送客出門外，心齋長跪階下曰：「某知過矣！」陽明不顧，心齋隨入，至廳事，復厲聲曰：「仲尼不爲已甚！」陽明於是揖之起。時同志在側，莫不歎改過之勇。

按：遺編本此節條目與此不盡相同，補録七條不同者如下：

蘧伯玉行年五十，而知四十九年之非。

南大吉告陽明曰：「大吉臨政多過，先生何無一言？」先生曰：「何過？」大吉歷數其事。先生曰：「吾言之矣。」大吉曰：「何？」先生曰：「吾不言，何以知之？」大吉曰：「良知自知之。」先生曰：「良知非吾嘗言而何？」大吉笑謝而去。居數日，復自數過加密，且曰：「與其過後悔改，曷若預言不犯爲佳也。」先生曰：「人言不如自悔之真。」大吉笑謝而去。

晉戴淵少游俠，不治行簡，嘗在江、淮間攻掠商旅。陸機赴假還雒，輜重甚盛，淵使少年掠劫，淵在岸上據胡牀指揮，左右皆得其宜。淵既神姿鋒穎，雖處鄙事，神氣猶異。機於船屋上遥謂之曰：「卿才如此，亦復作劫邪？」淵便涕泣，投劍歸機，辭厲非常。機彌重之，定交，作啓薦焉。薦於趙王倫。

過江，仕至征西將軍，後没於王敦之亂。

周處膂力過人，不修細行，鄉里患之。處嘗謂父老曰：「今時和年豐，而人不樂，何也？」父老歎曰：「三害未除，何樂之有？」處曰：「何謂也？」曰：「南山有白額虎，義興長橋蛟，並子爲三矣。」處曰：「若害止此，吾能除之。」乃射虎殺蛟，遂從陸機、陸雲受學，篤志讀書，砥節礪行。比及期年，州郡交辟，卒死於忠孝之節。

王子敬獻之病篤，道家上章請首過，問：「子敬由來有何異同得失？」子敬云：「不覺有餘事，惟憶與郗家離婚。」如此放不過也。

尹彦明從學於伊川，聞見日新。他日，謝顯道謂之曰：「公既有所聞，正如服烏頭，苟無以制之，則藥發而病生矣。」彦明得之悚然。後世聞良知之説者近之。

王韶以取熙河功，致位樞密，晚年悔之。嘗遊金山寺，以因果問衆僧，僧皆曰：「以王法殺人，如舟行壓死螺蚌，自是無心。」韶猶疑之。時有刁景純約者，乃前輩向學人也。忽一日，逢於寺，坐中，韶復舉前話，衆答如前，刁獨無語。韶曰：「十八丈以爲何如？」刁曰：「但打得賢心下過，便自無妨。」韶曰：「今是打得過否？」曰：「打得過，自不問也。」韶益不自安。後數載，疽發背死。

右記遷善改過，只有曾子易簀是千古榜樣。前輩有言：曾子已至聖人地位，易簀一事，只看他氣象如何。後人言改過，多是隔靴搔癢，都不貼切。程子所謂「只向人面上説一般話」是也，所以終身不長進〔一〕。「克念作聖」，豈易言哉〔二〕？

〔一〕遺編本此後有：「間有迷而得復者。吾於王韶，猶有取焉。只一點打不過心，便是聖人真種子，疽背而死，緣來悔得十分了。」
〔二〕遺編本無「克念作聖豈易言哉」八字。

省察克治，爲實踐之方，古人功不求多，過惟求寡，先難後獲，理有固然。顧上士慎過，中待玉成，下藉忠誨，使父兄師友之教不先，則罔所遵循，展轉没溺，即長而能悔，去日已多。騁轡求歸，爲途已遠矣。家大人每慨世之學者務其枝葉而絶其根本，厝火積薪，卧其上而不知，煮鴆淬劍，食其中而罔覺，以詩書爲利禄之媒，以功名爲緣飾之具，習俗囂陵，人才澈薄，匪無故也。棣侍側時，未嘗不舉此以相誡勉。比見蕺山劉先生人譜，以爲此書最有切於身心。爰命棣洎弟楷模〔一〕、桂楫、榕榜共相讎校，鋟之家塾，以詔後人，并以廣之同志。讀是編者，苟能身體而力行之，暴者抑之而思仁，懦者激之而思强，固者道之而思通，辟者規之而思正，貪者矯之而思廉，蔽者發之而思明，隘者充之而思廣，庶幾與刻書之指不相戾乎。

男肇棣敬識

〔一〕「楷模」，教忠堂本作「模標」。

遺編本按語如下：

按：記中載及汪公偉事，當是子六十八歲考終時所作。是歲，年譜稱：「五月，子於人譜再加改正，又取古人言行，從記過格諸款類次以備警，名人譜雜記。」又云：「人譜尚未畢草，子臨絶，命汋補之，敬受命成書。」而底鈔謂：「子屬纊時云：『人譜雜記屬垂絶之筆，精神在焉。』」又云：「朱静因嘗請作此書，故成此以慰之耳。」静因，良友也。門人董瑞生附識。

# 人譜大全

# 人譜序

古者人心敦厚，好善多儔，諛惡寡與，故司聲教者可不言而喻。自末俗澆漓，往往不知踐倫務本，而汩没於聲色貨利，汙染既深，浣濯難潔，即有附和文壇者，亦不過博功名、干榮寵，而違道實遠矣。此念臺劉先生孜孜焉以人譜警醒迷昧，蓋有大不得已於懷者也。夫人之所以爲人者，惟身與心。不失其心，斯立其身。孝經云「終於立身」，以立身爲性命之原。苟不自保其身，則虧體辱親，不可以爲人矣。但人自大倫及處事接物，豈能無過？只要一念竦然，知過必改，尤要念念竦然，惟恐有過而不知，又恐知之未明而行之不力。無一事、無一時、無一處不戒謹危懼，存理去欲，則主敬工夫得之優矣。顔子克己，子路聞過則喜，斯爲成人之準則、作聖之根基，先生紀過、訟過之法咸本於此。乃今之士子語及人譜，或畏之，或厭之，竟不思人譜所云，率循視聽言動之禮、君臣父子夫婦兄弟朋友之常，令彝倫一脉歷鼎革而猶存者，山陰先生之功同於七政之經天、五嶽之緯地。凡爲學者，宜樂而從之，毋可畏、毋可厭也。若以爲可畏可厭，則其人必自棄自暴自絶人道者耶？嗟嗟，人道絶則性命先絶矣。

君子曰：恃有人譜，爲萬世之木鐸也。稽是譜，繼稺吴公初梓於長興，長儒鮑公再梓於武林。及乙酉五月，先生復取舊本更定之，方欲廣示同人，不虞南都崩裂，風沙暗西陵，而是書爲獲麟絶筆矣。先生於崇禎朝兩仕總憲，屢上疏，匡時直諫，有犯無隱，爲秉國者所忌，遂去位。至是聞變，旬日不食，盡節於家。有絶命詞云：「留此旬日死，少存匡濟意。決此一朝死，了我平生事。慷慨與從容，何難亦何易？」又示子壻云：「信國不可爲，偷生豈能久？止水與疊山，只争死先後。若云袁夏甫，時地皆非偶。得正而斃矣，庶幾全所受。」先生千古完人矣！

余於己丑辭閩抵里，道經山陰，得人譜全本，如見河圖洛書，迄今四十餘年，反躬實踐，雖未能得先生之心，而每篇之末附以願學之忱，公於天下後世。余不敏，敢藉先生爲師表矣。

禾郡果山遺民葉鈐潛夫敬書於事天閣

# 人譜大全凡例

一、是譜劉先生譜其所以爲人之本，題曰人譜。余讀而講之身心性命、綱常名教、爲聖爲賢之道，靡不綜貫，故曰人譜大全。

一、甲戌、丁丑所刻舊本，先生於乙酉五月親自删削者不載。

一、約誡内上罰、中罰，皆勉人改過遷善，不得已而示罰，有春秋「惡惡疾始，善善樂終」之義焉。

一、人社約誡及會儀節文，與白鹿洞學規可以並行，振興社學，企望今之君子。

一、讀人譜者，須先收放心，整容端坐，敬謹操存，將各條公案歷歷内省，必得大益。

一、人譜諸條，學者能知之行之而不間斷，便可希聖希賢，慎毋以規矩嚴峻、節文詳密而委之曰：「我力不足也。」學者勉旃。

一、人譜定本，俱高二字，亦有高一字，而余所參閲者，俱低二字，以卮言不敢與前輩作述並也。

葉鈖潛夫謹識

# 人譜大全卷一

蕺山長者劉念臺著　果山葉鈖潛夫參

## 正篇

### 人極圖

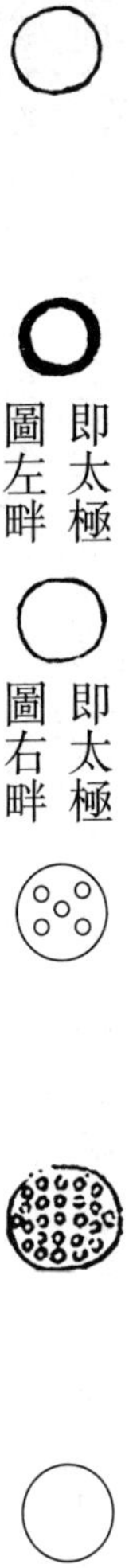


按：此第二、第三圖即濂溪太極圖之第二圖，然分而爲二，自有別解，且左右互易，學者詳之。

### 人極圖説

無善而至善，心之體也。

即周子所謂太極。太極本無極也。統三才而言，謂之極；分人極而言，謂之善：其義一也。

繼之者，善也。

動而陽也，乾知大始是也。

成之者，性也。

静而陰也，坤作成物是也。

繇是而之焉，達於天下者，道也。放勳曰：「父子有親，君臣有義，夫婦有别，長幼有序，朋友有信。」此五者，五性之所著也。五性既著，萬化出焉；萬化既行，萬性正矣。

五性之德，各有專屬，以配水、火、木、金、土，此人道之所以達也。

萬性，一性也；性，一至善也；至善，本無善也。無善之真，分爲二五，散爲萬善。上際爲乾，下蟠爲坤。「乾知大始」，吾「易知」也；「坤作成物」，吾「簡能」也。其俯仰於乾坤之内者，皆其與吾之知能者也。

乾道成男，即上際之天；坤道成女，即下蟠之地；而萬物之胞與，不言可知。是西銘以乾坤爲父母，至此以天地爲男女，乃見人道之大。

大哉人乎！無知而無不知，無能而無不能，其惟心之所爲乎！易曰：「天下何思何慮？

一致而百慮，同歸而殊途。天下何思何慮？」

無知之知，不慮而知；無能之能，不學而能：是之爲無善之善。

君子存之，善莫積焉；小人去之，過莫加焉。吉凶悔吝，惟所感也。積善積不善，人禽之路也。知其不善，以改於善；始於有善，終於無不善。其道至善，其要无咎，所以盡人之學也。

君子存之，即此「何思何慮」之心，周子所謂「主静立人極」是也。然其要歸之善補過，所繇殆與不思善惡之旨異矣。此聖學也。

潛夫曰：陰陽一動静也，不先陽而先陰者，以静之終，動之始也。夫静而未動，太極在陰陽之先；動而静，静而動，太極在陰陽之内；互動互静，感通無窮，太極在變而有常之中。雖五性之德配水火木金土，分陰分陽似二，而陽不離陰，陰不離陽，二而一也。説卦曰：「立天之道曰陰與陽，立地之道曰柔與剛，立人之道曰仁與義。」此言卦畫順性命之理而效天法地，必待其人以裁成輔相之，故先儒以立人極爲萬化從出之原也，但周子主静，劉子歸之善補過，以補過可无咎也。無善而至善，心之體；補過專言善者，心之用也。

「積善積不善，人禽之路」，即孟子「人之所以異於禽獸者幾希，庶民去之，君子存之」之旨。

繼善之説得之明道先生矣。其言曰：「所謂『繼之者，善也』者，猶水流而就下也。皆水也，有流而至海，終無所汙，此何煩人力之爲也？有流而未遠，固已漸濁；有出而甚遠，方有所濁。有濁之多者，有濁之少者，清濁雖不同，然不可以濁者不謂之水也。所以人不可以不加澄治之功。故用力敏者其清疾，用力緩者其清遲，及至於清，則却只是元初水也。不是將清來換却濁，亦不是取出濁來置在一隅也。水之清，則性善之謂也。」

或問：人極圖六箇圈，其理何居？潛夫答曰：人極者，萬善之總名，而萬善協於一善。圈者，善一而無殊，六圈分殊而一善。試觀太極圖水火木金土五圈，雖曰各具一太極，其實渾然一理，原無差別也。人極圖亦若是。其第二圈純○者，乃動而無動，但見其陰；第三圈純○者，乃静而無静，但見其陽。故分周子兩儀圖之左右畔而易之，此即劉先生之易也。

人譜大全卷一終

男汝謨校梓

# 人譜大全卷二

## 續篇

蕺山長者劉念臺著　果山葉鈐潛夫參

### 證人要旨

○無極太極。一曰凛閒居以體獨。

學以學爲人，則必證其所以爲人；證其所以爲人，證其所以爲心而已。自昔孔門相傳心法，一則曰慎獨，再則曰慎獨。夫人心有獨體焉，即「天命」之「性」，而「率性」之「道」所從出也。慎獨而中和位育，天下之能事畢矣。然獨體至微，安得容慎？惟有一獨處之時，可謂下手法。而在小人，仍謂之「閒居爲不善，無所不至」，至念及揜著無益之時，而已不覺其爽然自失矣。君子曰：「閒居之地，可懼也，而轉可圖也。」吾姑即閒居以證此心。此時一念未起，無善可著，更何不善可爲？止有一真无妄，在不睹不聞之地，無所容吾自欺也，吾亦與之毋自欺而已，則雖一善不立之中，而已具有渾然至善之極。君子所爲必慎其獨也。夫一閒居耳，小人得之，爲萬惡淵藪；而君子善反之，即是證性之路：蓋敬肆之分也。敬肆之分，人禽之辯也。此證人第一義也。

靜坐是閒中喫緊一事，其次則讀書。朱子曰：「每日取半日靜坐，半日讀書。如是行之一二年，不患無長進。」

潛夫曰：念臺先生學問以慎獨爲主，而曰體獨者，謂獨中有太極焉。太極無形而有理，猶此心無念而有覺。但理在天地，則爲天地之太極；理在人心，則爲人心之太極。人未有不具太極而生，學問未有不繇太極而出，試以學庸默而觀之：大學慎獨，用力去欲也；中庸慎獨，遏人欲於將萌也。遏欲去欲，還其一真，无妄之本然。本然者，太極也。學庸雖不説出太極，畢竟通太極者能悟學庸耳。

或問：解悟學庸，何以通太極？答曰：慎獨非守獨也。格致誠正、修齊治平，俱昭融於獨之内；中和位育，以至無聲無臭，俱不息於獨之中。故明、新、至善，全體一太極；鳶飛魚躍，物物一太極：無時無處非學庸之道，即無時無處非太極之體。

「半日靜坐，半日讀書」，李愿中先生教朱子之言。朱子即以之教郭德元也。朱子又云：「無事静坐，有事應酬，隨時隨處，無非自己身心運用。」愚意静坐時見得道理分曉，則應酬自然不錯悮。臨事接物時一如静坐時，纔是真學問、真識見、真力量。

○動而無動。二曰卜動念以知幾。

獨體本無動静，而動念其端倪也。動而生陽，七情著焉。念如其初，則情率乎性。動無不善，動亦静也。轉一念而不善隨之，動而動矣。是以君子有慎獨之學。七情之動不勝窮，而約之爲累心之物，則嗜欲忿懥居其大者。損之象曰：「君子以懲忿窒欲。」懲窒之功，正就動念時，力扼其轉念之關，不使流而爲不善。纔有不善，未嘗不知之而止之，止之而復其初矣。過此以往，便有蔓不及圖者。昔人云：「懲忿如摧山，窒欲如填壑。」直如此難，亦爲圖之於其蔓故耳。學不本之慎獨，則心無所主，滋爲物化。雖終日懲忿，只是以忿懲忿；終日窒欲，只是以欲窒欲。以忿懲忿，忿愈增；以欲窒欲，欲愈潰。宜其有取於摧山填壑之象。豈知人心本自無忿，忽焉有忿，吾知之；本自無欲，忽焉有欲，吾知之。只此知之之時，即是懲之窒之之時，當下廓清，可不費絲毫氣力，後來徐加保任而已。易曰：「知幾其神乎？」此之謂也。謂非獨體之至神，不足以與於此也。

潛夫曰：安身集於精義，精義純乎察幾。事將至，而吉凶若兆，事已至，而吉凶若斷，非幾也。幾在未萌未形之先、不有不無之際，不言動静，却不離動静。動而静，則見天心；動而動，則雜人欲。夫天命之性粹於吾心，湛然虚靈，何有忿，何有欲乎？自私意競起，邪感牽流，遂至忿不勝懲，欲不勝窒矣。故懲窒之力必於發動之初，即反而思，曰：「此一念也，可告父母乎？可達天地乎？可質諸衾影乎？」端倪始露，省察彌精，則幾之先見者通於神明矣。

○静而無静。三曰謹威儀以定命。

慎獨之學，既於動念上卜貞邪，已足端本澄源，而念不自念泯也。容貌辭氣之間，有爲之符者矣，所謂静而生陰也。於焉「官雖止而神自行」，仍一一以獨體閑之，静而妙合於動矣。如足容當重，無以輕佻心失之；手容當恭，無以弛慢心失之；目容當端，無以淫僻心失之；口容當止，無以煩易心失之；聲容當静，無以暴厲心失之；頭容當直，無以邪曲心失之；氣容當肅，無以浮蕩心失之；立容當德，無以徙倚心失之；色容當莊，無以表暴心失之：此記所謂九容也。天命之性不可見，而見於容貌辭氣之間，莫不各有當然之則，是即所謂性也，故曰：「威儀所以定命。」昔横渠教人，專以知禮成性、變化氣質爲先，殆謂是歟？

潛夫曰：「九容」載在禮記，劉先生取諸身而揆諸心，以心術存於内，威儀見於外。

心術，體也；威儀，用也。得敬之體者，得敬之用矣。若稍萌懈怠之意，則威儀不能無失，遑問命之定乎？定命與立命不同。立命，自立其命，不爲世運所推移；定命，人受天地之中氣以生，順其生生之理，而命於此定也。晦翁先生云：「容貌辭色之間，正學者持養用力之地。」又云：「九容、九思便是涵養。」先儒教人，只以涵養爲變化氣質之先務。

五行攸叙。 **四曰敦大倫以凝道。**

人生七尺，墮地後，便爲五大倫關切之身，而所性之理，與之一齊俱到，分寄五行，天然定位。父子有親，屬少陽之木，喜之性也；君臣有義，屬少陰之金，怒之性也；長幼有序，屬太陽之火，樂之性也；夫婦有別，屬太陰之水，哀之性也；朋友有信，屬陰陽會合之土，中之性也。此五者，天下之達道也，「率性之謂道」是也。然必待其人而後行，故學者工夫，自慎獨以來，根心生色，暢於四肢，自當發於事業，而其大者，先授之五倫。於此尤加致力，外之何以極其規模之大，内之何以究其節目之詳，總期踐履敦篤，慥慥君子以無忝此率性之道而已。昔人之言曰：「五倫間有多少不盡分處。」夫惟常懷不盡之心，而黽勉以從事焉，庶幾其逭於責乎！

潛夫曰：天地一闔一闢，闔闢有小有大，自晝夜至寒暑，寒暑代往來，往來易今古。化化生生，亦有小有大，其塞天地，横四海，至大而無遺者，惟倫常也，故曰大倫。人爲倫常之人，當爲踐倫之人，踐倫則天經地義，民行胥此立焉，故曰「敦大倫以凝道」。夫父子、君臣、兄弟、夫婦，統一天性，在喜怒哀樂未發之先，而兹以喜怒哀樂分屬者，言其性之體也。朋友，云中之性，何居？友於五行屬土，於五德屬信，土旺四季，所謂中氣，親、義、序、别、信，一先天本體，徵於情，盡其理，原無一點欠缺。暗室屋漏，凛凛敕帝，尊親清廟，明堂依依，視膳問寢，凝道者凝此也。

「天地生物，各無不足之理，常思天下君臣、父子、兄弟、夫婦有多少不盡分處。」此明道先生之遺書也，劉先生引此語教人各盡其分，無間也。

### 物物太極。五曰備百行以考旋。

孟子曰：「萬物皆備於我矣。」此非意言之也。只繇五大倫推之，盈天地間皆吾父子、君臣、兄弟、夫婦、朋友也。其間知之明、處之當，無不一一責備於君子之身。夫是一體，關切痛癢，然而其間有一處缺陷，便如一體中傷殘了一肢一節，不成其爲我。又曰：「細行不矜，終累大德。」安見肢節受傷非即腹心之痛？故君子言仁，則無所不愛；言義，則無所不宜；

言別，則無所不辯；言序，則無所不讓；言信，則無所不實：至此乃見盡性之學，盡倫盡物，一以貫之。易稱「視履考祥，其旋元吉」，吉祥之地，正是不廢查考耳。今學者動言萬物備我，恐只是鏡中花，略見得光景如此。若是真見得，便須一一與之踐履過。故曰：「反身而誠，樂莫大焉。」又曰：「强恕而行，求仁莫近焉。」「反身而誠」，統體一極也；「强恕而行」，物物一極也。

潛夫曰：一畫以後，無所不備矣。四德備而成乾，四時備而成歲，五官備而成人，百行備而成德。自人事不修，而天地遂有缺陷也。就人身言之，耳目口鼻、四肢百骸具足，則百行宜修，而或視聽不能盡其聰明，言動不能踐其信恭，雖體貌偉然，何當於踐形惟肖，則百行欠缺處正多矣。夫仁、義、禮、智、信充滿於心，□人率由之正理，失正理，則此心之邪病亂於臟腑，故百行不能完備，此天地間極不祥之人物，何異良田中之稂莠、美室上之梟鳥也？夫仁者，渾然與萬物同體，義、禮、智、信皆仁也。盡仁則生意流行，豈有間斷哉？程子曰：「心譬如穀種，生之性便是仁，陽氣發處乃情也。」朱子曰：「孟子説『仁，人心』，此語最親切。心自是仁底物事，存得此心，不患他不仁。」合觀之，則知反之我身而萬物皆備者，以大本在腔子裏耳。

其要无咎。○六曰遷善改過以作聖。

自古無見成的聖人，即堯舜不廢兢業。其次只一味遷善改過，便做成聖人，如孔子自道可見。學者未歷過上五條公案，通身都是罪過；即已歷過上五條公案，通身仍是罪過。纔舉一公案，如此是善，不如此便是過。即如此是善，而善無窮，以善進善，亦無窮；不如此是過，而過無窮，因過改過，亦無窮。一遷一改，時遷時改，忽不覺其入於聖人之域，此證人之極則也。然所謂是善是不善，本心原自歷落分明，學者但就本心明處，一決決定如此不如彼，便時時有遷改工夫可做。更須小心窮理，使本心愈明，則查簡愈細，全靠不得今日已是見得如此如此，而即以爲了手地也。故曰：「君子無所不用其極。」

潛夫曰：學者日日在過中，日日當思改過；終身在過中，終身當思改過。夫過不起於嗜慾，即起於意見。不力行，豈識嗜慾之攻其形？不致知，豈察意見之攻其心？故省過貴乎明，去過務乎斷。人品之真僞，學術之邪正，只在是明非明、是斷非斷之際耳。故曰：「遷善如日月之恒，改過若風雷之迅。」蓋改過又須遷善，非改過之後別無遷善之方。故善與過所以對舉，曷爲乎？必對舉，有過，不幸也，過而不改，是謂過矣；有善，本來也，著力爲善，真善也。惟善而自矜其能，過之尤者也。此處路頭不清，便是自欺，便不得自謙，所以遷改工夫須小心窮理。但小心窮理，合而不可離者：能小心，則窮理日益密；能窮理，則小心日益謹。作聖之功，其在兹乎？

## 紀過格

⊙ 物先兆。一曰微過，獨知主之。

妄獨而離其天者是。

以上一過，實函後來種種諸過，而藏在未起念以前，彷彿不可名狀，故曰「微」。原從無過中看出過來者。

「妄」字最難解，直是無病痛可指，如人元氣偶虚耳，然百邪從此易入。人犯此者，便一生受虧，無藥可療，最可畏也。程子曰：「无妄之謂誠。」誠尚在无妄之後。誠與僞對，妄乃生僞也。妄無面目，只一點浮氣所中，如「履霜」之象，微乎微乎！妄根所中曰「惑」，爲利，爲名，爲生死；其粗者爲酒色財氣。

潛夫曰：性命之理，真實无妄，故動以天理則无妄，動以人欲則爲妄。妄字從「亡」從「女」，女處於内而亡出於外，則離其真矣。真妄雖不兩立，而妄内求真，妄也；妄外求真，亦妄也；以妄證真，以真滅妄，更妄也。然則驅妄之法若何？曰：存其誠而已矣。

◎ 動而有動。**二曰隱過，七情主之。**

**溢喜**損者三樂之類。

**遷怒**尤忌藏怒。

**傷哀**長戚戚。

**多懼**憂讒畏譏，或遇事變而失其所守。

**溺愛**多在妻子。

**作惡**多在疎賤。

**縱欲**耳目口體之屬。

以上諸過，過在心，藏而未露，故曰「隱」。仍坐前微過來，一過積二過。微過不可見，但感之以喜，則侈然而溢；感之以怒，則怫然而遷。七情皆如是，而微過之真面目於此斯見。今須將微者先行消煞一下，然後可議及此耳。

潛夫曰：七情之中不及樂。樂者，性也。未發時不可言喜怒哀，可以言樂。七情皆繇乎觸，繇乎著，樂無觸無著也。夫樂，心之體；有不樂，非其體也。但樂有二義：有所倚而樂者，樂以人也，喪其所倚則不樂；無所倚而樂者，樂以天也，舒慘得失，欣戚榮悴，無之而不泰然内充者，真樂也。若曰樂其所樂，豈不改其樂之謂哉？喜怒哀雖從七情，而亦係五臟。如怒傷肝，喜傷心，思傷脾，憂傷肺，恐傷腎，其病根皆不及察者，故治情先去其情之根。

⊙

静而有静。三曰顯過，九容主之。

箕踞　交股大交小交。　趨蹶以上足容。

擎拳　攘臂　高卑任意以上手容。

偷視　斜視　視非禮以上目容。

貌言　易言　煩言以上口容。

高聲　譃笑　詈罵以上聲容。

岸冠　脱幘　摇首　側耳以上頭容。

好剛使氣　怠懈以上氣容。

跛倚　當門　履閾以上立容。

令色　遽色　作色以上色容。

以上諸過授於身，故曰「顯」。仍坐前微、隱二過來，一過積三過。

九容之地，即七情穿插其中，每容都有七種情狀伏在裏許，今姑言其略：如箕踞，喜也會箕踞，怒也會箕踞。其他可以類推。

潛夫曰：九容皆主敬，而口容尤不可不慎。失口於君子之前，未免自愧；失口於小人之前，未免取禍。故言語必順於理而不妄發，是涵養得力之一端。

(火)五行不叙。四曰大過，五倫主之。

非道事親　親過不諫　責善　輕違教令　先意失懽　定省失節　唯諾不謹　奔走不恪　私財　私出入　私交遊　浪遊　不守成業　不謹疾　侍疾不致謹　讀禮不慎衣服、飲食、居處。　停喪　祭祀不敬失齋、失戒、不備物。　繼述無聞　忌日不哀失禮及飲酒、茹葷之類。　事伯叔父母不視父母以降以上父子類，皆坐爲人子者。其爲父，而過可以類推。

非道事君　長君　逢君　始進欺君考校、筮仕、鑽刺之類。　遷轉欺君夤緣、速化。　宦成欺君貪位、固寵。　不謹　罷軟　貪　酷　傲上官　凌下位　居鄉把持官府　遲完國課　脱漏差徭　擅議詔令　私議公祖父母官政事美惡　縱子弟出入衙門　誣告以上君臣類。

交警不時　聽婦言　反目　帷簿不謹如縱婦女入廟燒香之類。　私寵婢妾　無故娶妾　婦言踰閾以上夫婦類，皆坐爲人夫者。

非道事兄　疾行先長　衣食凌競　語次先舉　出入不稟命　憂患不恤　侍疾不謹　私蓄　早年分爨　侵公産　異母相嫌　鬩墻　外訴　聽妻子離間　貧富相形　久疎動定　疎視猶子　遇族兄弟於途不讓行　遇族尊長於途不起居以上長幼類，皆坐爲人幼者。其爲長，而過可以類推。

勢交　利交　濫交　狎比匪人　延譽　恥下問　嫉視諍友　善不相長　過不相規　群居游談　流連酒食　緩急不相視　初終渝盟　匿怨　强聒　好爲人師以上朋友類。

以上諸過，過在家國天下，故曰「大」。仍坐前微、隱、顯三過來，一過積四過。諸大過總在容貌辭氣上見，如高聲一語，以之事父，則不孝；以之事兄，則不友。其他可以類推。爲是心上生出來者，意惡也。

潛夫曰：劉子云：「高聲一語，以之事父，則不孝；以之事兄，則不友。」説得極真極醒。夫和氣愉色婉容，小心持養其氣象，猶恐或失之，敢高聲乎？爲子弟者當以「天下無不是的父母，世間最難得者兄弟」二句時刻繹思，全其愛敬，安得有悖倫之過哉？意惡甚隱而奸，其毒大浮於顯惡，五刑三千條所不及議其辜者，惟天獨誅其意焉。

物物不極。五曰叢過，百行主之。

游夢　戲動　謾語　嫌疑　造次　乘危　蹊徑　好閒　博奕　流連花石　好古玩　好書畫　牀笫私言　蚤眠晏起　晝處内室　狎使婢女　挾妓　俊僕　畜優人　觀戲場　行不避婦女　暑月袒　科跣　衣冠異製　懷居居處器什。　輿馬　饕餮　憎食　縱飲　深夜飲　市飲　輕赴人席　宴會侈靡　輕諾　輕假我假、人假。　輕施　與人期爽約　濫受　居間爲利　獻媚當途　多取　躁進　交易不公虧小經紀人一文二文以上，及買田産短價。　拾遺不還　持籌　田宅方圓　嫁娶奢侈　誅求親故　窮追遠年債負　違例取息　謀風水　有恩不報　拒人乞貸　遇事不行方便如排難解紛、勸善阻惡之類。　横逆相報　宿怨　武斷鄉曲　設誓　毒駡　習市語　稱綽號　造歌謠　傳流言　稱人惡　暴人陰事　面訐　譏議前輩　訟　終訟　主訟　失盗窮治　捐棄故舊　疎九族　薄三黨　欺鄉里　侮鄰佑　慢流寓　虐使僮僕　欺凌寒賤　擠無告　遇死喪不恤　見骼不掩　特殺　食耕牛野禽　殺起蟄　無故拔一草折一木　暴殄天物　褻瀆神社　呵風怨雨　棄毁文字　雌黄經傳　讀書無序　作字潦草　輕刻詩文　近方士　禱賽　主拹庵院　拜僧尼　假道學以上諸過，自微而著，分大而小，各以其類相從，略以百爲則，一過積五過。百過所舉，先之以謹獨一關，而綱紀之以色、食、財、氣，終之以學而叛道者，大抵皆從五倫不叙生來。

潛夫曰：一念點污，一事敗壞，終身尚羞恥之，矧叢過乎？夫叢者繇微繇小而積也，善可積，過不可積，過而至於積，皆敢心始之也。人能存此不敢之心，則非僻無自而入，庶幾可以消過。消一二過，即消百過之漸也。吁嗟！五倫不叙，皆因乎漸慎之哉？假道學之人妄思自立，叛道亂真，吾儒之賊也。朱子云：「是真難滅，是假易除。」此劉子所以列於叢過之終，深警之也！

○ 迷復。**六曰成過，爲衆惡門，以克念終焉。**

**祟門** 微過成過曰微惡。用小訟法解之，閉閤一時。

**妖門** 隱過成過曰隱惡。用小訟法解之，閉閤二時。

**□[一]門** 顯過成過曰顯惡。用小訟法解之，閉閤三時。

[一]「□」，國圖本人譜作「夷」，傅本、教忠堂本作「鬼」，劉子全書本等作「戾」，蓋避諱剜去。

**獸門**大過成過曰大惡。用大訟法解之，閉閣終日。

**賊門**叢過成過曰叢惡。輕者用小訟法，重者用大訟法解之，閉閣如前。

**聖域**諸過成過，還以成過得改地，一一進以訟法，立登聖域。

以上一過准一惡，惡不可縱，故終之以聖域。

夫人雖犯極惡大罪，其良心仍是不泯，依然與聖人一樣，只爲習染所引壞了事。若纔提起此心，耿耿小明，火然泉達，滿盤已是聖人。或曰：「其如積惡蒙頭何？」曰：「說在孟子訓惡人齋戒矣。且既已如此，又恁地去，可奈何？正恐直是不繇人不如此不得。」

潛夫曰：迷復者何？自迷而明，則不迷矣，故復爲反善之義。過未成，猶可遏也；過已成，爲衆惡門，則人共棄之，無地容其面目矣。然面目未改，則良心亦未泯也，苟能一轉念，以翻然勃然之氣爲省察克治之功，優入聖域，又何難焉？此聖賢許人自新之路也。閉閣即「相在爾室」之意，無形無聲，而攻惡務盡，則小訟、大訟至此俱無訟矣。晦翁先生曰：「世間萬事須臾變滅，皆不足置胸中，惟有窮理修身爲究竟法。」此說當與紀過格訟過法參看。

## 訟過法即静坐法。

一炷香，一盂水，置之净几，布一蒲團座子於下方，會平旦以後，一躬就坐，交趺、齊手、屏息、正容，整〔一〕儼威問，鑒臨有赫，呈我夙夜，炳如也。乃進而敕之曰：「爾固儼然人耳，一朝跌足，乃禽乃獸，種種墮落，嗟何及矣！」應曰：「唯唯。」復出十目十手，共指共視，皆作如是言。應曰：「唯唯。」於是方寸兀兀，痛汗微星，赤光發頰，若身親三木者。已乃躍然而奮曰：「是予之罪也夫。」則又敕之曰：「莫若姑且供認。」又應曰：「否否。」頃之，一綫清明之氣徐徐來，若向太虛然，此心便與太虛同體。乃知從前都是妄緣，妄則非真。一真自若，湛湛澄澄，迎之無來，隨之無去，却是本來真面目也。此時正好與之葆任，忽有一塵起，輒吹落；又葆任一回，忽有塵起，輒吹落。如此數番，勿忘勿助，勿問效驗如何。一霍間，整身而起，閉閤終日。

或咎予此說近禪者，予已廢之矣。既而思之，曰：此静坐法也。静坐非學乎？程子每見人静坐，便嘆其善學。後人又曰：「不是教人坐禪入定，蓋借以補小學一段求放心工

〔一〕「整」，國圖本作「正」。

夫。」旨哉言乎！然則靜坐豈一無事事？近高忠憲有靜坐説二通，其一是撒手懸崖伎倆，其一是小心著地伎倆，而公終以後説爲正。今儒者談學，每言存養省察，又曰「靜而存養，動而省察」，却教何處分動靜？無思無爲，靜乎？應事接物，動乎？雖無思無爲，而此心常運者，自然常運；雖應事接物，而此心常止者，自然常止。其常運者，即省察之實地；而其常止者，即存養之真機：總是一時小心著地工夫。故存養、省察，二者不可截然分爲兩事，而并不可以動靜分也。陸子曰：「涵養是主人翁，省察是奴婢。」今爲鈍根設法，請先爲其奴者，得訟過法。然此外亦無所謂涵養一門矣，故仍存其説而不廢，因補註曰「靜坐法」。

潛夫曰：閉閤終日，前章以訟法去惡，此章言訟過，即靜坐法。靜坐則寡欲，養心之助居多，豈惟精神收攝？

紀過訟過專主過者，劉子謂：「聖人言過不言功。若言功，則近於利矣。」愚意：利不獨財利之利，稍懷私利，終必受害；功亦非事功之功，偶急功名，終虧大節。故功利一關能打得透，則過亦鮮矣。第訟過與靜坐法何爲而同？周子云「無欲則靜」，可見無欲者，寡過之原，而靜之實理也。過而未至於寡，則不可不内訟。反觀惕慮，毫髮人欲便與天理有間，須嚴自切責，以吾心爲司寇，以吾身爲兩造，敕法於衾影之中，鞫刑於肺腑之内，必明允而後服焉，服則歸於静矣。

按：明道先生在潁昌，龜山調官京師，因往潁昌從學，明道甚喜，每言曰：「楊君最會得容易。」及歸，送之出門，謂坐客曰：「吾道南矣！」謝顯道爲人誠實，但聰悟不及楊公，故明道常言楊君聰明，謝君如水投石，然亦未嘗不稱其善。後伊川先生自涪歸，見學者凋落，多從釋氏之教，滯固者入於枯槁，疏通者涉於恣肆，獨楊與謝始終不變，因嘆曰：「學者皆流於異端矣！惟有楊謝二君長進。」今劉先生以存養省察不分爲兩事，并不分動静，正之於實地真機者，二程之淵源也，誰曰染禪乎？

## 改過説一

天命流行，物與无妄，人得之以爲心，是謂本心，何過之有？惟是氣機乘除之際，有不能無過不及之差者。有過而後有不及，雖不及，亦過也，過也而妄乘之，爲厥心病矣。乃其造端甚微，去無過之地，所争不能毫釐，而其究甚大。譬之木，自本而根而榦而標；水，自源而後及於流，盈科放海。故曰：「涓涓不息，將成江河；綿綿不絶，將尋斧柯。」是以君子慎防其微也。防微則時時知過，時時改過。俄而授之隱過矣，當念過，便從當念改；又授之顯過矣，當身過，便從當身改；又授之大過矣，當境過，當境改；又授之叢過矣，隨事過，隨事改。

改之，則復於無過，可喜也。過而不改，是謂過矣。雖然，且得無改乎？凡此皆却妄還真之路，而工夫喫緊，總在微處得力云。「子絕四：毋意，毋必，毋固，毋我。」真能謹微者。專言毋我，即顏氏之克己，然視子而已粗矣；其次爲原憲之「克、伐、怨、欲不行焉」，視顏則又粗，故夫子僅許之曰：「可以爲難矣。」言幾幾乎其勝之也。張子十五年學箇恭而安不成。程子曰：「可知是學不成，有多少病痛在。」亦爲其徒求之顯著之地耳。司馬温公則云：「某平生無甚過人處，但無一事不可對人言者。」庶幾免於大過乎！若邢恕之一日三簡點，則叢過對治法也。真能改過者，無顯非微，無小非大，即邢恕之學未始非孔子之學，故曰：「出則事公卿，入則事父兄，喪事不敢不勉，不爲酒困。」不然，其自原憲而下，落一格，轉粗一格，工夫彌難，去道彌遠矣！學者須是學孔子之學。

## 改過說二

人心自真而之妄，非有妄也，但自明而之暗耳。暗則成妄，如魑魅不能晝見。然人無有過而不自知者，其爲本體之明，固未嘗息也。一面明，一面暗，究也明不勝暗，故真不勝妄，則過始有不及改者矣。非惟不能改，又從而文之，是暗中加暗、妄中加妄也，故學在去蔽，不在除妄。孟子言：「君子之過，如日月之食。」以喻人心明暗之機極爲親切。蓋本心常明，而不能不受暗於過。明處是心，暗處是過。明中有暗，暗中有明，明中之暗即是過，暗中之明即是改，其〔二〕勢如此親切。但常人之心雖明亦暗，故知過而歸之文過，病不在暗中，反在明中；君子之心雖暗亦明，故就明中用箇提醒法，立地與之擴充去，得力仍在明中也。乃夫子則曰「內自訟」，一似十分用力，然正謂兩造當庭，抵死讎對，止求箇十分明白，纔明白便無事也。如一事有過，直勘到事前之心果是如何；一念有過，直勘到念後之事更當何如：如此反覆推勘，討箇分曉，當必有怡然以冰釋者矣。大易言補過，亦謂此心一經缺陷，便立刻與之補出，歸於圓滿，正圓滿此旭日光明耳。若只是皮面補綴，頭痛救頭，足痛救足，敗缺難掩，而彌縫日甚，仍謂之文過而已。雖然，人固有有過而不自知者矣。昔者子路，人告之以有過則喜，子曰：「丘也幸！苟有過，人必知之。」然則學者虛心遜志，時務察言觀色，以輔吾所知之不逮，尤有不容緩者。

## 改過說三

或曰：知過非難，改過爲難。顏子「有不善，未嘗不知；知之，未嘗復行也」。有未嘗復

〔二〕「其」，國圖本作「一」。

行之行，而後成未嘗不知之知，今第曰知之而已。人無有過而不自知者，抑何改過者之寥寥也？曰：知行只是一事。知者，行之始；行者，知之終。知者，行之審；行者，知之實。故言知則不必言行，言行亦不必言知，而知爲要。夫知有真知，有常知，昔人談虎之説近之。顔子之知，本心之知，即知即行，是謂真知；常人之知，習心之知，先知後行，是謂常知。真知如明鏡當懸，一徹永徹；常知如電光石火，轉眼即除。學者繇常知而進於真知，所以有致知之法。大學言「致知在格物」，正言非徒知之，實允蹈之也。致之於意而意誠，致之於心而心正，致之於身而身修，致之於家而家齊，致之於國而國治，致之於天下而天下平。苟其猶有不誠、不正、不修、不齊、不治且平焉，則亦致吾之知而已矣，此格物之極功也。誰謂知過之知非即改過之行乎？致此之知，無過不知；行此之行，無過復行。惟無過不知，故愈知而愈致；惟無過復行，故愈致〔一〕而愈知：此遷善改過之學，聖人所以没身未已，而致知之功與之俱未已也。昔者程子見獵而喜，蓋十二〔二〕年如一日也，而前此未經感發，則此心了不自知，尚於何而得改地？又安知既經感發以後，遲之數十年，不更作如是觀乎？此細微之

〔一〕「致」下原衍「知」字，據國圖本删。
〔二〕「十二」，原作「二十」，據國圖本改。

惑，不足爲賢者累，亦以見改過之難，正在知過之尤不易也。甚矣！學以致知爲要也。學者姑於平日聲色貨利之念逐一查簡，直用純灰三斗蕩滌肺腸，於此露出靈明，方許商量日用過端下落，則雖謂之行到然後知，亦可。昔者子路有過，七日而不食。孔子聞之，曰：「由知改過矣。」亦點化語也。若子路，可謂力行矣，請取以爲吾黨勵。

潛夫曰：改過三説當作一章看，「學者須是學孔子之學」一句是全章綱領。顔子克己，子路喜聞過，原憲克、伐、怨、欲不行，孟子言「君子之過，如日月之食」，皆本於孔子見過内自訟之深旨。即宋代諸儒進乎尼山堂奥者，未有不繇遷改而學至於聖人也。夫聖賢所最惡者文過，其次因循。因循者力常怯，尚可鞭策警之；文過者口多佞，難以箴規化之。故知過是知，改過是行，知過速改是勇。能知行，則無文過之病；能勇猛，則無因循之患矣。晦翁先生曰「讀書是格物一事」，愚謂「改過亦是格物一事」。

人譜大全卷二終

孫廷根校閲

# 人譜大全卷三

## 社約

蕺山長者劉念臺著　果山葉鈐潛夫參

### 證人社學檄

蓋聞學惟學人乃真，人與人同斯大，圓首方趾，何以等藐類於乾坤？古往今來，何獨拒吾生於賢聖？三復遺編，嘅焉永歎。羲皇有作，首原性命之宗；堯舜相傳，遂闡危微之秘。迨群聖人没，而一中衍脈，委王統於衰周；幸吾夫子興，而六籍還儒，表微言於長夜。杏壇洙泗之間，齗齗從之；洪水獸夷〔一〕之際，岌岌懼焉。且曰：「學之不講，是吾憂。」又曰：「人稱好辨，非得已。」凡以存天理之幾希，抑亦拯民生於陷溺。世愈降而人愈危，千秋勝事，

〔一〕「夷」，底本蓋避諱剜去，今據國圖本補。

有鵝湖倡和之英；説愈殷而旨愈晦，一點良知，多王氏廓清之力。生於其後，能無景行之思？出於其鄉，寧免過門之憾！禹穴之靈光未泯，蘭亭之禊事可尋。相彼鳥兮，求友何爲？矧伊人兮，所學何事？如旅未歸，深迷既往之途；似築有基，先立只今之志。或本詩書以論世，或借禮樂以維躬；或談經而修素業，或較藝以啓新知；或指點天性於當下，或昭揭肺肝於大廷。總期善相長而過相規，且務日有省而月有試。慥慥爾，鞭辟近裏之功，非關口耳；恢恢乎，浸假上達之路，直接維皇。須知此理人人具足，而不加印證，終虞寶藏塵埋；益信此心人人有知，而不事擴充，難解〔一〕電光淪没。乃世之狃於習者，每以「道學」二字避流俗之誚；而人之諱言講者，轉以躬行一途開暴棄之門。蔽也久矣，念之悚然。老大無成，望崦嵫而策駕；後生可畏，激霄漢以揚輝。聊借典型之地，推私淑之人；緬懷狂簡之裁，寄斯文之重。使文成墜緒，繼孔孟以常新；若濂雒淵源，自錢王而遠遡。則昔人所以睠言歸與，而吾黨因之不虛此日者也。嗚呼！七尺昂昂，豈是一包膿骨！百年冉冉，何止半宿蘧廬！欲決共命之良圖，應視我心而先得。辱在同人，願言請事，申以永好，庶踐平生。

辛未春三月之吉，蕺山長者劉宗周頓首謹疏

〔一〕「解」，國圖本作「免」。

此檄，劉先生初興證人社第一篇文字。闡危微，以重光道統；繼孔孟，以指悟群英。濂雒關閩至姚江後，惟蕺山一人。夫理學之晦於斯世也久矣，得蕺山紹述之，固可爲斯道幸，但未知景行蕺山而復興證人社者誰氏歟？余旦暮企之矣。

己未冬十一月之吉，果山葉鈐謹識

## 證人社約言

社有約，約爲學之大旨而言之，凡以爲證人地也。并附諸戒條於後，既證既修在斯。學者幸相與守之，天鑒在兹。同學劉宗周識。

其一〔一〕

學者第一義，在先開見地。合下見得在我者，是堂堂地做個人，不與禽獸伍，何等至尊且貴！蓋天之所以與我者如此，而非以凡聖岐也。聖人亦人爾，學以完其所爲人。既聖人矣，偶自虧欠，故成凡夫。以我偶自虧欠之人，而遂謂生而非聖人之人，可乎？且以一人非

〔一〕「其一」二字，底本無，據文例補。

聖人，而遂謂舉天下皆非聖人之人，又可乎？顔淵曰：「舜何人也？予何人也？有爲者亦若是。」學如子淵，方謂之一開眼孔，人病不爲耳。纔讓聖人不爲，亦更無第二等人可爲。出聖入狂，非人即獸，間不容髪，明眼人當自得知耳。

其二

學者知見難開，如白日墮雲霧中，未嘗不恍恍一班，只是遮蓋重，不得透體光明。先儒特以讀書一事爲格物致知之要，而後儒則蔽其旨於良知，曰「爲善去惡是格物」，亦探本之論也。然則讀書可廢乎？曰：何可廢也？良知不囿於聞見，而實不離聞見。讀書者，聞見之精者也。今試問如何而善？如何而不善？自心非不恍恍，而至於如何而爲善去惡，未有不轉作茫然者。一日讀古人書，見得古人爲此事却費多少苦心，纔作猛省。一一引之坐下，不繇人不汗流泪下，從前真是枉做壞人也。而其爲爲善去惡之力，不能〔一〕恢恢乎有餘地乎？則雖謂讀書即致良知工夫，亦無不可者。所慮誇多鬬靡，轉入荒唐，炫奇弔詭，反增逃遯，然非讀書之罪也。昔和靖先生見伊川先生半年後，方與大學西銘看。古人之不輕讀書如此。

〔一〕「能」，國圖本作「既」。

語云：「先入者爲主。」發軔一步，尤須先防岐路耳。

其三

人生必有所自來，大易曰：「繼之者，善也。成之者，性也。」繼善以前，不容言説；成性以後，儘可識取。孟子曰：「孩提之童，無不知愛其親者；及其長也，無不知敬其兄者。」此所謂良知也。人孰無此良知者？自孩提稍長以後，一竅生生，時嘗流露，遇親知愛，遇長知敬。雖當旦晝牿亡之時，此知仍是融然不減毫末；即遇親長暫違之地，此知轉是熾然，亦不增毫末。性體呈露，於此最真。學者欲參性宗，只向此中求實地，不必更事玄虛。良知二字，是孟夫子「道性善」宗旨。致此之知，更有何事？故曰：「堯舜之道，孝弟而已矣。」

其四

立愛自親始，立敬自長始，不自親長止也。繇吾親長而推之，有親戚焉，有朋友焉，又有鄉里焉，等而施之，漸推之天下之大，無有不愛且敬者，君子所以廣仁術也。乃吾儕每不勝其有我之見，自親長而外，一步推不去，情疎而愛薄，分隔而敬弛，鄉里親朋之間有不勝其怨惡者矣，况出而事君、事長、使衆之日乎？若是者，缺陷仍坐親長處。至此，恩無可推，隨處成缺陷耳。學者只向一點良知落根處討分曉，於此果無缺陷事，則滿腔子生意流行，自有火然泉達而不容已者，又何患天地萬物之不歸吾一體乎？此古人務本之説也。若更作對治法，必也强恕乎？試問己所不欲處，果是何事？

其五

語云：「學莫先於義利之辯。」義也者，天下之公也；利也者，一己之私也。吾儕向人分上推不去，只爲私己心未除，所以動成我見，於凡辭受、取予、進退、死生之際，總得箇利心。利，利也；名，亦利也。如以利，道德、事功皆利也。爲人子者，有所利焉而爲孝，其孝必不真；爲人臣者，有所利焉而爲忠，其忠必不至。充其類，便是弑父與君。弑逆大故，總從利字落根來。大要在破除鄉愿窠臼，即一切異端曲學，亦莫不自鄉愿脱胎，故孔子以爲「德之賊」云。故曰：「差之毫釐，謬以千里。」學者只就動念處，蚤勘人禽關頭，是利是義，總不能瞞昧自己。急回頭，莫放錯。

其六

人生而有己，即有物欲之累，其最沉溺處，爲酒、色、財、氣四者。四者之於人，本客感耳，而不能不與感俱著，則己私爲之主也。學以克己爲功，一切氣質無所用事，性體湛然，雖有四者之感，亦順以應之而已。先正有言：「真知是忿，忿必懲；真知是慾，慾必窒。」真知中勢如火燎毛，一知一切知，更何處容得忿慾在？若猶不能無著也，姑時時喚醒此知，漸用克治之功以化之。昔人二十年治一怒字，其他可知。曾記先師許恭簡公每於身經歷處體驗所學，如曰：「今日遇交際，頗能不設將迎見。」晚年絕色，曰：「前此猶有染在。」遇拂意事，或動氣，既而曰：「較前時增減分數如何？」時爲學者言：如此，慥慥君子哉！

## 其七

白沙子曰：「名節者，道之藩籬。藩籬不固，其中未有能守者。」夫名節之於道，豈直藩籬而已乎？道無内外，學無内外，以名節爲外，又將以何者爲内而守之？白沙此言，政欲以藩籬重名節，非以藩籬外名節也。如淫坊酒肆，吾儕斷無托足之理，不具論。至於出入公庭，謁見官長，或借文字作緣，或倚貨財居間，似足誇耀流輩，舉俗争豔慕之，而不知自有道者傍觀之，正辱人賤行之尤者也。薛文清公曰：「囑托公事，雖能免人於患難，實損自己之廉恥。」夫免人於難，且不可以廉恥殉，況其不堪告語者乎？進取一路，誠士人所不廢，而得之不得，曰「有命」。人情苦不看破，枉做小人呈身之巧，有無所不至者，幸而得之，立身一敗，萬事瓦解。人但知昏夜乞哀爲壟斷之富貴可恥〔一〕，乃其病根實自做秀才時呈身有司來。若做秀才時行徑已壞，欲異日爲賢士大夫，未之前聞也。

其八

子曰：「性相近也，習相遠也。」人生千病萬痛，都坐習上來，即氣質亦屬無權。習之壞人，其顯中於流俗者不能枚舉，而奢爲甚。奢者，從欲之便途，故人情趨之如鶩。習尚一成，牢不可破，每曰：「事之無害於義者，從俗可也。」豈知濫觴不已，其後有不可繼者。好修而不終，守道而不固，恒必繇之。未嘗不追悔前事也，而終奈此後事何？惟有載胥及溺而已。禮奢寧儉，聖人以之證本教焉。本者，性地也。緣習近性，舍儉何從？若夫俗失世壞，已非一朝夕之故，孤掌狂瀾，尤在吾輩矣。

其九

夫子以「學之不講」爲憂，而先之曰「修德」，曰「徙義，改不善」，則講學云者，正講明吾

〔一〕「可恥」，原作「可恥可恥」，衍一「可恥」，據國圖本刪。

之所謂義，而求必徙之，與所謂不善，而求必改之，爲修德地耳。若泛談名理，專提話柄，逞意見，角異同，縱説得勺水不漏，亦只是口耳間伎倆，於坐下有何關涉！子曰：「道聽而塗説，德之棄也。」無乃類是乎？甚者口給禦人，或問焉而非所疑，或告焉而非所信，壞人心術，尤爲不淺。語云：「説一尺，不如行一寸。」學者嘗令精神完養在内，即有所見，且反躬體貼去，無遽形之言説，正是學問進步處。

其十

昔者顔子以能問不能，以多問寡，況在我者未必能且多乎？吾儕學而後知不足，取人爲善，自不容已。大要在破除我見，無以一察自封，使人樂告之以善。至於過惡相仍，尤賴明眼借證。子路，人告之以有過則喜，識者以爲百世師，信乎！自今吾儕有犯過者，各務正言相規，婉詞相導，俾其遷改乃已。其或中拒飾非，徵色見辭，意非久要，聽其去籍。甚者干犯名教，遺玷門墻，鳴鼓之攻，不待言矣。大抵惡，不可犯也，過，人所時有，改過一端，是聖賢獨步工夫，層層剥换，不登巔造極不已。常人恥聞過，卒歸下流。悲夫！

潛夫曰：約言首節謂人人可爲聖人，患在不爲耳。自正篇至此，再三以人禽關頭唤醒庸衆，是人非獸，非人即獸，中間無容身處，故曰：讓聖人不爲，更無第二等人也。

篇内屢提顏子，教人改過，須學顏子。

第二節，天下之物莫不有理，而其精蘊已具聖人之書，學者當讀聖人書，爲格物致知之要，格得通透，纔致得通透。即如一事，若格到九分九釐九毫，有一毫不通透，便是物未格，知未致。故讀書以窮理爲先。

第三節引孟子曰：「堯舜之道，孝弟而已矣。」堯之放勳，始於睦九族；舜之重華，始於克諧烝乂。堯舜爲人不越孝弟，則孝弟即大聖人也，人何憚而不爲聖人也？

第四節以愛親敬長之誠推之戚友鄉黨，漸推之九州四瀨。繇親及疎，則疎不失其親；繇近及遠，則遠可從其近。倘親疎遠近情分之厚薄稍一顛倒，則本先亂矣，末何治焉？此孝弟慈所以事君、事長、使衆也。

第五節辨義利。利不止貨財也。凡見利則趨，見害則避，其終未必受利，反蒙其害。故吾儒決定義之是非，不較事之利害，方做得真孝真忠人耳。鄉愿流爲異端者，不遵正路，别立門庭，癖私淫迹，損厥理原，孔子不得不目爲賊而迸絶之也。

第六節，人生而静，之後惑於情不鮮矣。情之甚，幾至乎傷性，古聖人憂之，故大易損卦有「懲忿窒欲」之象，損人欲以復天理，損之益人大矣哉！先儒二十年治一怒字，怒之難制如此。班朝統軍、莅官行政，怒中必有錯悮，故治怒以克己治之，乃能重任天下事。古語云：「如其心爲恕，不如其心爲怒。」善乎，治怒者也。

第七節引陳白沙公之語。白沙，孝子也，其重名節，非尋常之名節也。又引薛文清公之語。文清與白沙俱理學大儒，其重廉恥，非尋常之廉恥也，以兩公所語思之，則知士大夫立身在進取之始。始進以正，猶恐不正繼之，況不正者乎？

第八節，朱子謂性兼氣質而言，程子謂此言氣質之性，非性之本也。劉子不言性，專言習，因末俗尚奢，釀成習氣，習氣既深，侈靡不已，則宫室、衣服、飲食、器用之間，恐有僭竊之漸，急以儉救之，返樸還淳，遵古循禮，庶幾可正人心而挽回世道。

第九節引孔子修德講學、徙義、改不善，無非勉人遷改以日新也。日新工夫只從今日始，磨勵精神，隨處體究，日繼月，月繼歲，一歲如一日，日進而勇沉，不自覺其新，新而彌新矣。

第十節，顔子之無我、子路之喜聞過，前後照應，諄諄教學者學子淵、子路，入聖人至近，而用力處，惟有改過一法，則盡人達天所造者已極也。合而言之，證修何可緩也？證之修之，吾治吾心耳。治吾心，治吾人耳。然人各有形也：天能賦畀以形，不能强之爲完人；父母能生以形，鞠以形，亦不能强之爲肖子。故形人而必人證其所自來也；形人而未及，必人發憤以求，必人修其所自成也。修不離證，曰正修；證不離修，曰正證；證修貫徹，在學者燭理分明耳。夫善惡只一間，謹之以幾焉，義利迺殊途；審之以豫焉，幾則獨知，豫則前定，其於取善鋤惡、懷義去利，粹然淵懿矣。尤三復於致良知，則有說。孟子曰：「大人者，不失其赤子之心者也。」赤子無不知愛其親，無不知敬其兄，良知也。大人立愛惟親，立敬惟長，同此良知也。昔日從赤子生，今日從赤子長，後日從赤子老，致赤子之良知，則大人一赤子、赤子一大人爾。若曰「大人不可爲赤子」，豈人亦不可以爲人乎？天下無人不可爲人之人，亦無人不可爲聖人之人，即赤子無不可爲大人之事。或有不能爲大人者，必其失赤子之心者也。失赤子即失大人矣，并良知而失之矣。然我未見赤子無良知者，人能終身致此良知以固守赤子之心，何有不爲大人也哉？泰誓云：「惟天地萬物父母，惟人萬物之靈。」而人之最尊大者，聖人也。二程子十三四歲時便鋭然欲學聖人，十三四歲猶赤子也，鋭然學聖人，則大人之全體大用雖亶於天性之初，而尊所聞，行所知，紹往開來，未有不始終好學也。余特識二程子童年鋭氣，爲劉子約言總解云。

# 證人社約誡

一、戒不孝

一、語言觸忤、行事自專者，上罰。

一、甘旨不供、陰厚妻子者，上罰。

一、制中嫁娶、宴樂、納妾者，上罰。

一、虧體辱親、匿喪赴試者，出社。

一、戒不友

一、分析不平、争財搆釁者，上罰。

一、偏聽内言、嫉妒傷和者，上罰。

一、戒苟取

一、依勢欺陵、設機誆騙者，出社。

一、結交官吏、説事過錢者，出社。此戒在貪利〔一〕縉紳尤易犯，謂之乘勢打劫，惡過穿窬。

〔一〕「貪利」，國圖本作「孝廉」。

一、設機局騙、逐戲賭錢者，出社。

一、貪婪慳吝、交易不明者，中罰。

一、戒干進

一、賕求權勢、鑽刺衙門者，上罰。

一、懷挾買題、倩人代筆者，上罰。

一、要結當途、樹碑刻石者，上罰。

一、易姓冒名、頂替徼倖者，出社。

一、戒貪色

一、多畜婢妾、屢進屢出者，中罰。此等過端，罰亦難加，今第存此戒條，倘事在可已，蚤圖而預改之，斯得矣。若長惡不悛，徑聽出社。

一、溺比頑童、攜挾娼優者，上罰。

一、淫污外色、有干名義者，出社。

一、戒妄言

一、期約不信、面諛背毀者，上罰。

一、文過飾非、巧言佞口者，上罰。

一、好談閨閫、攻發陰私者，上罰。

一、搬鬬是非、使機舞智者，出社。犯此戒者，尤能敗類，故特從重典。

一、戒任氣

一、强項自滿、剛愎拒諫者，中罰。

一、陵虐寡弱、動輒毆駡者，中罰。

一、戒過飲

一、呼盧酩酊、長夜不止者，中罰。

一、擎拳攘臂、脱巾岸幘者，上罰。

一、使酒駡座、執成嫌隙者，上罰。

一、戒奢侈

一、衣冠過靡、隨俗習非者，中罰。

一、飲食過奢、暴殄無紀者，中罰。

一、戒惰容

一、科頭翹足、縱肆不簡者，中罰。

一、拍肩執袂、相接無禮者，中罰。

以上上罰，罰杜門謝會講二次，至赴會日，仍治具以供湯餅一次，諸友不更齎分。中罰，謝會講一次，至赴會之日，仍捐古書一册，藏古小學。若因而竟不赴會，皆聽。

約誡十則，凡三十條，係白馬山房小社約，即參前説而成，而意加謹嚴。一日，錢欽之遺余，請跋數語，以便遵行。余匆匆北發，不及應。今年還里，仍續舊遊，友人有道及社約不嚴、交遊荒落者，余〔一〕因閲舊編，果多迂緩不得力，遂加釐正，汰去舊條，而以欽之所遺者綴其後，仍合刻以示同社，庶幾「大道爲公」之雅云。

癸未秋日，友人劉宗周重識

潛夫曰：約誡十則，凡三十條，其上罰、中罰、出社之例，非明罰敕法也，廼是古者鄉學教民士興學、節禮、同德、防淫，簡不帥教者，移左移右、移郊移遂之遺意，總要人改過遷善耳。然約誡最重在不孝不友，其餘諸條皆不孝不友之人爲之也。夫孝弟，性命之原，生死之脉，若悖親陵長，則逆天滅性，即不遭速禍，而其人之身心有死幾無生幾矣。凡今之人，不讀書者不足苛責，即讀書，或讀而不講，或講而不行其實理，則書是書、我是我，豈有生以來肝心脾肺腎之神與木火土金水之質格格離而不合者哉？故不

〔一〕「余」，原作「今」，據國圖本改。

善讀書者讀盡經傳子史，未能體野經國；善讀書者取法聖賢兩三句，儘可仁民愛物。如讀「其爲人也孝弟」章，便知事父母克孝，事兄長克弟，則其心和順，必無犯上作亂之事。可見一孝弟，而犯上作亂之事不假勉强而自然斷絶，則苟取、干進、貪妄若干條，亦自然不犯矣。集註「和順」二字宜細思精審。和者，中節也；順者，率性也。遵約誡者能躬行「其爲人也孝弟」一章書，則終身用之不盡，故曰「爲仁之本」，而爲聖爲賢不越於斯矣。劉子譜其所以爲人之道，原是此章孝弟爲先本旨，故余特發明之，願從事於學者讀四書每一句、每一節必知之、行之，爲入聖工夫，無徒尚口耳，枉耗一生精神也。

## 證人社會儀

一、會期。取每月之三日，辰而集，午而散。是會也，專以講學明道，故衿紳駢集，不矜勢分，雖諸色人不禁焉。然真心好學者固多，而浮游往來者亦不乏人。特置姓氏一籍，其願入會而卜久要者，隨時登載。至日，司會呼庚引坐，毋得混亂。其後至不入籍者，另設虚席待之。遇遠方賢者至，則特舉一會，以展求教之誠。望後，聽諸生自舉會課一次。

一、會禮。於前廳設先聖孔子位。司會者先至，延諸友入。既集，司贊鳴雲板三下，請謁先聖，讚四拜禮；謁先賢，止長揖。禮畢，分班序齒，東西相向揖。列坐各以齒，紳與紳齒，士與士齒，如士而齒德表著者，仍齒於紳。遠方賢者用客禮，不齒。坐定聽講。講畢，復謁先聖先賢，俱一揖，左右分班，一揖而退。

一、會講。諸友就坐，司會者進書案。特於諸縉紳下設虛位二席，以待講友及載筆者。另設一案於堂中，以待質疑者。司贊傳雲板三聲，命童子歌詩。歌畢，復傳雲板三聲，請開講。在坐者靜聽，其有疑義欲更端者，俱俟講畢出位，拱而立，互相印證，不得譁然並舉，亦不得接耳私談。犯者，司約傳雲板一聲糾之。講畢，命童子復歌詩，乃起。

一、會費。每期司會者具香燭於先聖先賢。會友既集，先進茶。茶畢，開講。講畢，具菓餅二器。不設席，令侍者捧盤以進，坐中隨取而啖之。至會記有刻，會課有刻，聽入會者捐貲，自一錢以上，多不過三錢。

一、會録。每會推掌記者記會中語言問答。但取其足以發明斯道，毋及浮蔓可也。録成，呈之主位者，以訂可否，乃登。

一、會戒。凡與茲會，毋譃言，毋戲笑，毋交足，毋接耳，毋及朝事遷除，毋及里中鄙褻。犯者，司約糾之。

一、會友。立會講一人，會史一人，毋專屬，臨時選擇〔一〕。會約二人，會贊二人，皆有專屬。司會四人，在籍者輪值，周而復始。講以闡道，史以記事，約以糾儀，贊以相禮，司會者供給諸事。各相協力，以期永貞。

潛夫曰：詩云「敬慎威儀，以近有德」，故會儀不可不習。余續小學幼儀，教童子也；劉先生證人社會儀，教成人也。行之不可間斷，覺得間斷，便已接續，接續自然純熟，豈不謂永貞乎？

## 社約書後係舊刻附

吾鄉自陽明先生倡道龍山時，則有錢、王諸君子並起，爲之羽翼，嗣此流風不絶者百年。至海門、石簣兩先生，復沿其緒論，爲學者師。迨二先生殁，主盟無人，此道不絶如綫，而陶先生有弟石梁子，於時稱「二難」，士心屬望之久矣。頃者，辭濟陽之檄，息機林下。余偶過之，謀所以壽斯道者，石梁子不鄙余，而欣然許諾。因進余於先生之祠，商訂舊聞，二三子從焉，於是有上巳之會。既退，石梁子首發「聖人」、「非人」之論，爲多士告，一時聞之，無不汗

〔一〕國圖本此處有「而使之」三字。

下者。余因命門人章晉侯次第其儀節，以示可久，遂題其社曰「證人」，而稍述所聞以約之，從石梁志也。

或曰：人盡人耳，何證之庸？余乃告之曰：人盡人耳，五官具、百骸備云爾，至耳之所以聽，目之所以視，手足之所以持行，人不知也；人盡視聽持行耳，至視之所以明，聽之所以聰，持行之所以恭重，人不知也；人盡聰明恭重耳，至聰明不與耳目期而耳目至，恭重不與手足期而手足至，人又不知也。視聽持行者，形也；聰明恭重者，性也；而其莫之爲而爲者，則天也。吾形且不知，况於性乎？况於天乎？是故君子「不可以不知人，思知人，不可以不知天」。聖者，盡乎天者也；天者，盡乎人者也。然則其證之也，可若何？曰：以人證，不離視聽持行者是；以天證，非視、非聽、非持行：非二之也。君子終日視而未嘗視，視於無形而已矣；終日聽而未嘗聽，聽於無聲而已矣；終日持行而未嘗持行，持行於無地而已矣。孔門約其旨，曰「慎獨」，而陽明先生曰「良知只是獨知時」，可謂先後一揆。慎獨一著，即是致良知，是故可與知人，可與知天。即人即天，即本體即工夫。證乎證乎，又何以加於此乎？雖然，未易言也，余請與二三子没齒從事焉，以終石梁子之志。

## 答姚江管而抑論遷改格書附

所諭遷改序，僕嘗道之。朋友中謂：「陶先生弁首已詳明懇到，更無剩義，似不必再添蛇足。」故已之。吾輩只是肯從此下手，埋却頭做工夫，不負此册子語，便是。區區體面相拘，文字相哄，恐轉失闇然本色，不免爲學者病，何如？何如？此册所該，正如市肆開場，百貨俱〔一〕集，美惡並陳，聽人自擇。纔遇明眼人，未有不去彼取此者。但攤場雖有百事，而主顧上門，只問一事兩事。若愛博而情不專，如游閒之人，徒手上門，收盡眼光，事事贊嘆，事事揀擇，只成空手而去。是以學問人貴真發心，如將錢取貨，決不徒手，又必取其緊要之貨，以濟家當之不足，歸於實有受用而已。前輩之言，如節用、愛人一語，亦往往用之不盡，况其他乎？僕勸學人輩用此册時，只就痛癢相關切處，取一二條做工夫，便可事事打透。横渠先生十五年學個恭而安不成。若學得成，即此可以悟道。延平先生一日誦「志士不忘在溝壑」，便悟道。東萊先生讀「躬自厚而薄責於人」，便將宿習頓然消化。繇是觀之，讀書人誠不在貪多，如來教所引「無我」二字，僕雖著力有年，而終打不透，請再引爲頂門針，更不作別

〔一〕「俱」，國圖本作「冗」。

個伎倆，何如？

## 後跋

劉先生學孔子者也，其言敦大倫，孝經也；凛慎獨，學庸也；訟過改過，克己修己，兩論也。若夫求放心，則孟氏之私淑；灑掃應對，進退之節目，則朱子小學之遵經傳。合聖人之書，揆聖人之心，彙爲人譜。後之學者，有能以人譜與學庸論孟孝經小學朝夕理會，則省身省心，極其精密；治事治物，靡不擴充。劉先生如在，必謂之曰聖賢之徒也。

禾郡果山葉鈖潛夫氏再拜撰

人譜大全卷三終

門孫張會洹、朱日曜校字

# 人譜詩箴

# 原序

人譜者，譜爲人之道也。是書爲劉念臺先生蕺山書院講學時所著，實學者治身入德之門户。首著人極圖説，繼之以證人要旨，揭其課以六，記其過爲容之九、倫之五、行之百，巨細備矣；自體獨知幾，終之以改過遷善，而期於作聖，功效見矣。箴規之語，猶鍼砭焉，使凡爲人者讀此以各治其身，可以一鍼而起其錮疾。蘇氏所謂言雖「散而不一，然一言一藥，皆足治天下之公患〔一〕」。人譜之旨，豈異是哉？是其譜也，即其所以爲箴也。然則人譜詩箴之作，不轉成多事歟？第以世人之多怪也，良藥可以已病，而瀕於死者每厭之，雖有嘉言，不加繙繹，扃諸笥篋，供蟫蠹耳。椝生從而譜爲詩歌，申其旨趣，詠歎淫泆，心苦而言得其甘焉，口苦而味美於回焉。俾護疾忌醫者閲之，初無嫌於諷刺，漸以沁入心脾，倘其神動天隨，即可回生起死，然則詩箴之作又曷可少乎？

〔一〕據東坡書傳卷八説命中第十三，原文爲：「今傅説之言，皆散而不一，一言一藥，皆足以治天下之公患，豈獨以訓武丁哉？」

顧或且疑之曰：「昔人之論詩也，謂理語不可入詩，徒爲探根躡窟之言，何與扢雅揚風之旨？」余曰：「此何固哉！詩以道性情也，理豈出性情外耶？姑無論晦翁之爲性理吟也，即以興觀群怨之詩言之，『相在爾室，不愧屋漏。無曰不顯，莫余云覯〔一〕』，此非即人譜體獨知幾之旨乎？威儀之當敬慎而令嘉也，詠歌者不一而足。陳常時夏〔二〕，即放勳之教焉。他如緝熙以言勤學〔三〕，攻錯以言取善〔四〕，圭玷以戒話言〔五〕，號呶以戒酒失〔六〕，並驅以刺便捷〔七〕，碩鼠以刺貪殘〔八〕，蜉蝣以譏奢華〔九〕，葛屨以譏吝嗇〔一〇〕，鶡翼以儆服之

〔一〕據詩經大雅抑，「不愧屋漏」，原詩作「尚不愧于屋漏」；「余」，原詩作「予」。
〔二〕據詩經周頌思文：「陳常于時夏」。
〔三〕據詩經周頌敬之：「維予小子，不聰敬止？日就月將，學有緝熙于光明」。
〔四〕據詩經小雅鶴鳴：「他山之石，可以爲錯」；「他山之石，可以攻玉」。
〔五〕據詩經大雅抑：「白圭之玷，尚可磨也；斯言之玷，不可爲也」。
〔六〕據詩經小雅賓之初筵，「賓既醉止，載號載呶」。
〔七〕據詩經齊風還：「並驅從兩肩兮」，「並驅從兩牡兮」，「並驅從兩狼兮」。
〔八〕據詩經魏風碩鼠：「碩鼠碩鼠，無食我黍」；「碩鼠碩鼠，無食我麥」；「碩鼠碩鼠，無食我苗」。
〔九〕據詩經曹風蜉蝣：「蜉蝣之羽，衣裳楚楚」；「蜉蝣之翼，采采衣服」；「蜉蝣掘閱，麻衣如雪」。
〔一〇〕據詩經魏風葛屨：「糾糾葛屨，可以履霜。摻摻女手，可以縫裳。要之襋之，好人服之。好人提提，宛然左辟，佩其象揥。維是褊心，是以爲刺。」

不稱〔一〕，谷風以儆人之忘德而報怨〔二〕，而伐木行葦頍弁角弓諸什，於族黨再三致意焉。至於鄭衛之詩，世咸以爲志淫而聲靡矣，然而學修進益〔三〕有訓，『秉心塞淵』〔四〕有訓。雞鳴，肅帷閫也；相鼠，飭禮儀也；終風，悼謔浪也；子衿，譏挑達也。愛賢士，則賦緇衣；私嬖寵，則詠黃裳〔五〕。揚水以防欺迂，匍匐以救死喪，愠閔不嫌其多，信誓當思其反。總之風登淇澳，雅載抑戒賓筵，皆所以悔過進德而成其爲睿。聖人譜之義，此即權輿。」怪哉，世人之多病也；固哉，世人之言詩也。

自童年讀詩，至皓首，尚不知詩之何以爲教，一若所謂道性情者，第在模範山水、留連花月焉。以此言詩，是蒸民敬止〔六〕諸詩皆可删，而桑間濮上，聖人以爲戒者，轉不啻以爲勸矣。蓋自世人以理語爲詩病，而人遂多病也。余與榘生交最久，素敬其有容善之量，而不甚

〔一〕據詩經曹風候人：「維鵜在梁，不濡其翼。」

〔二〕據詩經邶風谷風。

〔三〕詩經衛風淇奥：「如切如磋，如琢如磨。」大學：「如切如磋者，道學也；如琢如磨者，自修也。」

〔四〕據詩經鄘風定之方中。

〔五〕即詩經邶風緑衣。

〔六〕「蒸民敬止」，當爲詩經大雅烝民與詩經周頌敬之，二者均是説理詩。

存嫉惡之心。今詩箴之作，則勸戒備矣。以之自爲箴也，猶不過無病之呻吟；以之爲人箴也，直可作膏肓之藥石。其爲人譜助者，豈第如三都兩京之作鼓吹耶？嗟乎！白日易馳，紅塵多變，余與渠生昔共翺翔文囿，今同偃蹇，空山歌哭，皆足傷懷，身世幾難自主。第渠生得天獨厚，所養復完，感悼之餘，彌徵光霽，而余則身爲形役，行與願違，性狷急而無以養和，氣衰頽而更難自振，病深矣！渠生又何以爲余箴，使余無失爲人乎！

咸豐乙卯秋八月，世愚弟汪維誠拜序

# 重刻人譜詩箴序

嘗讀擊壤集諸作，竊服膺康節先生之深心也，以性理之精寓吟詠之內，俾諷誦者優游饜飫而不能已，中心嚮往者久之。前有友人貽以宿松石榘〔一〕生駕部人譜詩箴一書，係取念臺先生原本，分綱列目，各系以律詩一則，抒李杜沉雄之槩，闡程朱義蘊之微，使讀者細吟密詠，神遊沕穆，而警切指示處，則又不啻暮鼓晨鐘，發人深省。其於覺世牖民，裨益良匪淺鮮，有志之士，所宜案置一編者。惜原刻久睃，殊不易覯，流傳未廣。今重莅螺川簿書之暇，輒爲檢付剞劂，庶可公之同好，亦可助讀者呻吟，豁人心目。至原書大旨已詳各序跋，不復多贅。

時在光緒辛卯仲冬之初，鄂渚金時宣謹序

〔一〕「榘」，原作「渠」，形近誤，石廣均，一字榘生。

# 序〔一〕

嘗讀蕺山先生人譜一書，服膺弗置，體玩之餘，欲藉韻語以申理趣，爰即證人要旨，依綱逐目，各綴一律，署曰人譜詩箴。非敢爲人箴也，亦聊假歌詠以自檢攝云爾，然同人苟不鄙爲陳言而棄之，尤余所厚望焉。

宿松石廣均譔

〔一〕標題爲點校者所擬。

# 懍閒居以體獨

不聞不睹獨中居，萬象渾然太極虚。斗室白生新月候，孤燈青到曉鐘餘。其間豈少鬼神瞰？我輩宜防衾影疏。自慊自欺須自問，百端敬肆此權輿。

## 卜動念以知幾

動中機括静中知，此際危微辨杪釐。清濁泉分穿穴後，雨晴雲釀出山時。四端萌蘖誰充擴？一念人禽慎主持。正是吉凶先見處，莫教意馬互奔馳。

# 謹威儀以定命

受中天地憶初生，蕩檢多緣動作輕。果克式金還式玉，依然無臭復無聲。精含二五先凝合，儀衍三千待舉行。豈爲習容故修飾？願從四勿凜思誠。

## 足容

下堂傷矣發長歎，危險場中著脚難。須比蹲鸞容卓立，漫隨跛鱉步蹣跚。脛憑杖叩羞原壤，刴抵牀穿慕幼安。堪笑股交箕踞者，縱矜曠達被譏彈。

## 手容

欲希大雅獨扶輪，縮手麾肱乞相輕。端拱翼宜同鳥展，怒張臂肯效螳撐。爲雲爲雨休翻覆，當帶當心示準衡。更羡指揮如意者，能將孤掌定危傾。

## 目容

物交最易誘雙瞳，邪正心存轉瞬中。要識闚覦良可醜，果能收視始爲功。寒潭印月凡緣净，寶鏡當花一笑空。欲浥彩囊仙露洗，不教塵霧障朦朧。

## 口容

傷煩傷易總須芟，防口當同石闕銜。筮到觀頤貞則吉，象符止艮守常嚴。牙關地密憑深護，舌劍鋒銛怕露劖。出好興戎争頃刻，何如銘背學「三緘」？

## 聲容

可知言者屬心聲，鴞惡豺凶總未平。嘲月須防情謔浪，呵風莫任氣縱横。金鏗雖説宏爲貴，淵默終宜静乃成。欲把玄音追正始，嗤他唧唧草蟲鳴。

## 頭容

須將直體應乾剛，岸幘峩峩敬日强。戴粒戲羞群蟻逐，冠山重比巨鼇當。嫌非避李容宜整，亂笑飛蓬迹近狂。首正庶教心共正，肯令弁冕失矜莊？

## 氣容

長卿漫説賦凌雲，釋躁平矜入德門。正己神凝秋肅肅，宜人度藹玉温温。十年涵養功非易，平旦清明性自存。識得乾坤剛大體，莫將麤率與同論。

## 立容

敢同跛倚竟忘形，象表如齋重禮經。五嶽雲開峰矗矗，一枝樹聳玉亭亭。鷺排梟渚都依序，鶴竦雞群獨刷翎。程子莊嚴文潞肅，看他終日侍彤廷。

## 色容

恥將諂笑博人歡，峻整中含愉婉難。泥塑持躬真可象，春風滿面不知寒。清光撲去塵三斗，善氣蒸成玉一團。體自巖巖容藹藹，色莊敢妄託恭安？

## 敦大倫以凝道

域中四大道爲先，萬古綱常出性天。庸德篤培成厚德，真精妙合得真傳。修齊事業端風化，夫婦知能與聖賢。敢薄本根沃枝葉，終身慥慥學尼宣。

### 父子有親

一脈恩情冠五倫，克全性分始完人。倘教毛裏多睽隔，遂使孩提失本真。燕爲將雛頭已禿，烏知反哺養猶親。山南山北諸橋梓，接葉交柯百歲春。

### 君臣有義

履辨尊卑先定分，泰交上下亦通情。九重且懍丹書拜，百爾休貪赤芾榮。俾作股肱膺重寄，誰無肝膽矢孤誠？此真無可逃天地，堯舜臯夔樹準衡。

## 夫婦有别

陰陽化育溯根原，性判剛柔道各敦。豈止和鳴協琴瑟？須知正位配乾坤。閨門以内王風始，袵席之間天命存。識得持綱身主敬，嘻嘻嗃嗃漫同論。

## 長幼有序

休云同等是同胞，先後渾如筍解苞。雁陣千行風不亂，犧圖六子位難淆。任勞代苦思王覽，受瘠辭肥重薛包。情自怡怡儀秩秩，參商庶免外人嘲。

## 朋友有信

應求不本赤心聯，皎日要盟亦枉然。交到相忘真水淡，敬能耐久比金堅。肺肝示處神明鑒，性命通時世故捐。笑彼狎優年少子，翻雲覆雨幾能全？

## 備百行以考旋

矩規隨處驗方圓，凡百兢兢履錯然。直把宏綱分節目，都從實踐見仔肩。蹈來虎尾神常毖，細入牛毛理備研。體認莫留毫髮憾，本來萬物得天全。

### 警浮華

寒木培根始發華，浮名藉藉詎容誇？庾徐才調終凡豔，王謝風流賸幾家？不琢圭偏登藻藉，太穠雨易損桃花。儒生自有經畬訓，漫恃聰明念轉差。

### 警刻薄

較盡錙銖未肯饒，忍看一紙世情澆？喫虧究是便宜占，餘地偏多後福邀。刺骨風尖留孽債，培根土沃長靈苗。試看姬籙承忠厚，祚衍睢麟永不祧。

## 警輕佻

放浪形骸太覺輕，何來佻達子衿青？依依欲學風前柳，汎汎終如水上萍。卞壼方嚴懾高座，王曾端厚憚盈廷。休教自侮招人侮，尺步繩趨重典型。

## 警飾僞

敗絮心腸金玉姿，縱工掩著啓人疑。沽名布笑公孫被，鎮物枰圍謝傅棋。雁鼎紛陳誰識詐？羊群飽飲慣售欺。丈夫要有光明概，白日青天放膽時。

## 警戲動

風度端凝望若神，逢場作戲恥隨人。砭愚戒早銘東壁，跬步嚴如對上賓。孔豆陳來諳習禮，萊衣舞到爲娛親。威儀動作關天命，君子皆須敬爾身。

## 警妄語

榮辱樞機自我操，齒城唇郭要堅牢。傷人最是閨談謔，失口多因酒興豪。小雅訛言防敗莠，温公謾語戒胡桃。辨才自笑平生拙，默坐看雲碧宇高。

## 警疎誕

脱略休云形迹忘，可知蟻穴潰隄防。圖機要比千絲密，玩世羞同八達狂。萬石風高傳數馬，幾人牢補悔亡羊。古今不少驊騮種，跅弛偏多失足傷。

## 警乖戾

王道由來好惡平，相公執拗誤蒼生。疾風折草多緣妒，猛雨摧花太不情。僻性堅持經鐵鑄，暴聲怒激作雷鳴。孔門一字行惟恕，氣質終須變化成。

## 警不力學

肯讓芸香蠹獨知，此生情願作書痴。窗前雪點孫康座，園外花飛董子帷。黄卷味隨雙鬢老，青燈讀悔十年遲。童心莫漫逃村塾，牆角聽經有牧兒。

## 警不服善

土壤高增泰岱岑，下人誰式德愔愔？鸝聲亦作鍼泛警，蠱疾常資藥石箴。入室有香蘭共臭，經風不折竹虛心。少年叔度林宗仰，只爲汪汪海量深。

## 警不敬師

幸得南豐共討論，瓣香頂祝幾朝昏。人生敢昧在三義，道法須宗不二門。途許指南車共式，詔無面北座常尊。染藍琢玉誰成就？莫忘春風教育恩。

## 警曠館職

絳帳宏開負笈來，畢生良楛藉栽培。門羅嘉樹須扶榦，座有明珠好養胎。模範幾人紹濂洛？文章可但説鄒枚。五倫真種千秋業，都在先生一手裁。

## 警趨附

薰天炙手勢炎炎，轉瞬冰山已没尖。撲火飛蛾甘蹈險，逐羶微蟻竟忘廉。脅肩笑比夏畦病，盟志當同秋水嚴。嶺上梅花寒徹骨，肯教獻媚到朱檐。

### 警躁進

青雲萬里達鵬程，拾級梯高緩緩行。作賦竟教投狗監，出身未免玷鴻名。唐花著雨紅先落，古柏經霜翠晚榮。早識窮通真有命，朱門何苦伺公卿？

### 警恃勢

赫赫南山氣燄隆，狂波湧處忽生風。那憐弱魯孱微甚，妄逞强秦割併雄。搏兔漫矜獅力猛，涸鯨也被蟻群攻。五侯甲第今何在，花滿春城悵落紅。

### 警恃才

曠代英才逸氣横，却嫌圭角太峥嶸。畸人大半無庸福，造物從來忌盛名。駭世虹騰雙劍鋭，韜光龍抱一珠明。文章盧駱都驚豔，可奈花開實不成。

## 警造次

急雨飄風一霎間，玄珠握定此時難。立身每向忙中錯，冷眼多從忽處看。明月沈潭光不動，迅雷破柱夢俱安。寸衷但覺毫無苟，大海飈回静紫瀾。

## 警顛沛

無端世界感繁霜，蒿目何堪瑣尾傷？山上雲多變蒼狗，人間劫任换紅羊。琴彈羑里神如故，舟覆涪川險竟忘。但得樂天真趣在，不須苦海歎汪洋。

## 警由徑

驚心世路太崎嶇，險絶名途與利途。視履幾遵周道直，曳裾慣作要津趨。終南佳境何須問，子羽高風豈竟無？坦坦幽人貞乃吉，莫教失足到榛蕪。

## 警嫌疑

誰盟天日矢孤忱，索到瘢毛問欲尋。相涉不明瓜李迹，無私那識柏松心。溪邊飲馬錢投水，堂上銜鱣夜却金。千古英雄都坦白，肯教溷世共浮沈？

## 警蔽善

采徧幽蘭九畹花，忍令空谷老烟霞。片長但得分鱗爪，餘論應無惜齒牙。價重龍門憐地隔，文成豹霧怕山遮。汝南月旦公評在，宏奬風流自古誇。

## 警竊能

炫玉生防識者希，那堪餘唾拾珠璣？多材頓忘非其有，久假如何竟不歸。飾己功名同剽掠，盜人文字少光輝。廬山面目真還在，莫被旁觀白眼譏。

## 警輕諾

道旁傾蓋偶交歡，便託同心臭似蘭。矢口輒教天日誓，回頭那顧雨風寒？此間語比千金重，以後情遷九鼎難。義作權衡言可復，當前豈易說披肝？

## 警爽約

雁聲渺渺盼長空，敲落寒燈夜半紅。方説瓜期剛及候，那知花信竟無風。巨卿約踐三年後，季子情留一劍中。識得此心貞匪石，抱橋甘與尾生同。

## 警不忍辱

英雄多少困窮途，漫説昂昂大丈夫。入世都同蝴蝶夢，任人且作馬牛呼。橋邊孺子堪教矣，胯下王孫果屈無。試看青蓮花一朵，亭亭那礙受泥汙？

## 警不釋怨

何苦睚眦報未休，任他大樹撼蚍蜉。情逢横逆須先反，忿不蠲除便是讎。寶鏡空空消宿障，天風浩浩盪虚舟。莫教手自栽荆棘，留作兒孫後日憂。

## 警忘恩

涓滴都同大海深，千金一飯重淮陰。回春幸有栽花手，報德能忘結草心？珠獻隋侯蛇出穴，環投楊寶雀歸林。物猶如此多情甚，五夜捫胸汗不禁。

## 警忘舊

回憶當年風雨聲，素心幾輩共孤檠。如何中道傷捐棄，頓忘三生約誓盟。無限飄零妻子累，空餘涕淚死生情。扁舟誰載堯夫麥？尚記貧交有曼卿。

## 警市恩

父母乾坤共此生，春風到處百花榮。欲蘇鮒轍難如量，況使鴻譽有過情。薄海瘡痍殷在抱，太虛元化運無聲。扶危濟困皆吾分，市義馮驩尚近名。

## 警嫁禍

烈火臨身未許逃，機謀巧卸算原高。受恩弗報瑶同玖，脱難偏思李代桃。事外頓教人罹網，暗中幾忘我操刀。何如必大存心厚，局認官焚免吏曹。

## 警遊夢

泡影何時悟六如，主張莫定幾躊躇。無端幻境生天姥，竟忘閒身尚草廬。塵念拋將紅輭外，吟魂穩到黑甜餘。黄粱已熟人醒未，得見周公或啓予。

## 警好閒

九職曾聞重任民，那堪游手太紛紛。窗中野馬遲看日，溪外沙鷗嬾似雲。精力空拋詩與酒，光陰誰惜寸和分。中原鼙鼓方多事，莫忘陶公運甓勤。

## 警博奕戒賭附

肯把閒身盡日消，東山客漫賭棋邀。牧豬況作摴蒱戲，喝雉都争錢樹摇。晝夜呼呶嫌晷短，祖宗基業等冰銷。儒生槖筆農扶耒，莫入奸徒騙局招。

## 警流連花石

風月平章亦偶然，生機爲養性靈天。窗前雨緑康成草，池畔花香茂叔蓮。物外湖山欣有主，就中泉石樂無邊。如何一朵瑶臺種，費却中人十户錢。

## 警愛聚古玩

寶善何知貴白珩，莫教玩物失清明。偶攜忠毅鐵如意，亦訪文山玉帶生。骨董肯同攤賈肆，手編那似擁書城。庚觥癸鼎雖珍重，鬻到街頭等瓦罌。

## 警好色

金屋何須貯阿嬌，滔滔慾海易生潮。門留禍水家先敗，火鑠堅冰骨自銷。穠豔縱然誇碧玉，因緣敢漫託藍橋。降魔慧力須持定，恥作相如一曲挑。

## 警閨門

禮法閨門第一籌，整齊端賴己身修。家人竟比史監立，君子須虞帷簿羞。情介儀容防燕處，閫嚴内外畫鴻溝。二南欲式刑于化，爲取關雎賦好逑。

## 警畜婢 錮婢附

燕燕鶯鶯聚一家，此中怕啓禍根芽。知詩縱有婢娟質，過眼翻嫌侍女花。赤脚偶持窗下帚，青衣間煮竹間茶。須知細草饒春意，莫誤芳齡正破瓜。

## 警挾妓

玉面朱顏一霎過，胭脂堆積枉成坡。圓圓帳裏紅綃冷，小小墳頭青草多。作孽無邊傷蕩子，鍾情雖暫戒黎渦。目空敢學程明道，且却當筵白紵歌。

## 警畜俊僕

薪水誰爲給使人，曾聞致力説淵明。蟹因執穗秋供役，雁爲巡更夜警聲。那用崑崙工畫策，何妨君實直呼名？樸誠祇取蒼頭好，敢啓頑童暱比情。

## 警觀戲劇

古今大局費安排，濟濟人團輭繡街。幾見文章衍忠孝，競將風月寫情懷。衛音桑濮傷風化，優孟衣冠雜笑諧。傀儡收場誰識得，何如兀坐守心齋。

## 警作豔辭

握得如椽筆一枝，儘成柳雅與韓碑。如何五色生花管，竟譜雙文待月詞。逞我才華增口孽，累他兒女引情絲。墮身定入泥犁獄，恨不呼秦一火之。

## 警不安淡泊

如此繁華鬧不休，可知飯爲子孫留。争豪幾輩同王愷，明志何人繼武侯？紅雨夢催三月短，黄花影占一籬秋。試看錦繡江南地，六代風光草滿丘。

## 警第宅豪奢

畫棟雕梁百載難，烏衣門巷落花殘。巢蝸地卧高人穩，旋馬廳開太祝寬。天地蘧廬雙足寄，古今傳舍一枝安。只求廣庇千間廈，風雨歡騰白屋寒。

## 警盛飾輿馬

控得東風白鼻騧，疾如流水爛如霞。綺塍繡陌三春地，翠幰雕輪五貴家。金埒已隨芳草化，珊鞭空指夕陽斜。行窩那似堯夫樂，長駐花間小小車。

## 警衣服奢侈

自笑山人大布衣，五陵年少太争奇。祇圖裘集千金腋，那顧街售二月絲。炫豔人誇宫錦樣，號寒天釀雪花時。結鶉多少朱門子，應悔當初惜福遲。

## 警衣冠異製

車書聲教合西東，制度何容别取工？立品儘教標岸異，章身竟亦恥雷同。維鵜曾刺衣難稱，聚鷸還憂服不衷。只有林宗巾一角，未妨墊向雨濛濛。

## 警暑月袒

榴紅吐火逼書龕，露體終嫌褻未堪。止水但教神入定，正襟那畏熱如惔？五花簟任香筠展，一襲風宜細葛含。漫學東坡呼半臂，緑天危坐快清談。

## 警科跣

肯教赤脚又科頭，偃蹇松陰春復秋。風引龍山防帽落，雪融鴻爪怕泥留。立跟宇宙須牢定，散髮江湖笑浪遊。却怪清流多放誕，何如火滅慎容修？

## 警飲食豐盛

百年粗糲亦充腸，不到呼庚味便長。齏粥安排名相業，菜根領略秀才香。萬錢費爲何曾惜，三養言毋蘇子忘。昨日鄰家斷炊火，忍饑可識色淒凉。

## 警宴會侈靡

難得登堂舊雨逢，割雞應不誚茅容。花開鐙穗期無爽，韭翦春盤趣亦濃。揮塵人邀三益聚，烹鯖味謝五侯封。千秋高會傳真率，誰説温公禮未恭？

## 警嗜酒

若箇腸真似海寬，此身底事拌樽前。歡娛原可團賓友，沉湎何嘗有聖賢？漫説掃愁姑藉彼，問誰爛醉果成仙？傷生伐德憂彌甚，盍讀賓筵秩秩篇？

## 警市飲

恥作人間畢卓徒，玉缸釀熟不須沽。擕柑縱可聽鶯語，把盞何堪逐狗屠？楊柳小橋雙屐隔，杏花野店一鐙孤。年年只有枌榆社，醉倒桑陰稚子扶。

## 警輕赴人席

雁使無端折柬催，臨風使我幾徘徊。不因舊雨拳拳致，肯趁春風得得來。鶴隱東山甘户閉，蟻浮北海任樽開。盤餐一惠休輕受，且坐花陰獨舉杯。

## 警貪得

千古迷途義利關，誰將棒喝警痴頑？貪泉肆出幾成海，欲壑難填枉鑿山。任汝錙銖工算握，無端風雨破囊慳。陰陽消長皆天數，試看盈虧月一彎。

## 警濫受

傲骨錚錚鐵樹枝，須從一介辨毫釐。每當桃李初投日，便作瓊瑶待報思。與我縱無驕我意，受人終有畏人時。錢翁只具觀濤興，跨鶴揚州去恐遲。

## 警輕假

底事干人意不休，潔身只向自家求。乞醯每作鄰門叩，借帚偏多德色留。縱使珠能還合浦，總防書易失荆州。馬贏裘敝渾無憾，誰許高風繼仲由？

## 警請託

私語要人聽未清，可聞天上作雷聲。貢身頓忘苞苴恥，摇尾堪憐暮夜情。赫赫功名開徑竇，揚揚意氣結公卿。奴顔婢膝羞殊甚，枉費攀援玷此生。

## 警居間爲利

風雨何愁四壁空，要津能渡不嫌窮。蚌胎鷸蚌相持急，蝶使蜂媒有路通。舌本留將三寸在，腰纏博得一囊豐。横財却恐難消受，償到兒孫怨乃公。

## 警交易不公

父母奚分厚薄情，蒼蒼意總一般平。牙行竟欲争肥瘠，心秤何堪任重輕？漫説雞豚誠細物，要從燕雀驗真衡。暗中大有持籌者，計簿須教出納明。

## 警拾遺不還

不啖枝頭没主梨，道旁那肯拾朱提？須知此際關生死，敢説無人任取攜？和璧仍當歸向趙，楚弓未許得於齊。盗泉忍渴誰能耐？千載高風羊子妻。

## 警持籌

名士持家聽自然，米鹽瑣屑豈能捐？何爲計較無餘地，竟忘盈虚宰上天。賈利權來三倍厚，匠心運到十分專。旁人都羡陶朱術，切莫荒蕪此寸田。

## 警不治生産

豈爲錙銖累我曹？全家八口奈嗷嗷。田因硯涸秋成少，米借珠炊巧婦勞。敢説清談愛風月，遂教生計薄泉刀。絃歌聽罷秧歌好，耕讀無忘本業操。

## 警田宅方圓

西北曾聞説漏天，人生缺憾孰能全？竟圖繡壤千家割，欲補棋枰一角圓。計擅侵漁由汝巧，封欺弱蟻有誰憐？田園木是無常物，幾輩安居過百年。

## 警嫁娶競財

婚嫁全家了向平，婿才婦德選宜精。如何銀漢雙星渡，只索香奩百兩迎。長傲難爲鴻桉對，安貧誰挽鹿車行？范公不許施羅幔，似此家風亘古清。

## 警窮追債負

飛去飛來子母蚨，錢奴何事苦追逋？豈甘債爲來生結，可奈家誠長物無。拍案雷鳴狂罵座，臨門火急等催租。鬻將妻子難償汝，忍聽吞聲泣路隅。

## 警拒人乞貸

天上春陰借得來，東皇且護好花胎。那知乞米書頻告，竟使臨風户不開。一滴仙漿都解渴，千聲生佛怕呼哀。無厭漫説求難應，隨分何妨作解推？

## 警圖謀風水

渺渺山河兩戒寬，草蛇灰綫覓蹤難。狐丘築罷首方正，馬鬣營成心即安。墮地早教三尺定，穿雲枉踏萬峰寒。怪他邀福希榮者，百歲猶多未掩棺。

## 警遇事不行方便

入世須爲濟世人，兩間無果不懷仁。楊枝露灑隨時潤，蘋末風生到處春。路翦荆榛皆利澤，性調魚鳥亦經綸。埋蛇渡蟻尋常事，曾記當年種善因。

### 警滑稽戲謔

嬉笑文章弄筆頭，竟如鳥舌百般柔。慧心頗自矜伶俐，諢語何知雜伎優？騁我機鋒諧愈妙，刺人肌骨恨難休。辨才利口都無濟，輕薄空貽長者憂。

### 警好稱人惡

人過聞如父母名，爲何毀詆太無情？點污竟似蠅交足，附和還同犬吠聲。那顧口餘蛇蝥毒，祇圖柄助麈談生。自家豈少毫釐錯，可識旁觀背後評。

### 警訐人陰事

失足污泥只自知，五更夢醒悔來遲。捫心夜怯雷轟候，騰口金逢火鑠時。曖昧頓忘名節繫，形容翻詡肺肝披。傷人豈獨防矛戟？抉摘讎深痛不支。

## 警妄詆前賢

千秋論斷史煌煌，臧否何容浪逞狂？不識褒譏昭衮鉞，欲翻窠臼出文章。鴻儒曠代留真品，鼠子驕人弄寸光。試爲先賢設身想，艱難鉅任可能當？

## 警好訟

事入公門便不休，吏胥難飽使人愁。堂高豈果懸秦鏡？鞭撻還防作楚囚。每見傾家緣鬭蟻，何妨讓畔任蹊牛。教唆倘恃刀爲筆，可計兒孫一掉頭。

## 警疏九族

忍把同宗作路人，高曾泉下亦傷神。漫云派衍支流遠，終是根留血脈親。甘苦須教融一氣，穠華肯獨占三春？怪他室内操戈者，忘却相依齒與脣。

## 警薄三黨

比鄰相接話煙霞，且約銜杯酒共賒。況是本根綿葛藟，更欣玉樹倚蒹葭。乾餱飽飫聯三族，頞弁歡歌聚幾家。同異姓分情誼合，忍隨秦越隔天涯？

## 警溺女

入井驚聞孺子哀，手援尚恐少徘徊。縱教瓦惱連番弄，總是珠經十月胎。方長且嫌摧草木，自戕何忍逼嬰孩。莫愁他日妝奩窘，裙布釵荆豈費財？

## 警不善勸化愚人

暮鼓晨鐘聽有神，豈真昏夢隔凡塵？石經説法頭皆點，金到歸爐質自純。一葉果能通寶筏，前途那怕滯迷津。庸愚都可談忠孝，試看成都賣卜人。

## 警武斷鄉曲

歷過風濤氣總平，况從榆社結同盟。太丘訟爲鄉人解，康節車争稚子迎。赫赫敢矜權貴勢，依依莫忘釣遊情。杜陵鵝鴨尋常事，時恐比鄰惱意生。

## 警虐使婢僕

弱燕孤鴻歎靡依，相投只爲食和衣。千頭橘聚經春種，一樣花開託地微。力役終朝供我使，淚痕五夜背人揮。他家總是嬌兒女，切莫蒲鞭漫逞威。

## 警欺陵寒賤

肯作寒蟲向日號，怪他白眼動相遭。嗟來不食黔敖粥，持贈誰分范叔袍？瘦蝶經霜憐粉褪，清蟬得露送聲高。此中豈少英雄種，莫恃朱門猗頓豪。

## 警窮治盜賊

大半饑寒被迫驅，人生孰願作穿窬？百般官法難逃矣，一點良知豈絶無？漫説縱囚非德意，稍寬文網惜微軀。世間誰是殲魁手？莫患區區鼠竊徒。

## 警不恤死喪

搶地呼天慟不禁，牀頭況復少黄金。孤鐙黯黯雙行淚，四壁蕭蕭七尺衾。含斂難修爲子禮，脱驂誰具濟人心？麥舟一贈三喪舉，小范高風説到今。

## 警見骼不掩

冲天尸氣積無垠，身後何辜旅客魂。萬點幽燐棲腐草，百年遺蜕泣孤村。忍看貍蛩頻生泚，薄掩狐丘亦感恩。可記仁風播西伯，澤枯善政至今存。

## 警不敬神明

狄公祇説毁淫祠，二氣三光敢慢之？懔懔斷難欺屋漏，洋洋何處不神祇。異端簧鼓齊删候，五夜香焚上告時。日日心齋同頂祝，笑他祈福薦青詞。

## 警棄毁字紙

不有庖犧開一畫，誰將靈竅啓鴻濛？文章命脈千秋後，天地菁英幾卷中。漫説蠹餘堆故紙，敢教狼藉等飛蓬。殘箋賸墨須珍重，薰罷齊投烈炬紅。

## 警不敬五穀

雨玉曾能作粟無，須知功大是農夫。千家汗血千囷米，一粒盤飧一顆珠。難必魚豐占歲歲，忍將狼戾視區區。相公舊有溝中飯，竟飽鄰僧香積厨。

## 警殺生

孽海汪汪怕起波，化機須識眼前多。酸鹹儘入調羹鼎，解脱須求濾水羅。臘日分羊曾博士，秋風放蟹説東坡。蠕蠕一様關生命，難救鐙前撲火蛾。

## 警食牛犬

業効微勞報主人，奈何入饌共雞豚。屠來燕市嗤樊噲，解到庖丁謝漆園。犢老任眠花下徑，豹嘷長聽月中村。象形字記從牢獄，口腹難消罪過論。

## 警射飛鳥

雲外高飛樹外鳴，與人無患復無爭。流星忽透穿林影，墮地旋來鎩羽聲。竄雉場中同角逐，冥鴻天半亦心驚。枝頭况有栖巢鳥，射宿何堪太不情。

## 警啓蟄蟲

不到聞雷穴總封，綢繆計亦豫三冬。丸泥垤護階前蟻，補蜜房添户外蜂。活潑靈機隨處困，化生元氣此間鍾。如何雪虐風饕候，頓剔苔衣破幾重。

## 警無故斬草木

已趁春風二月天，長來鬱鬱又芊芊。鶯巢託處青垂蔭，麟趾過時緑護煙。生意長留懷茂叔，嫩枝戲折諫伊川。滿腔仁自隨時見，扶植功參化育權。

## 警笑人體貌

天生跛眇亦何慙，可奈旁人作戲談。腹大固難心盡赤，機深亦任面爲藍。善言醱蔑容偏寢，飽死侏儒詎未堪。可記帷中開笑口，賓筵甫罷戰聲酣。

## 警破人婚姻

團扇秋風偶棄捐，尚求缺月得重圓。如何白璧輕遭污，竟使紅絲枉費牽。讒口人寒冰下語，並頭花悵鏡中緣。是誰拆散鴛鴦譜，大海冤深石莫填。

## 警讀書無次序

竟圖一覽徧嫏嬛，片刻遊窮二酉山。獺祭居然陳雜沓，蟫編那解誦循環。蒙求課定曾分日，漸進功疏懶按班。萬卷堆中矜涉獵，白頭終未醒迷關。

## 警讀書不知要

茫茫學海浩無邊，安得珍珠獲寶船。要使綱提千寸網，莫教串散五銖錢。幾人識字根忠孝，一脈傳心守聖賢。擷取菁華神解悟，豈徒糟粕老陳編。

## 警讀書不務實

無根口耳總浮游，孔孟功須向裏求。著己箴規誠藥石，近名學問等泡漚。花揚豔藻三春謝，樹老西風百果收。漫比張華矜博物，文章性道足千秋。

## 警讀書不能疑

不違豈果比回愚，絳帳空勞舉一隅。得閒好尋鑽紙蠹，渡河漫笑聽冰狐。蕉經細剥心思出，木未堅攻節目麤。迨到天人交貫候，纔知問辨費工夫。

## 警書法潦草

妍媸豈必褚虞争，端肅終憑寸管擎。藁本長留心不苟，草書無暇字難成。敬生明道池臨日，正想公權筆諫情。點畫但教神共注，那容蛇蚓迹縱横。

## 警養生導氣

蓬萊如果駐仙真，秦漢猶多未死人。枉向靈山求大藥，幾曾竇樹得恒春？心遊白室超塵網，術薄黄庭養谷神。各有金丹珍一顆，培元長護百年身。

# 遷善改過以作聖

作聖根基養在蒙，須知果育有全功。片時偶弛初衷失，一念微差衆欲攻。風動雷驅遷以改，火然泉達擴而充。自强不懈閑存力，龍德何難協正中。

是詩作於咸豐乙卯夏，綱遵譜中六事功課，目則依譜後類記而次第詠之。近得蕪湖繆氏本，知類記固江都方觀察取古今嘉言懿行，與譜中條目相比附者，以類相從，非蕺山先生作也。自康熙己卯，山陰傅氏刻本已屬之先生，後梓者多沿之。雖節目與譜間有異同，而其證明爲人之道則一耳。

戊午天中前二日，廣均謹識於鄂城旅次

# 人譜詩箴跋一

天下發人深省莫如詩，然作詩者言情易工，言理易拙，求如康節之樸質，明道之渾融，晦翁之醇厚，難矣。顧亦視素所充養何如耳。

先生嗜學耽吟，老而彌篤，抽簪卅載，久養沖而抱和。入山兩年，喜吟風而弄月，感時觸物，悉寓詠歌，超脱塵壒，沈潛名理，確乎有得於中者，匪翅如孟襄陽「紅顔棄軒冕，白首卧松雲」也。曩薈語録菁英，都爲一集。兹因人譜條類，各繫一詩，事本躬行，言由心得。或就所引而發明之，或據所見而擴充之。提綱則根極領要，闡天人性命之精；區目則剖析毫芒，懸得失是非之鑑。事極瑣而要歸正大，題相類而苦爲分明。研理若牛毛，劃流若犀角。經千錘而火熟，匙一語之雷同。典麗而不失於繁，意巧而不傷於雅，言近而不流於俚，旨遠而不涉於深。使讀者醉而忽醒，夢而忽覺，忽如鍼砭到骨，忽如膏沐澤膚。初諷之，猶布帛菽粟之道家常也；徐味之，則沈浸醲郁之耐咀含也。使矜藻飾、談虚玄者爲之，方格格不能吐，能如是之辭達而理舉乎？然先生意不在詩也，欲即此書爲藥石也；亦不在書也，欲藉此詩作箴銘也。書之證人也詳明，詩之感人也深切。讀者繹其意，無徒賞其辭則善矣。

姪壻方清漣謹識

# 人譜詩箴跋二

蓋聞詩心何與經心？然非多讀書不能博其識；詩趣何關理趣？然非多考道不能正其情。雖庖厨與府藏歧分，實淵海共川流一貫。使但恣情花月而絶少精言，極意雕鎪而徒矜藻飾，是則牧之豪邁，子固深醇，不無遺憾矣，而我鄉先生槩生駕部則不然。先生髫年擢穎，壯歲抽簪，有蘇飢起溺之心，無干禄希名之想。性耽泉石，鄰邀舊雨，偕來世，感滄桑；身被野雲，留住李元禮風采，獨持龐德公安危。早見櫻桃花裏，但聽吟聲；茶蓼叢中，常明本性。人第見仁心澤物，時嘘枯草以春風；而不知華髮墮顛，獨對古人於爾室。先生方與居與稽，如愧如讓，境益艱而神益固，齒彌宿而德彌新。雖燕必肅，自有家風；不富而驕，依然儒者。賈生養空以遊，化機常活；龍叔背明而坐，方寸皆虚。是先生之品學軼倫，襟懷邁世，洵可本身爲準臬，奚必更示人以箴規哉？然而樹有至堅之性，澤之以花葉，而益揚其華也；水有至清之源，載之以珠玉，而益知其寶也。韓昌黎闡道學之論，朱紫陽著性理之吟。津梁有在，好教片語提撕；律管如新，可作一時鍼砭。况狂泉日溢，歎覺路之誰開；而古瑟獨操，庶衰音之復振。獨善不如兼善，一心本印萬心，此人譜詩箴之作，有由來矣。且夫人譜，固蕺山先生爲之者。金石遺規，久已傳諸簡牘；齒牙餘慧，何必譜爲詩歌？倘直欲抗美前賢，則奚弗別開生面？不知棄繡譜而翻新樣者，烏睹其度我以金鍼也？舍琴譜而創新聲者，安知其範我以玉律也？流黃體素，伯喈因之作書；宵練朝虹，愷之摹而入畫。所以裴僕射善談名理，必博引乎群書；邵堯夫深闡微言，必探原於大易。况證人要旨，抒以彩筆，而彌彰改過良規；聲以黃鐘，而益警飛鴻爪底。雖然，陳迹堪尋，鳴鳳腔中却是新簧別唱，其含毫也邈爾，其感物也油然，但教藥石回春，不礙葫蘆依樣。於是區綱列目，貫玉編珠，容有九，倫有五，行有百，條類攸分。士希賢，賢希聖，聖希天，規模畢具，褒貶尤嚴。於一字得失，必判乎毫芒。散著焉，如陟太華之頂，萬竅争鳴；合參焉，如拋文錦之花，千絲在握。言皆有則，精意悉本程朱；語不離宗，大道一遵孔孟。第猶有患焉：言理者，每涉於拘，未合風騷之體；申警者，不嫌於直，恐非忠厚之遺。倘絃么徽急，强歌大角三章，壺哨鼓儳，自詡横吹一曲，未免譾陋貽譏，皇荂致誚矣。而先生心波湛漢，情岳干霄，旨醇粹而不失之浮，語嬋嫣而益徵其媚。化俚而出以韻，辨似而得其真。言近而綺密瑰妍，指遠而波平月净。聽其音，可躍蕤賓於水上；玩其趣，可降花雨於天空。此洵爲淑世之苦心，當永作醫時之金鑑。

廖材同尺木，師少專門。世變時艱，持躬乏術；才疎學譾，負慝良多。朗誦瑤章，頓覺一鍼愈矣；匯觀珠海，敢教寸蠡測之。然而荀淑重名，交好最深黃憲；陸機年少，師事只有張華。邂逅雖偶聚萍蹤，酬唱幸頻通蘭訊。感深一旦，牙琴薛劍之知；用獻千言，篆刻蟲雕之技。明識風簫偶過，未諧大雅之宫商；謹從月旦公評，永奉人倫之襟冕。

同里姻後學吴廖拜跋

# 題人譜詩箴後

我誦人譜詩，我繹人譜旨。人譜果何旨？欲人各成爲人耳。聖人、衆人不一人，聖人、衆人無二理。聖則能踐人之形，衆則徒具人之體。顧體雖云具，其心則已死，人究不成爲人矣。譜人譜者爲此懼，人譜之説以是起。提綱而臚目，徵引復絫絫。散之爲日用，大之爲倫紀，密之於動静，貫之以終始。事悉賅精粗，語皆徹表裏。可以鍼瘕結，可以銷痼痞。一息弗稍懈，萬惡由此弭。其理燦，如日經天；其心澄，如月在水。澄則昭融無一滓，完吾生初之懿美。嗚呼！譜人譜者，以人治人，成人之道；以己勵己，反身而求，無彼此。椉生之詩意猶是。我雖未能一一爲詠歌，固嘗竊聞其大指。但須秉彝物則念烝民，豈必古今人表稽班史？自顧藐藐軀，中夜恒徙倚，我亦猶是人，奈何獨靡靡？弗於吉人企，甘與匪人比。空山歲月等波逝，無邊荊棘翳桑梓。兩間知誰作砥柱？一身聽我自滌洗。不作出位謀，不爲局外委。稍得成人，庶無大恥；矧有同志，相爲礪砥。功仿磨蟻常爲旋，義若雲鵬善爲徙。立人之道，視其人，不於天地問泰否。此語難爲外人道，願以質之椉生子。

省吾汪維誠

# 附録

# 人譜補圖

## 物欲圖

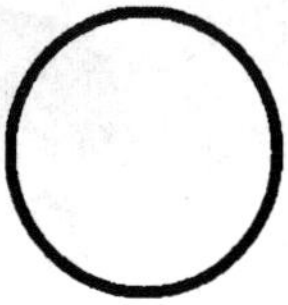

無極太極，心之本體。

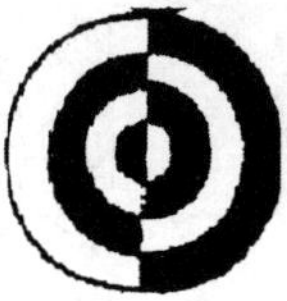

靜極而動，動極復靜，動靜互根，心之用也。

## 理

理爲性，天稟受，而心實載之。唯聖人爲能全體不息，即心是理，即理是極，動而不離乎靜也。

## 欲

人心本至虛靈，而爲物欲所蔽則昏；但其本體之明，則有未嘗息者。誠能因其已明者而益窮之，以求至乎其極，知理爲心之本有，欲爲心之本無，無者不可使有，有者不可使無，亦易事也。然而危微精一，古帝爲難；常人不能格物致知，焉能主靜慎獨？以道徇欲，或明或昧，輾轉梏亡，終身迷溺。人見其禽獸也，而彼方自以爲得計，可不哀哉！此君子所以有講習討論之功也。

## 欲 理

講習討論，既有以辨其爲理而爲欲矣。然理欲無中立之勢：非以理勝欲，則必以欲勝理。以欲勝理，既有勢重難返之虞；以理勝欲，復有潛滋暗長之慮：此君子所以有省察克治之功也。

## ○

省察至而精明生，克治深而制防立，嚴密武毅，惕厲憂勤，務使道心常爲主，而人心聽命焉。彼物欲之萌于中而誘于外者，自蚤有以鑑而絶之，然後克完性天，稟受正理。此君子尤貴有存養之功也。

## 物欲圖説

物欲紛紜，不可計數，亦莫可窮盡。要惟秉一理以爲鑑，而後可清欲之源；奉一理以爲歸，而後可塞欲之流。否則，認賊作子〔一〕，破屋禦寇〔二〕。雖欲紀過，而過何由知？改過，而過何由改哉？而其功則在居敬窮理，終始不渝而已。總之，主静猶有誤，居敬以主静，則無誤；慎獨猶有差，窮理以慎獨，則無差。瑾是以繼補是圖以發明之與。

（王晫張潮輯、宋瑾著人譜補圖，檀几叢書二集卷三）

〔一〕「認賊作子」，據王陽明：「良知發用之思，自然明白簡易，良知亦自能知得。若是私意安排之思，自是紛紜勞擾，良知亦自會分别得。蓋思之是非邪正，良知無有不自知者，所以認賊作子，正爲致知之學不明，不知在良知上體認之耳。」（傳習録中答歐陽崇一）

〔二〕「破屋禦寇」，據鄒元標：「老兄終日省過，弟竊謂吾儒之學有大頭腦。頭腦既定，譬之大將，威望有素，小小奸宄亦自滅息。若終日過上盤桓，是破屋止賊，滅於東而生於西，終不能禦賊，枉費精神耳。過固過也，省過者又誰也？識此而道思過半矣。」（願學集卷二答吕新吾少司寇，明刻本）

# 四庫全書總目提要

人譜一卷，人譜類記二卷。浙江巡撫採進本

明劉宗周撰。姚江之學多言心，宗周懲其末流，故課之以實踐。是書乃其主蕺山書院時所述，以授生徒者也。人譜一卷，首列人極圖説，次紀過格，次改過説。人譜類記二卷，曰體獨篇，曰知幾篇，曰凝道篇，曰考旋篇，曰作聖篇，皆集古人嘉言善行，分類録之，以爲楷模。每篇前有總記，後列條目，間附以論斷。主於啓迪初學，故詞多平實淺顯；兼爲下愚勸戒，故或參以福善禍淫之説。然偶一及之，與袁黄功過格立命之學終不同也。或以蕪雜病之，則不知宗周此書本爲中人以下立教，失其著作之本旨矣。

（四庫全書總目卷九三子部儒家類三，中華書局，一九六五年）

證人社約言一卷。浙江巡撫採進本

明劉宗周撰。宗周有周易古文抄，已著録。宗周初以順天府尹罷歸，與陶奭齡講學王守仁祠，以「證人」名堂，此其所爲條誡也。首冠以社學檄，題辛未三月，蓋崇禎四年所作；

次爲約言十則；次爲約戒十則，所載凡三十條，題曰癸未秋日，爲崇禎十六年；次爲社會儀七則，不題年月；次爲宗周自書後，而附以答管而抑論遷改格書，其書後中所稱石梁子者，即奭齡之别號。奭齡字君奭，國子監祭酒望齡弟也。（四庫全書總目卷九六子部儒家類存目二，中華書局，一九六五年）

# 劉子全書序〔一〕

黄宗羲

先師之學在慎獨。從來以慎獨爲宗旨者多矣，或識認本體而墮於恍惚，或依傍獨知而力於動念，唯先師體當喜怒哀樂，一氣之通復，不假品節限制，而中和之德自然流行於日用動静之間。獨體如是，猶天以一氣進退平分四時，温凉寒燠，不爽其則。一歲如此，萬古如此。即有愆陽伏陰，釀爲災祥之數，而終不易造化之大常〔二〕。慎者，慎此而已。故其爲説，不能不與儒先牴牾。

先儒曰：「意者，心之所發。」師以爲心之所存。人心徑寸間，空中四達，有太虛之象。

〔一〕標題爲點校者所擬。

〔二〕據蕺山之言：「周天三百六十五度四分度之一，日一歲一周天，而天以一氣進退平分四時，温凉寒燠，不爽其則。一歲如此，萬古如此。即其間亦有愆陽伏陰，釀爲災祥之數，而終不易造化之大常。此所謂『大哉乾乎，剛健中正，純粹精也』。」（劉子全書卷一一語類十一學言中）

虛故生靈，靈生覺，覺有主，是曰意〔一〕。不然，大學以「所發」先「所存」，中庸以「致和」爲「致中」，其病一也。然泰州王棟已言之矣：「自身之主宰而言，謂之心；自心之主宰而言，謂之意。心則虛靈而善變〔二〕，意有定向而中涵。」「意是心之主宰，以其寂然不動之處，單單有個不慮而知之靈體，自做主張，自裁生化，故舉而名之曰獨。少間攙以見聞才識之能、情感利害之便，則是有商量倚靠，不得謂之獨矣。」若云心之所發，教人審幾於動念之初，念既動矣，誠之奚及？師未嘗見泰州之書，至理所在，不謀而合也。

先儒曰：「未發爲性，已發爲情。」孟子之惻隱、羞惡、辭讓、是非，因所發之情，而見所存之性；因所情之善，而見所性之善。師以爲指情言性，非因情見性也；即心言性，非離心言善也。「形而上者謂之道，形而下者謂之器。」器在斯道在，離器而道不可見。必若求之惻隱、羞惡、辭讓、是非之前，幾何而不心行路絶，言語道斷。所謂「有物先天地」者，不爲二氏

〔一〕據劉宗周之言：「人心徑寸耳，而空中四達，有太虛之象。虛故生靈，靈生覺，（新本「虛故靈，靈故覺」。）覺有主，是曰意。此天命之體，而性、道、教所從出也。」（劉子全書卷一一語類十一學言中）

〔二〕「變」，王棟明儒王一庵先生遺集會語正集作「應」。

之歸乎〔一〕？又言：性學不明，只爲將此理另作一物看，如鐘虛則鳴，妄意别有一物主所以鳴者。夫盈天地間止有氣質之性，更無義理之性。謂有義理之性，不落於氣質者，臧三耳之説也〔二〕。師於千古不決之疑，一旦拈出，使人冰融霧釋，而彌近理，而大亂真者亦既如粉墨之不可掩矣。

昔者，陽明之「良知」與晦翁之「格物」相參差，學者駭之。羅整庵、霍渭崖、顧東橋齗齗如也。然一時從遊者，皆振古人豪，卒能明其師説，而與晦翁並垂天壤。先師丁改革之際，其高第弟子如金伯玉、吴磊齋、祁世培、章格庵、葉潤山、彭期生、王玄趾、祝開美一輩，既已身殉國難，皋比凝塵。曩日之旅進者，才識多下。當伯繩輯遺書之時，其言有與雒、閩齟齬者，相與移書，請删削之，若惟恐先師失言，爲後來所指摘。嗟乎！多見其不知量也。此即

---

〔一〕據蕺山之言：「子曰：『形而上者謂之道，形而下者謂之器。』程子曰：『上下二字截得道器最分明。』又曰：『道即器，器即道。』畢竟器在斯，道亦在斯。離器而道不可見，故道器可以上下言，不可以先後言。『有物先天地』，異端千差萬錯，總從此句來。」（劉子全書卷一一語類十一學言中）

〔二〕據蕺山之言：「鐘虛則鳴，叩之以大則大鳴，叩之以小則小鳴，以爲别有一物主所以鳴者，非也。盈天地間，道理不過如此。」「古今性學不明，只是將此理另作一物看，大抵臧三耳之説。佛氏曰：『性，空也。』空與色對，空一物也。老氏曰：『性，玄也。』玄與白對，玄一物也。吾儒曰：『性，理也。』理與氣對，理一物也。佛、老叛理，而吾儒障於理，幾何而勝之？」（劉子全書卷一一語類十一學言中）

如成周〔一〕王會，赤奕陰羽，菉幣獻書，而使三家學究定其綿蕞耳。昔和靖得朱光庭所抄程子語，以質程子。程子曰：「某在，何必讀此書？若不得某之心，所記者徒彼意耳。」和靖自是不敢復讀。古之門人不敢以爝火之光雜於太陽，今之門人乃欲以天漢之水就其蹄涔，不亦異乎！王顓庵先生視學兩浙，以天下不得覩先師之大全爲恨，捐俸刻之。東浙門人之在者，羲與董瑒、姜希轍三人耳。於是依伯繩原本，取其家藏底草，逐一校勘。有數本不同者，必以手蹟爲據，不敢不慎也。高忠憲云：「薛文清、吕涇野語録中，皆無甚透悟。」有之，無所增損也。讀先師之集，當有待之而興者矣。顓庵先生之惠後學豈小哉？

姚江門人黄宗羲拜書

（劉子全書卷首）

〔一〕「成周」，底本無「成」字，據黄梨洲文集先師蕺山先生文集序補（中華書局，二〇〇九年）。

# 劉子全書抄述（節選）

董　瑒

憶自戊寅歲，瑞生始侍誨，即請得甲戌初本抄之。而是歲六月，子復魏子一有云：「向偶著人譜編，多屬未定之見。去年丁丑所示仲木者，别後思之，亦多贅語。俟少遲日，另作抄本以奉正。」又云：「仲木精進否？」仲木，海鹽吴仲木繁昌也。瑞生於子没後數年，會於禾郡。所云「亦多贅語」，是戊寅以前有再訂本，亦多未定語，而遲日别有本也。今底版本於自序後載「時崇禎甲戌秋八月閏吉，蕺山長者劉某書」，而初本自序後載同之，其文與底版本大異。兹將全文註底版本序後，而「崇禎」等十八字於註中載之。其伯繩識語云：「吴巒穉初刻於湖。」巒穉，吴泰伯鄉吴氏鍾巒也，卒辛卯九月二日，後有屬瑞生爲之傳者。巒穉，甲戌成進士，後令長興。是所刻當即初本。當在乙亥。至初本與底版本，若圖，若圖説，若要旨，若紀過格，若訟過法，若改過説，有初少而增者，有初合而分者，有初定而更者，有初析而并者，有初先而後者，有初存而去者，亦註於下，且可以得功候之淺深焉。緒山錢氏曰：「師没既久，表儀日隔，苟得一紙一墨，如親面覿，奚以太繁爲病？」瑞生侍子歲年頗同錢氏，嘉靖辛巳，王子返越，德洪輩侍者尚寥落。癸未後，環室而居，臨席環坐不下數百人。洪七年日侍。或藉以竊比云。底版本「卜動念以知幾」下有「可不費絲毫氣力」，語本程子，録版本改注下。

（劉子全書卷首）

# 重刻劉蕺山夫子人譜序

傅彩

吾鄉自陽明子講學姚江，而聖道復明。良知之教，實發前聖所未發，然論者謂其近於陸而悖於朱。不百年，有蕺山劉先生繼起，踐履篤實，矩步方行，論者又謂其得力於朱，不全於王。紛紛異同，總由學者依傍影響，不潛心體究，徒爲此以滋口舌，問其實得，茫乎未之聞也。蕺山之言曰：「孔、孟既没，有宋諸大儒起而承之，厥功偉焉。二百餘年而得陽明子，其傑者也。夫周子，其再生之仲尼乎！明道不讓顔子，横渠、紫陽，亦曾、思之亞，而陽明見力直追孟子。自有天地以來，前有五子，後有五子，斯道可爲不孤。」由此觀之，諸賢道統同耶，異耶？則爲此紛紛者皆妄也。

蕺山著述甚富，人譜一編，近裏著己，實自道生平所得力，向已傳播海内，因嘗置之案頭，日自警省。吾友王子惟四見之，謂余曰：「君知先生之人譜，亦知先生有人譜類記乎？」遂手一編示余，蓋即前編所列六事工夫，而實證之先賢之言行，條分縷析，最爲精密，誠下學入德之門也。而余於其中，益窺見先生之用心矣。於課業則言過不言功，遠利也；於徵古則記善不記惡，倣朱子小學外篇之例，隱惡揚善也；不雜釋典，不參道書，正學術也；不及應驗，不入夢語，絶附會也；尊宋、元、明大儒爲宗，而旁及漢、唐歷代遺事，崇倣法也；其中偶有脱漏倒置處，不揣固陋，間爲增訂，期以繼先生之志，誌私淑也。俾千萬世而後，知先生直接道統正傳，與前五子、後五子同日月之經天，江河之行地也，則此編之刻，亦曷可已！

康熙己卯五月之吉，山陰後學傅彩謹撰

（劉念臺先生人譜全書，清康熙三十八年傅彩刻本）

# 劉蕺山先生遺集序

雷　鋐

乾隆辛未仲夏，鋐校士至紹興，亟問蕺山先生遺書，僅見人譜一册；詢其後裔，乃得手録若干卷。爰與郡守鄭侯謀開雕，而屬郡學博李君凱等董校，以蕆厥事。是秋，奉命量移江蘇。越歲，郡守學博屢以序請。

竊惟蕺山先生彪炳宇宙，照耀古今，學術源流，讀其書者當自得之。鋐何人，敢序簡端？顧鋐倡鋟此書，非能表章先哲，實藉以風厲多士，則不可以無言。今天下言及先生，有不肅然愾然起而敬且慕者哉？然不讀先生之書，學先生之爲人，則惑於聲色，汩於名利，奪於禍患事變，俯仰此身，與先生相去懸絶霄壤矣！

或謂先生適當末造，以風節表著，若身際治平，委蛇進退，其趨不必同。嗚呼！是蓋浮沉世俗，甘自絶於先生者也。先生而身際治平，所以輔導君德，培養國脉，甄别流品，振起人才，其功業當何如！豈徒以風節著哉？且夫學先生者，學其真知寔踐，力嚴慎獨之功，此乃人禽之界，無地可容自遁。不此之務，又何能不惑於聲色，不汩於名利，不奪於禍患事變哉？

或謂先生當岌岌危亂之時，動稱王道，似近迂闊。嗚呼！明莊烈之至於亡者，因急功利，激爲刑名，流于猜忌，積成壅蔽。猜忌反疑忠直，壅蔽益喜逢迎，遂墮敗而不可救。先生亟請除詔獄，汰新餉，招無罪之流亡，議拊循以收天下泮涣之人心，還内廷埽除之職，正懦帥失律之誅，此豈無用之空言哉？其始仕也，即劾魏忠賢，其究也，至比温體仁爲盧杞，無非以進君子、退小人爲撥亂扶危之要務，昧者猶目以迂闊。天下治日常少，亂日常多，職此故也。

至先生之學術，其門人張氏考夫有言曰：「世儒之爲教也，好言本體，而先生獨重工夫；多逞辭辯，而先生率以躬行；競尚虚無，而先生返以平寔。」嗚呼，盡之矣！後之學先生者，可以知所趨向矣。

先生之子伯繩，守其家學，抱道甘貧，稱爲貞孝先生，其遺集未之見也。有心世道者，更訪求而表章之。

乾隆十七年三月上浣，後學閩汀雷鋐序

（劉蕺山先生遺集，清乾隆十七年刻本）

# 重刻劉蕺山先生人譜序

楊國楨

天生萬物，人得其秀而最靈，其靈於物者，非謂目視而耳聽、手持而足行也。蓋有是形，莫不有是氣；有是氣，莫不有是理；有是理，莫不有仁義禮智之四德者。達之，在綱常名教人道之大端也；施之，在日用周旋人事之末節也。自古聖賢踐形惟肖，以成宇宙之完人，與古之帝王所爲「以人治人」者，其道不出乎此。自此義不明，而人不知自貴於物。既以聖賢人之所爲，而以爲不易，幾乃安於庸衆人之所爲，而以爲不足耻，則既大拂乎天地生人之意，殊失乎聖賢與人爲善之心。是謂有人之名，而亡其實，此蕺山先生人譜一書所由作也。其書首列太極，太極即理也。天地祇此一理，萬物一太極也；人心各具一理，一物一太極也。天以一陰一陽而生萬物，人以一動一静而應萬事，推其大旨，不過以陰陽消長以驗理欲消長之機，必使欲净理純，粹然至善，以還夫太極之本體。此言雖似高妙，然試返而求之，所謂一物一太極者，則人心之中，亦孰不有此太極哉？至其條分縷析，綱舉目張，取古人之嘉言懿行而類記之，無非切近爲人之道。殆以小學大學合爲一書，本末兼賅，表裏俱達，壹皆性分之所固有、職分之所當爲。初非强人以所難，告人所不樂也。誠使人手一編，家置一册，放

庸夫孺子
之而行，正如陶冶之有模範，工匠之有規矩準繩，射者之有正鵠，御者之有軌度。庸夫孺子皆可馴致而入於聖賢之域，人亦何憚而不爲哉？今夫琴言奕旨，亦各有譜，而欲精其業者，且不惜殫心畢力以爲之，况乎人之有譜乎？重刊之，以廣流傳，則世之有志爲人者，庶幾幸取則之不遠也。是爲序。

道光戊子仲冬朔日，崇陽後學楊國楨謹譔

（武漢大學圖書館藏清道光教忠堂刊本人譜類記附）

# 劉蕺山先生人譜類記原序

莫　晉

吾越言理學者，前有姚江，後有蕺山。姚江天性高明，譬若明道似顏子；蕺山學問純篤，譬若伊川似曾子。後儒非穎悟絶人，未易窺姚江門仞；若蕺山之學，平近切實，所著人譜類記一書，其言如布帛菽粟，易明易行，雖中材可勉也。

夫人所以爲人者，心而已。人心獨知之處便是良知，便是天命之性。當其寂然不動，則爲未發之中。戒慎恐懼，時時提醒此心，則雖無善可名，而已具渾然至善之體。大易所謂「敬以直内」，周子所謂「主静立極」，總一常惺惺法，涵養其獨中之真宰也。至意之動而爲幾，則理欲從此分界：純乎天者爲天理，參以人爲，則理亦爲欲；出乎人者爲人欲，順其天則，雖欲亦爲理。凡無所爲而爲者，皆天理也；有所爲而爲者，皆人欲也。理欲之分，間不容髮，而其究差以千里。故君子必謹其萌動之初，大易所謂「不遠復」，中庸所謂「莫見」「莫顯」，此乃知幾其神，省察乎獨中之妄念也。由是而之焉，則發乎内爲七情，見乎外爲九容，大者爲五倫，細者爲百行，皆人心中自具之條理。有一端偏而不舉，即於萬物皆備之體缺而未全，必有以盡其品節之詳，而後能極其規模之大，直須無所不用其極，方完得此心分量。

孟子所謂「反身而誠」，張子所謂「踐形惟肖」，乃人道之極則，由涵養省察而擴充實踐之功，尤在遷善改過。蓋本心由真而入妄，非祛妄無以還真。如姤卦一陰始生，上面五陽便立不住。天人消長，所争祗在毫釐。心不存即亡，無不存不亡之時理；不是即非，無不是不非之處。改過即是遷善，猶克己即是復禮，閑邪即是存誠，非改過外別有遷善之道也。人心惟危，積重難反，禁於將然之前，則易爲力，方是洪爐點雪之義；挽於已然之後，則難爲功，便是履霜堅冰之象。「損，先難而後易」，究亦殊塗同歸，故譜中以克念作聖終焉。證人之要旨，備於斯矣。

晉末學膚受，愧無足以表章前哲，顧念維桑敬止，姚江後無如蕺山，同學諸子，將此書重付剞劂，命晉弁言簡端，謹就管見所及，麤舉一隅，或亦初學入德之助。伏願當世知言之君子，教其所不逮焉。

嘉慶十九年歲次甲辰仲春既望，會稽後學莫晉頓首拜題於蕺山書院

（人譜卷首，清光緒三十二年刻本）

# 叙

馬傳煦

證人之説何昉乎！中庸云「道不遠人」，孟子云「人之所以異於禽獸者幾希，庶民去之，君子存之」，人之所以爲人，不外乎此心此理，循是爲人，舍是非人也。念臺劉子戢人譜一書，探性命之淵微，備身心之奥旨，大而五倫，細而百行，無不統貫條舉於其中，而終之以遷改作聖，要不越主敬以立極。旨哉言乎！

煦弱冠時，受業李登齋夫子之門，師命讀是書，且勗之曰：「觀生氣質尚可造，將來爲第一等人，作第一等事，勿以窮通改節。於生有厚望焉。」煦謹誌之，勿敢忘。今閲師亡十餘年矣，年來主講戢山，深愧末學膚受，不足爲諸生表率。時欲集先正格言，置諸案頭，以資省覽，適學憲徐壽蘅前輩按臨吾郡，諭諸生講習是書，購諸肆中，不可得。王君蓮伯檢尋舊帙，囑煦請諸國石卿太守，重付梨棗，藏之院中，以示學子圭臬，而煦亦藉以檢束身心，消除過失，雖未克窺聖賢門徑，庶幾於爲人之理稍知萬一焉。至譜中要旨，莫寶齋先生序之詳矣，無庸贅。版既竣，爲誌其緣起如左云。

同治七年歲次戊辰嘉平月，會稽後學馬傳煦謹識

（人譜卷首，清光緒三十二年刻本）

# 敘

徐樹銘

曩余集試會稽，病學者之務浮榮、忘實踐也。講論之次，令取劉子人譜身體而力行之，以庶幾於斯道。於是鄉之士大夫因即其説，用相訓勵，而學博王君將覆刻劉子之書，以教浙之子弟，而屬山陰令楊君來問序於予。予既然之矣，已而曰：「僕固知學博之誠於所事也，將俟其卒業而序之也。」今數月矣，必將卒是功可知也。

按四庫全書目云：人譜一卷，人譜類記二卷，明劉宗周撰。姚江之學多言心，故宗周教之以實踐。人譜首列人極圖，次記過格，次改過格。類記則集古來嘉言善行，分爲五篇。詞多淺顯，蓋爲中人以下立教也。至哉言乎！是書本旨與先生所以教人之法詳悉無遺矣。自古堯舜禹湯周孔相傳之道，不外一心。姚江致知之説，本古大學；良知之説，本鄒孟子。容有遺論，其討宸濠，征思南，破大藤，及平漳南横水而桶岡諸寇，事業偉然，亦非專宗玄悟、頓忘實事者比。然其入道也，浸淫於二氏之學，而後發吾性自足之論，以爲聖人之道不假外求。後之學者悦其徑捷而遽達於精微也，於是合經義而宗穎悟，究虚渺而忘實事，流及既衰，晃漾自恣，而不可與入堯舜之道。劉子知其然也，雖其始權輿於王氏，而立極於主敬，既不至汎濫以無歸，致力於遷善，復不致虛懸而鮮著。

雖其人譜一書爲中人立之程，然自古聖賢未有不自改過以爲崇德之基者。禹懲矜伐，湯言日新，文王不敢盤于游畋，武銘敬勝怠勝，皆是物也。孔子至聖也，曰：「卒以學易，可以無大過矣。」明過之不易悉泯也。是以蘧伯玉使人於孔子，稱伯玉欲寡其過，而孔子賢之。顔子大賢也，夫子之稱之也，曰「不貳過」，明過之易於屢犯，而不遠之復，未易易也。然則古聖大賢所競競然，唯恐一日之陷於非，而不克振拔者，庸詎唯是虛抱此無窮之隱云爾哉？必將有所致力焉，而後吾身；吾身之所寄託，而設施焉者，乃足以袪群蔽而歸一是，而不至淪偏倚而失於中，入乖戾而失於和。洎其久也，不必悉臻於純粹無疵之域，而過之大者，其亦鮮矣；而過之著者，其亦可以無復蹈矣。

論語云：「下學而上達。」中庸云：「博學之，審問之，慎思之，明辨之，篤行之。」劉子之書，其剖析夫過之所從著，可謂辨以晰矣。君子致力焉，既師其所以爲學之法，詳味其所以立法之旨，其有疑於心而未能釋然者，請益於明師以開其惑，觀摩於益友以成其德，百倍其功，以行其所知之理。由是而進究夫周程張朱五子之書，深探夫六經四子之旨。下學也，而上達之本，基於此矣。若自以爲生知之哲，而以其言爲凡近，以其事爲猥瑣，泛濫焉而卒無歸，虛懸焉而不務其實，甚則專務於浮榮而不復知義理爲何物，是則劉子之罪人也，非使者所以教勵人才之意也，其執是書而覆之瓿也，固宜。

同治八年四月九日，學使者長沙徐樹銘識

（人譜卷首，清光緒三十二年刻本）

# 劉宗周從祀孔廟奏諭

## 上諭

道光二年閏三月十六日内閣奉上諭：

禮部議覆御史馬步蟾奏請以劉宗周從祀文廟一摺。明臣劉宗周植品莅官，致命遂志，實爲明季完人。其學論心，著書立説，粹然一出於正，洵能倡明正學，扶持名教。劉宗周著從祀文廟西廡，列於明臣蔡清之次，以崇儒術而闡幽光。欽此！

## 禮部議奏原疏

道光二年閏三月十六日，禮部謹奏，爲遵旨議奏事，内閣抄出御史馬步蟾奏請理學儒臣從祀文廟一摺。奉硃批：禮部議奏，欽此！

查原奏内稱：劉宗周當明季時，清標介節，冠於同朝；讜論忠言，形於奏牘；以及殉難捐軀，致命遂志，載在史傳者。經我朝乾隆四十一年，特賜專謚忠介，已足闡揚忠蓋，扶植綱常矣。猶伏念劉宗周通籍四十餘年，在朝服官之日少，在野講學之日多。浙東自王守仁講學陽明書院，一傳爲王畿，再傳爲周汝登、陶望齡，三傳爲陶奭齡，皆沿良知之說，未免雜於禪學，奭齡尤變本加厲，以因果爲說，去守仁益遠。宗周憂之，乃築證人書院，與同志講肄其中。著有劉子全書百餘卷，其學專以誠意爲主，而歸功於慎獨，發明聖賢宗旨，足以配祀文廟兩廡等語。

臣等查康熙五十四年題准：以宋儒范仲淹學問精純，經綸卓越，從祀聖廟，位列東廡唐儒韓愈之次。雍正二年，遵旨議定，以縣亶、牧皮、樂正子、公都子、萬章、公孫丑，漢諸葛亮，宋尹焞、魏了翁、黃幹、陳淳、何基、王柏，元趙復、金履祥、許謙、陳澔，明羅欽順、蔡清，本朝陸隴其二十人增祀文廟。乾隆二年，以元儒吴澄復祀太學，在東廡元儒趙復之次等，因各在案。伏思先儒祔饗廟廷，必其人扶持名教，羽翼聖經，有關學術人心，始能升諸從祀之列，典至鉅也。兹查閲明史劉宗周列傳暨乾隆四十一年賜謚原案：宗周籍隸山陰，自壯登仕，歷官至左都御史，居官日少，講學日多，跡其生平事實，忠言讜論，守正不阿，屢遭削黜，矢志不移，卒能致命成仁，完名全節。有明末葉稱爲皦皦完人。所學雖源本於王守仁，而期於實踐；論心以慎獨爲宗，而歸於誠敬。所著書籍，粹然一出於正，洵能倡明正學，遠契心傳，應如該御史所奏，准其從祀文廟西廡，在明臣蔡清之次，以崇儒術而闡幽光，實於人心學術有裨。所有臣等核議緣由是否有當，伏乞皇上聖鑒訓示，遵行謹奏。

（人譜卷首，清光緒三十二年刻本）

# 明史劉宗周傳

萬斯同

劉宗周，字起東，山陰人。以遺腹生，家酷貧，母章氏育之外家。端穎異凡兒，稍長，即志聖賢之學。舉萬曆二十九年進士。母憂，爲堊室中門外，日哭泣其中。服闋，選行人，請養祖父母。遭喪，居七年始赴補。

光宗在東宮，久輟講，宗周抗疏言之，帝不省。時中朝有崑黨、宣黨，咸與東林爲難。宗周上言：「東林，顧憲成講學處。高攀龍、劉永澄、姜士昌、劉元珍輩，皆賢人。于玉立、丁元薦，亦較然不欺其志，有國士風。是故摘流品可，爭意見不可；攻東林可也，黨崑、宣必不可。」黨人大譁。御史孫光裕上疏力詆，帝不問，乃請告歸。

天啓元年，起儀制主事。抗疏言：「魏進忠導皇上馳射戲劇，而奉聖夫人客氏出入自由，無以閑內外，且一舉逐諫臣三人，罰一人，皆出中旨，左右將日進鷹犬聲色，指鹿爲馬，生殺予奪，制國家大命。今東西方用兵，奈何以天下委奄豎乎？」進忠者，即魏忠賢也，大怒，欲重譴之，大學士葉向高等力救，乃停俸半年。尋以國法未伸，請戮崔文昇以正弑君之罪，戮盧受以正交私之罪，戮楊鎬、李如禎、李維翰、鄭之范以正喪師失地之罪，戮高出、胡嘉棟、康應乾、牛維曜、劉國縉、傅國以正棄城逃潰之罪；急起李三才爲兵部尚書，録用清議名賢丁元薦、李朴等，諍臣楊漣、劉重慶等，以作仗節死義之氣。帝切責之。累遷光禄丞、尚寶、太僕少卿。未幾，移疾歸。四年，起右通政，至則忠賢已逐東林殆盡，宗周復固辭。忠賢責以矯情厭世，遂削奪。

崇禎元年冬，召爲順天府尹。疏辭，不許。明年九月入都，上疏曰：

陛下勵精求治，宵旰靡寧。然程效太急，不免見小利而速近功，何以致唐、虞之治？

夫今日所急急于近功者，非兵事乎？誠以屯守爲上策，簡卒節餉，修刑政而威信布之，需以歲月，未有不望風束甲者。而陛下方鋭意中興，刻期出塞，當此三空四盡之秋，竭天下之力以奉饑軍而軍愈驕，聚天下之軍以博一戰而戰無日，此計之左也。

今日所規規于小利者，非國計乎？陛下留心民瘼，惻然痌瘝，而以司農告匱，一時所講求者皆掊剋聚斂之政。正供不足，繼以雜派；科罰不足，加以火耗。水旱災傷，一切不問，敲朴日峻，道路吞聲，小民至賣妻鬻子以應。有司以掊剋爲循良，而撫字之政絶；上官以催徵爲考課，而黜陟之法亡。欲求國家有府庫之財，不可得矣。

功利之見動，而廟堂之上日見其煩苛。事事糾之不勝糾，人人摘之不勝摘，于是名實紊而法令滋。頃者，特嚴贓吏之誅，自宰執以下，坐重典者十餘人，而貪風未盡息，所以導之者未善也。賈誼曰：「禮禁未然之先，法施已然之後。」誠導之以禮，將人人有士君子之行，而無狗彘之心，所謂禁之未然也。今一切詿誤及指稱賄賂者，即業經昭雪，猶從吏議，深文巧詆，絕天下遷改之途，益習爲頑鈍無恥，矯飾外貌，以欺陛下。士節日隳，官邪日著，陛下亦安能一一察之？

且陛下所以勞心焦思于上者，以未得賢人君子用之也，而所嘉予而委任者，率多奔走集事之人，以摘發爲精明，以告訐爲正直，以便給爲才諝，又安得賢者用之？即得其人矣，求之太備，或以短而廢長；責之太苛，或因過而成悞。有動遭譴謫已耳。

陛下所擘畫，動出諸臣意表，不免有自用之心。臣下救過不給，讒諂者因而間之，猜忌之端遂從此起。夫恃一人之聰明，而使臣下不得關其忠，則耳目有時壅；憑一人之英斷，而使諸大夫國人不得衷其是，則意見有時移。方且爲内降，爲留中，何以追喜起之盛乎？門户二字，數十年來殺天下多少正人，傷天下多少元氣，而今猶葛藤未了。陛下欲折君子以平小人之氣，用小人以成君子之公，前日之覆轍將復見于天下也。

陛下求治之心，操之過急，醞釀而爲功利；功利不已，轉爲刑名；刑名不已，流爲猜忌；猜忌不已，積爲壅蔽。正人心之危，所潛滋暗長而不自知者。誠能建中立極，默證此心，使心之所發，悉皆仁義之良，仁以育天下，義以正天下，自朝廷達于四海，莫非仁義之化，陛下以一旦躋于堯、舜矣。

帝謂宗周語疎闊，而嘉其忠藎，下所司知之。

未幾，都城戒嚴，帝不視朝，章奏多留中不報。傳旨辦布囊八百，中官競獻馬騾，又令百官進馬。宗周曰：「是必有動上以遷幸者。」乃詣午門，叩頭諫曰：「國勢强弱，視人心安危。乞陛下出御皇極門，延見百僚，明言宗廟山陵在此，固守外，無他計。且速發章奏，早決廟謨。」俯伏待報，自晨迄暮，中官傳旨乃退。

又造内閣言之，諸閣臣唯唯而已。帝用滿桂爲武經略，使中官提督京營，協理城守。宗周言：「桂不勝任，而宦官典兵必悮國。」不報。已而，桂果敗。時逆案雖定，其遺黨猶在朝。乘國家多事，謀傾東林去之。大臣韓爌、錢龍錫、李邦華、喬允升、曹于汴、張鳳翔、胡世賞、朱世守一時並斥順天；巡撫方大任夙附東林，亦疏詆道學。宗周言：「爌、于汴立身無玷，鳳翔、邦華有才，世賞、世守端謹，以時艱詿誤，方亟望賜環。而忌者鼓掌稱快，且朝夕倡黨論以肆羅織。夫兵禍亟，正臣子卧薪嘗膽時，何暇乘機逞報復？至如大任者，謂非一駡道學無以自脱于東林，而不知立論之舛，所關世道人心不淺也。」疏亦不報。滿桂既没，帝出馬世龍于獄，命爲總理，任張鳳翼總督御史，吴阿衡監軍，宗周劾三人不足用已。

復進「祈天永命」之説，言：

法天之大者，莫過于重民命，則刑罰宜當宜平。陛下以重典繩下，逆黨有誅，封疆失事有誅。一切詿誤，重者杖死，輕者謫去，朝署中半染赭衣。而最傷國體者，無如詔獄。副都御史易應昌以平反下吏，法司必以鍛鍊爲忠直，蒼鷹乳虎接踵于天下矣。願體上天好生之心，首除詔獄，且寬應昌，則祈天永命之一道也。

法天之大者，莫過于厚民生，則賦斂宜緩宜輕。今者宿逋見征及來歲預征，節節追呼，閭閻困敝，貪吏益大爲民厲。貴州巡按蘇琰以行李被訐于監司。巡方黷貨，何問下吏？吸膏吮脂之輩，接迹于天下矣。願體上天好生之心，首除新餉，并嚴飭官方，則祈天永命之又一道也。

然陛下，天之宗子；而輔臣，宗子之家相也。陛下夢卜求賢，參大政者，率由特簡。亦願體一人好生之心，毋驅除異己，搆朝士以大獄，結國家朋黨之禍；毋寵利居功，導人主以富强，釀天下土崩之勢。

周延儒、温體仁見疏不懌。以時方禱雨，而宗周稱疾，指爲偃蹇，激帝怒，擬旨詰之。且令陳足兵、足餉之策。宗周條畫以對，延儒輩不能難。

京尹爲卿貳遷轉之階，無舉其職者，宗周政令一新，挫豪家尤力。奄人言事輒不應，或相詬誶，宗周治事自如。武清伯蒼頭毆諸生，宗周痛捶之，枷武清門外。嘗出，見優人籠篋，焚之通衢。賙恤單丁下户備至。居一載，謝病歸，都人爲罷市。

八年七月，内閣缺人，命吏部推在籍者，以孫慎行、林釬及宗周名上。詔所司敦趣，宗周固辭，不許。明年正月入都，慎行已卒，與釬同入朝。帝問人才、兵食及流寇猖獗狀。宗周言：「陛下求治太急，用法太嚴，布令太煩，進退天下士太輕。諸臣畏罪飾非，不肯盡職業，故有人而無人之用，有餉而無餉之用，有將不能治兵，有兵不能殺賊。流寇本朝廷赤子，撫之有道，則還爲民。今急當以收拾人心爲本，收拾人心當先寬有司參罰。參罰重則吏治壞，吏治壞則民生困，盜賊由此日繁。」帝又問兵事。宗周言：「禦外以治内爲本。内治修，則遠人自服。帝舜干羽舞而有苗格。願陛下以堯、舜之心，行堯、舜之政，則天下自平。」對畢趨出。帝顧温體仁，迂其言，命釬輔政，宗周他用。旋授工部左侍郎。踰月，上痛憤時艱疏，言：

陛下鋭意求治，而二帝三王治天下之道未暇講求，施爲次第間多未得要領者。首屬意于邊功，而罪督遂以五年恢復之説進，是爲禍胎。己巳之役，謀國無良，朝廷始有積輕士大夫心。自此耳目參于近侍，腹心寄于干城，治術尚刑名，政體歸叢脞，天下事日壞不可救。廠衛司譏察，而告訐之風熾；詔獄及士紳，而堂廉之等夷。人人救過不給，而欺罔之習轉甚；事事仰成獨斷，而諂諛之風日長。三尺法不伸于司寇，而犯者日衆。詔旨雜治五刑，歲躬斷獄以數千計，而好生之德意泯。刀筆治絲綸而王言褻，誅求及瑣屑而政體傷。參罰在錢穀而官愈貪，吏愈横，賦愈逋。敲朴繁而民生瘁，嚴刑重斂交困而盜賊益起。總理任而臣下之功能薄，監視遣而封疆之責任輕。督、撫無權而將日懦，武弁廢法而兵日驕，將懦兵驕而朝廷之威令并窮于督、撫。朝廷勒限平賊，而行間日殺良報功，使生靈益塗炭。一旦天牖聖衷，撤總監之任，重守令之選，下弓旌之招，收酷吏之威，維新之政次第舉行，方與二三臣工洗心滌慮，以聯泰交，而不意君臣相遇之難也。得一文震孟而以單辭報罷，使大臣失和衷之誼；得一陳子壯而以過戇坐辜，使朝宁無吁咈之風。此關于國體人心非淺鮮者。

陛下必體上天生物之心以敬天，而不徒倚風雷；必念祖宗鑑古之制以率祖，而不至輕改作。必法堯、舜之恭己無爲，以簡要出政令；法堯、舜之舍己從人，以寬大養人才；法舜之欲從而治，以忠厚培國脉；并法三王之發政施仁，亟議拊循，以收天下泮涣之人心。而且還内廷掃除之役，杜後世宦官之釁；正懦帥失律之誅，杜後世藩鎮之釁；慎天潢改授之途，杜後世宗藩之釁。三釁既除，亟下尺一之詔，痛言前日所以致賊之繇，與民更始。遣廷臣賫内帑巡行郡國爲招撫使，以招其無罪而流亡者。陳師險隘，堅壁清野，聽其窮而自歸。誅渠之外，猶可不殺一人而畢此役，奚待于觀兵哉？

疏入，帝怒甚，諭閣臣擬嚴旨，不稱，令再擬。每擬上，帝輒手其疏再閲，起行數周。已而意解，但降旨詰問，謂當虚心酌慮，且奬其清直。宗周感激，遂陳人心道心之辨，勸帝執中以出政。

時太僕缺馬價，有詔願捐者聽。體仁及成國公朱純臣以下皆有捐助。又議罷明年朝覲。宗周以輸貲、免覲爲大辱國。帝雖不悦，心嘉其忠，益欲大用。體仁懼，亟募山陰人許瑚疏論：「宗周道學有餘，才諝不足。」帝以瑚同邑，知之真，遂已。

其秋，三疏請告去。至天津，聞都城被兵，遂留養疾。十月，事稍定，乃上疏曰：

己巳之變，誤國者袁崇焕一人。小人競修門户之怨，異己者槩坐以崇焕黨，日造蜚語，次第去之。自此小人進而君子退，中官用事而外廷浸疎。文法日繁，欺罔日甚，朝政日隳，邊防日壞。今日之禍，實己巳以來釀成之也。

且以張鳳翼之溺職中樞也，而俾之專征，何以服王洽之死？以丁魁楚等之失事于邊也，而責之戴罪，何以服劉策之死？諸鎮巡勤王之師，争先入衛者幾人，不聞以逗遛蒙詰責，何以服耿如杞之死？今且以二州八縣之生靈，結一飽颺之局，則廷臣之累累若若可幸無罪者，又何以謝韓爌、張鳳翔、李邦華諸臣之或成或去？豈昔爲異己驅除，今不難以同己相容隱乎？臣于是而知小人之禍人國無已時也。

昔唐德宗謂群臣曰：「人言盧杞奸邪，朕殊不覺。」群臣對曰：「此乃杞之所以爲奸邪也。」臣每三覆斯言，爲萬世辨邪之要。故曰：「大奸似忠，大佞似信。」頻年以來，陛下惡私交，而臣下多以告訐進；陛下録清節，而臣下多以曲謹容；陛下崇勵精，而臣下奔走承順以爲恭；陛下尚綜覈，而臣下瑣屑吹求以示察。凡若此者，正似信似忠之類，究其用心，無往不出于身家利禄。陛下不察而用之，則聚天下之小人立于朝，有所不覺矣。天下盡乏才，何至盡出中官下？而陛下每當緩急，必委以大任。三協有遺，通、津、臨、德復有遺；又重其體統，等之總督。中官總督，將置總督何地？總督無權，將置撫、按何地？是真以封疆嘗試也。

且小人與中官每比周以相引重，而君子獨岸然自異。故自古有用小人之君子，終無黨比中官之君子。陛下誠欲進君子、退小人，决理亂消長之機，猶復用中官參制之，此明示以左右袒也。有明治理者起而爭之，陛下即不用其言，何至并逐其人？而御史金光宸竟以此逐，若惟恐傷中官心者，尤非所以示天下也。

至近日刑政之最舛者，成德，傲吏也，而以贓戍，何以肅懲貪之令？申紹芳，十餘年監司也，而以莫須有之鑽刺戍，何以昭抑競之典？至鄭鄤久干鄉議，而杖母之獄，或以無告坐，何以示敦倫之化？此數事者，皆爲故輔文震孟引繩批根，即向驅除異己之故智，而廷臣無敢言，陛下亦無從知之也。嗚呼，八年之間，誰秉國成，而至于是！臣不能爲首揆温體仁解矣。語曰：「誰生厲階，至今爲梗。」體仁之謂也。
疏奏，帝大怒，體仁又上章力詆，遂斥爲民。

十四年九月，吏部缺左侍郎，廷推不稱旨。帝臨朝而嘆，謂大臣：「劉宗周清正敢言，可用也。」遂以命之。再辭不得，乃趨朝。道中進三札：一曰明聖學以端治本，二曰躬聖學以建治要，三曰重聖學以需治化。疏凡數千言，所以規切君身者甚至。帝優旨報之。明年八月，未至，擢左都御史。力辭，有詔敦趣。踰月，入見文華殿。帝問：「都察院職掌安在？」對曰：「在正己以正百寮。必存諸中者，上可對君父，下可質天下士大夫，而後百寮則而象之。大臣法，小臣廉，紀綱振肅，職掌在是，而責成巡方其首務也。巡方得人，則吏治清，民生遂。」帝曰：「卿力行以副朕望。」乃歷建道揆、貞法守、崇國體、清伏奸、懲官邪、飭吏治六事以獻，帝褒納焉。俄劾御史喻上猷、嚴雲京，薦袁愷、成勇，帝並從之。其後上猷受李自成顯職，卒爲世大詬。中書王育民爲絳州知州，孫慎行賄。宗周上疏自劾，二人並獲罪。

京師戒嚴。請旌死事盧象昇，而追戮誤國奸臣楊嗣昌，逮跋扈悍將左良玉；防關以備反攻，防潞以備透渡，防通、津、臨、德以備南下。帝不能盡行。

閏十一月，召見廷臣于中左門。時姜埰、熊開元以言事下詔獄，宗周約九卿共救。入朝，聞密旨置二人死。宗周愕然，謂衆曰：「今日當空署爭，必改發刑部始已。」衆皆許諾。及入對，御史楊若橋薦西洋人湯若望善火器，請召試。宗周曰：「邊臣不講戰守屯戍之法，耑恃火器。近來陷城破邑，豈無火器而然？我用之制人，人得之，亦可制我，不見河間反爲火器所破乎？若望作奇巧，惑主心，乞放還本土，永絶異教。」帝曰：「火器乃中國長技，若望特令監試耳。」宗周曰：「火器終無益，成敗國家大計，以法紀爲主。大帥跋扈，援師逗遛，奈何反姑息爲此紛紛無益之舉？」帝乃令議督、撫去留，宗周請先去督師范志完。且曰：「十五年來，陛下處分未當，致有今日敗局。不追原禍，始更絃易轍，欲以一切苟且之政，補目前罅漏，非長治之道也。」帝變色曰：「前不可追，今善後安在？」宗周曰：「今日第一議在陛下開誠布公，公天下爲好惡，合國人爲用舍，進賢才，開言路，次第與天下更始。」帝曰：「目下烽火逼畿甸，且國家敗壞已極，當如何？」宗周曰：「武備必先練兵，練兵必先選將，選將必先擇賢督、撫，擇賢督、撫必先吏、兵二部得人。宋臣曰：『文官不愛錢，武官不惜死，則天下太平。』斯言，今日鍼砭也。論者但論才望，不問操守，未有操守不謹而遇事敢前、軍士畏威者。若徒以議論捷給，舉動恢張，稱曰才望，取爵位則有餘，責事功則不足，何益成敗哉？」帝曰：「濟變之日，先才後守。」宗周曰：「前人敗壞，皆由貪縱使然，故以濟變言，愈宜先守後才。」帝曰：「大將別有才局，非徒操守可望成功。」宗周曰：「他不具論，如范志完操守不謹，大將偏裨無不由賄進，所以三軍解體。由此觀之，操守爲主。」帝色解曰：「朕已知之。」勑宗周起。

時吏部尚書鄭三俊以病不入，户部尚書傅淑訓申救姜埰、熊開元，帝不納。宗周出奏曰：「陛下方下詔求賢，二臣遽以言得罪。國朝無言官下詔獄者，有之，自二臣始。陛下度量卓越，如臣宗周，屢以狂妄寛鈇鑕，詞臣黄道周亦以贛直復原職。臣等何幸，蒙使過之典；二臣何不幸，不邀法外恩。」帝曰：「道周有學有守，非二臣比。」宗周曰：「二臣誠不及道周，然朝廷待言官有體，言可用用之，不可置之。即有應得之罪，亦當付法司。今遽下詔獄，終于國體有傷。」帝怒曰：「法司、錦衣皆刑官，何公何私？且罪一二言官，何遂傷國體？假有貪贓壞法、欺君罔上，皆可不問乎？」宗周曰：「掌錦衣者，皆膏粱子弟，未必讀書知禮義，每聽寺人役使。即陛下問貪贓壞法、欺君罔上者，亦不可不付法司也。」帝大怒曰：「如此偏黨，豈堪憲職！」詞色甚厲，宗周謝罪。諸輔臣乞宥，尚書林欲楫、張國維、徐石麒、范景文，侍郎馮元飈皆申救。帝曰：「開元此疏，必有主使，疑即宗周。」僉都御史金光宸争之力，帝益怒，并命議處。五府勛臣亦出班求宥，帝不聽，命削宗周籍，刑部議罪，光宸貶三秩調用，諸輔臣持不發，仍至御前懇救，乃免。議罪責其愎拗偏迂，竟斥爲民。廷臣先後請留者至數十疏，帝堅不聽。

歸二年而京師陷。宗周慟哭，徒步荷戈，詣杭州，責巡撫黃鳴駿發喪討賊，鳴駿以鎮靜爲言。宗周勃然曰：「君父變出非常，公耑閫外，不思枕戈泣血，激勵同仇，反藉口安民，作遜避計耶？」鳴駿唯唯。明日，復趣之。鳴駿曰：「發喪必待哀詔。」宗周曰：「嘻，此何時也，安所得哀詔哉！」鳴駿乃發喪。哭臨畢，宗周問師期，鳴駿以甲仗未具對。宗周知其不足有爲，乃與故侍郎朱大典、故給事中章正宸、熊汝霖召募義旅。將發，而福王監國于南京，起宗周故官。宗周以大仇未報，不敢受職。其年六月，疏陳時政四事，自稱草莽孤臣，言：

今日大計，舍討賊復仇，無以表陛下渡江之心；非毅然決策親征，亦無以作天下忠義之氣。至討賊次第：

一曰據形勝以規進取。江左非偏安之業，請進圖江北。鳳陽號中都，東扼徐、淮，北控豫州，西顧荆、襄，而南去金陵不遠，請以駐親征之師。大小銓除，暫稱行在，少存臣子負罪引慝之心。從此漸進，秦、晉、燕、齊必有響應而起者。

一曰重藩屏以資彈壓。淮、揚數百里，設兩節鉞，不能禦亂，爭先南下，致江北一塊土，拱手授賊。督漕路振飛坐守淮城，久以家屬浮舟遠地，是倡之逃也；于是鎮臣劉澤清、高傑遂有家屬寄江南之說。軍法臨陣脫逃者斬，臣謂一撫二鎮皆可斬也。

一曰慎爵賞以肅軍情。請分別各帥封賞，孰當孰濫，輕則收侯爵，重則奪伯爵。夫以左帥之恢復而封，高、劉之敗逃亦封，又誰不當封者？武臣既濫，文臣隨之；外臣既濫，中璫隨之：恐天下聞而解體也。

一曰核舊官以立臣紀。燕京既破，有受僞官而叛者，有受僞官而逃者，有在封守而逃者，有奉使命而逃者，法皆不赦。亟宜分別定罪，爲戒將來。

至于僞命南下，徘徊順逆之間，實繁有徒；必且倡爲曲說，以惑人心，尤宜誅絶。

又言：

當賊入秦流晉，漸過畿南，遠近洶洶，獨大江南北晏然，而二三督撫不聞遣一騎以壯聲援，賊遂得長驅犯闕。坐視君父之危亡而不救，則封疆諸臣之當誅者一。凶問已確，諸臣奮戈而起，決一戰以贖前愆，自當不俟朝食。方且仰聲息于南中，争言固圉之策，卸兵權于閫外，首圖定策之功，則封疆諸臣之當誅者又一。新朝既立之後，謂宜不俟終日，首遣北伐之師。不然，則亟馳一介，間道北進，檄燕中父老，起塞上名王，哭九廟，厝梓宫，訪諸王。更不然，則起閩帥鄭芝龍，以海師下直沽，九邊督鎮合謀共奮，事或可爲。而諸臣計不出此，則舉朝謀國不忠之當誅者又一。罪廢諸臣，量從昭雪，自應援先帝遺詔及之，今乃槩用新恩。誅奄定案，前後詔書鶻突，勢必彪虎之類，盡從平反而後已，則舉朝謀國不忠之當誅者又一。臣謂今日問罪，當自中外諸臣不職者始。

詔納其言，命宣付史舘，中外爲悚動。而馬士英、高傑、劉澤清深疾之，宗周復連疏請告，不得命，遂抗疏劾士英，言：

陛下龍飛淮甸，天實予之。乃有扈蹕微勞，入內閣，進中樞，官銜世廕，晏然當之不疑者，非士英乎？于是李沾侈言定策，挑激廷臣矣。劉孔昭以功賞不均，發憤冢臣，朝端譁然聚訟，而群陰且翩翩起矣。借知兵之名，則逆案可以燃灰；寬反正之路，則逃臣可以汲引。而閣部諸臣且次第言去矣。中朝之黨論方興，何暇圖河北之賊？立國之本紀已疎，何以言匡攘之略？高傑一逃將也，而奉若驕子，浸有尾大之憂。淮、揚失事，不難譴撫臣道臣以謝之，安得不長其桀驁，則亦恃士英卵翼也。劉、黃諸將，各有舊信地，而置若弈棋，洶洶爲連鷄之勢，至分剖江北四鎮以慰之，安得不啓其雄心，則皆高傑一人倡之也。京營自祖宗以來，皆勳臣爲政，樞貳佐之。陛下立國伊始，而有內臣盧九德之命，則士英有不得辭其責者。

總之，兵戈盜賊，皆從小人氣類感召而生，而小人與奄宦又往往相表裏。自古未有奄宦用事而將帥能樹功于方域者。惟陛下首辨陰陽消長之幾，出士英仍督鳳陽，聯絡諸鎮，決用兵之策。史可法即不還中樞，亦當自淮而北，歷河以南，別開幕府，與士英相犄角。京營提督，獨斷寢之。書之史册，爲弘光第一美政。王優詔答之，而促其速入。

士英益怒，佯具疏辭位，且揚言于朝曰：「劉公自稱草莽孤臣，不書新命，明示不臣天子也。」其私人朱統鑕遂劾宗周，請移蹕鳳陽：「蓋以鳳陽高墻所在，欲以罪宗處皇上，而與史可法擁立潞王。其兵已伏丹陽，當急備。」澤清初倚東林，極重宗周，至是恨甚，遣客刺之。傑亦遣人行刺。時宗周居丹陽佛寺，危坐終日，前後所遣刺者詢得其生平，俱不敢加害而去。會黄鳴駿入覲，兵抵京口，與防江兵相擊鬭。士英以統鑕言爲信，亦震恐。頃之，澤清劾疏至，言：「宗周勸往鳳陽，爲謀不忠；料事不智；抗稱草莽孤臣，無禮；陰撓恢復，不義；欲誅臣等激變士心，召生靈之禍，不仁。」劉良佐亦疏言：「宗周力持『三案』，爲門户主盟，倡議親征，圖晁錯之自爲居守，司馬懿之閉城拒君。陛下既不爲諸奸所容，莫若順成其志，暫幸鳳陽。」疏未下，澤清復草一疏，署傑、良佐及黄得功名上之，言：「諸人往以梃擊、紅丸謀害皇祖母皇考，今歲迎立時，又力戴疎藩詆誣聖德，非臣等與馬士英、朱國弼歃血訂盟，馳書約史可法翊戴，則天位久屬他人。宗周等謀危聖躬，已見于駐鳳陽一疏。鳳陽無城郭，止有高墻。陛下新承大統，欲安置于烽火凶危之地，此必非宗周一人逆謀，乃姜曰廣、吴甡合謀也。曰廣心雄膽大，行僞言堅，不快陛下之得位，故密通死黨宗周，先剪除内外翊戴諸忠，然後迫劫乘輿，遷居別郡耳。乞逮曰廣等三奸，付之法司，明正其謀危君父大罪，如甡、宗周入都，臣等即渡江赴闕，面訐其奸，正春秋討賊之義。」疏入，舉朝大駭，乃傳諭諸人和衷集事。宗周不得已，以七月十八日入朝。初，澤清疏出，遣人録示傑。傑驚曰：「我輩武人，乃預朝事耶？」得功亦馳疏，明不預聞。士英尼之不上。可法不平，遣使徧詰諸鎮，咸云不知，可法遂據以入告。澤清聞之，即言：「疏實已草，而良佐等知狀。」可法駁議，公疏：「臣不知其何心。」宗周既入都，士英不使入對。給事中陳子龍以爲言不省。宗周甫視事，即引董仲舒言，請正心以正朝廷。會設東廠，給事中袁彭年争之被謫，宗周復力言其冤。尋争阮大鋮必不可用，皆不納。九月，遂抗疏乞休，詔許乘傳給登極恩典。臨行，疏陳五事：

一曰修聖政，毋以近娱忽遠猷。國家不幸，遭此大變，今紛紛制作，似不復有中原志者。土木崇矣，珍奇集矣，俳優雜劇陳矣；内豎充廷，金吾滿座，戚畹駢闐矣；讒夫昌，言路扼，官常亂矣。所謂狃近娱而忽遠圖也。

一曰振王綱，無以主恩傷臣紀。自陛下即位，中外臣工不曰從龍，則曰佐命。一推恩近侍，則左右因而秉權；再推恩大臣，則閣部可以兼柄；三推恩勳舊，則陳乞至今未已；四推恩武弁，則封疆視同兒戲。表裏呼應，動有藐視朝廷之心；彼此雄長，即爲犯上無等之習。禮樂征伐，漸不自天子出，所謂褻主恩而傷臣紀也。

一曰明國是，無以邪鋒危正氣。朋黨之説，小人以加君子，釀國家空虚之禍，先帝末造可鑒也。今更爲一二元惡稱冤，至諸君子後先死于黨、死于徇國者，若有餘戮。揆厥所由，止以一人進用，起無限風波，動引三朝故事，排抑舊人。私交重，君父輕，身自樹黨，而坐他人以黨，所謂長邪鋒而危正氣也。

一曰端治術，無以刑名先教化。先帝頗尚刑名，而殺機先動于温體仁。殺運日開，怨毒滿天下。近如貪吏之誅，不經提問，遽科罪名；未科罪名，先追贓罰。假令有禹好善之巡方，借成德以媚權相，又孰辨之？又職方戎政之奸弊，道路嘖有煩言，雖衛臣有不敢問者，則廠衛之設何爲？徒令人主虧至德，傷治體，所謂急刑名而忘教化也。

一曰固國本，毋以外釁釀内憂。前者淮、揚告變，未幾而高、黄二鎮又治兵相攻。四鎮額兵各三萬，不用以殺敵而自相屠毒，又日煩朝廷講和，今日遣一使，明日遣一使，何爲者！夫以十二萬不殺敵之兵，索十二萬不殺敵之餉，亦必窮之術耳。若不稍裁抑，惟加派横征。畜一二蒼鷹乳虎之有司，以天下徇之已矣，所謂積外釁而釀内憂也。

優詔報聞。

明年五月，南京不守。六月，潞王降，杭州亦失守。宗周方食，推案慟哭，自是遂不食。移居郭外，有勸以文、謝故事者，宗周曰：「北都之變，可以死，可以無死，以身在田里，尚有望于中興也。南都之變，主上自棄其社稷，尚曰可以死，可以無死，以俟繼起有人也。今吾越又降矣，老臣不死，尚何待乎？若曰身不在位，不當與城爲存亡，獨不當與土爲存亡乎？此江萬里所以死也。」出辭祖墓，舟過西洋港，再拜叩頭，躍入水中，水淺，不得死，舟人扶出之。絶食二十三日，始猶進茗飲，後勺水不下者十三日，與門人問答如平時。竟以閏六月八日卒，年六十有八。

宗周始受業于許孚遠，已交劉永澄、丁元薦，入東林書院，與高攀龍輩講習。馮從吾首善書院之會，宗周亦與焉。越中自王守仁後，一傳爲王畿，漸近于禪；再傳爲周汝登、陶望齡，益雜以禪；三傳爲陶奭齡，守仁學脉掃地矣。奭齡講學白馬山，多以因果爲說，宗周憂之，乃築證人書院，集同志講肄，其學㟢以誠意爲主，而歸功于慎獨。通籍四十五年，立朝僅十之一。臨没時，語門人曰：「爲學之要，一誠盡之矣，而主敬其功也。敬則誠，誠則天。若良知之説，鮮有不流于禪者。」學者稱爲念臺先生。子汋，字伯繩，甘貧樂道，能傳其學。